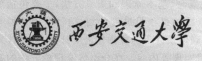 研究生创新教育系列教材

项目进度计划与控制

何正文 编著

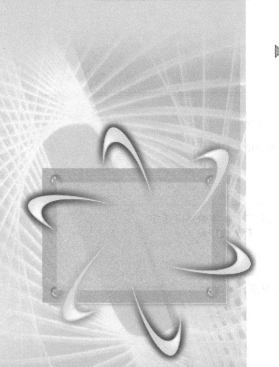

内容提要

本书系统地介绍了项目进度计划与控制的相关概念、基本原理和工具方法，主要包括项目进度计划的基础知识、经典的项目进度计划方法、资源约束项目进度计划、项目费用计划与时间—费用权衡、进度与支付的集成及现金流均衡、不确定条件下的鲁棒性进度计划、进度计划的跟踪控制与动态调整、项目进度计划与控制的计算机实现等内容。在介绍传统理论方法的基础上，适当穿插了相关领域的最新研究成果。此外，与理论方法的阐述相配合，每一部分都选取了具有代表性的实际案例，以使得理论和实践能够有效结合。

本书可作为项目管理、工程管理等相关专业的研究生或本科生的授课教材，也可为实践中的项目管理者提供具体的工具和方法支持，还可为从事该方向研究的学者提供一定的参考借鉴。

图书在版编目(CIP)数据

项目进度计划与控制/何正文编著. —西安：西安交通大学出版社，2012.9(2024.12 重印)
ISBN 978-7-5605-4566-0

Ⅰ.①项… Ⅱ.①何… Ⅲ.①项目管理 Ⅳ.①F224.5

中国版本图书馆 CIP 数据核字(2012)第 217215 号

书　　名	项目进度计划与控制
编　　著	何正文
责任编辑	李逢国
出版发行	西安交通大学出版社
	(西安市兴庆南路 1 号　邮政编码 710048)
网　　址	http://www.xjtupress.com
电　　话	(029)82668357　82667874(市场营销中心)
	(029)82668315(总编办)
传　　真	(029)82668280
印　　刷	西安日报社印务中心
开　　本	727mm×960mm　1/16　　印张 18.75　　字数 342 千字
版次印次	2012 年 9 月第 1 版　2024 年 12 月第 7 次印刷
书　　号	ISBN 978-7-5605-4566-0
定　　价	49.80 元

如发现印装质量问题，请与本社市场营销中心联系。
订购热线：(029)82665248　(029)82667874
投稿热线：(029)82668133
读者信箱：xj_rwjg@126.com

版权所有　侵权必究

总　序

　　创新是一个民族的灵魂,也是高层次人才水平的集中体现。因此,创新能力的培养应贯穿于研究生培养的各个环节,包括课程学习、文献阅读、课题研究等。文献阅读与课题研究无疑是培养研究生创新能力的重要手段,同样,课程学习也是培养研究生创新能力的重要环节。通过课程学习,使研究生在教师指导下,获取知识的同时理解知识创新过程与创新方法,对培养研究生创新能力具有极其重要的意义。

　　西安交通大学研究生院围绕研究生创新意识与创新能力改革研究生课程体系的同时,开设了一批研究型课程,支持编写了一批研究型课程的教材,目的是为了推动在课程教学环节加强研究生创新意识与创新能力的培养,进一步提高研究生培养质量。

　　研究型课程是指以激发研究生批判性思维、创新意识为主要目标,由具有高学术水平的教授作为任课教师参与指导,以本学科领域最新研究和前沿知识为内容,以探索式的教学方式为主导,适合于师生互动,使学生有更大的思维空间的课程。研究型教材应使学生在学习过程中可以掌握最新的科学知识,了解最新的前沿动态,激发研究生科学研究的兴趣,掌握基本的科学方法,把教师为中心的教学模式转变为以学生为中心、教师为主导的教学模式,把学生被动接受知识转变为在探索研究与自主学习中掌握知识和培养能力。

　　出版研究型课程系列教材,是一项探索性的工作,十分艰苦。虽然已出版的教材凝聚了作者的大量心血,但还有必要在实践中不断完善。我们深信,通过研究型系列教材的出版与完善,必定能够促进研究生创新能力的培养。

西安交通大学研究生院

序　言

随着经济的发展和社会的进步,各类大型项目如载人航天、南水北调、西气东输等不断上马实施,同时,面向差异化需求的项目化生产组织方式在不同行业的企业中也不断渗透,从而推动了项目管理理论的应用和普及。作为项目管理理论体系的核心知识模块,"项目进度计划与控制"在项目管理理论的应用及专业人才的培养中占据着特殊的重要地位。从实践的角度讲,进度、成本、质量是衡量项目成败的三个相互关联的目标,而这三个目标的实现均和项目进度计划与控制密切相关。特别是进度和成本,可以说,这两个目标能否顺利实现,是由进度计划与控制的好坏直接决定的。从理论的角度讲,"项目进度计划与控制"是项目管理科学性的集中体现领域,其中存在着众多的理论、方法和技术,熟练地掌握和运用这些知识是实现项目管理科学化,进而取得项目成功的基础。

鉴于"项目进度计划与控制"在项目管理理论体系中所处的重要地位,国内外学者均对该知识模块给予了高度的关注,编写了不少高质量的教材和参考书。从国外来说,较为不错的教材有美国哈罗德·科兹纳(Harold Kerzner)教授的 *Project Management: A System Approach to Planning, Scheduling and Controlling*、英国罗里·伯克(Rory Burke)教授的 *Project Management: Planning and Control Techniques* 等;从国内来说,代表性的教材有卢向南教授的《项目计划与控制》、李建平博士的《现代项目进度管理》、孙军教授的《项目计划与控制》等。无疑,这些教材及参考书的出版为项目管理专业人才的培养,以及项目进度计划相关知识的传播作出了巨大的贡献,受到了读者的广泛欢迎。

然而需要指出的是,受项目管理实践需求的推动,项目进度计划与控制的理论和方法处于一种动态的发展过程中。事实上,有关项目进度计划(project scheduling)的研究,一直是管理科学及运筹领域的一个前沿热点问题。经过学者们的潜心研究,近年来已经出现了不少新的成果,这些新的知识需要充实到项目进度计划与控制的理论体系中。此外,许多项目进度计划管理中的实际问题,也需要通过总结凝炼向理论层面提升,以使学生掌握利用该领域知识解决现实问题的能力。基于上述理由,在已有经典教材的基础上,结合自身的教学和研究体会,编者从如下三方面考虑出发,对该领域的知识进行了重新梳理,形成了本教材:

(1) 逻辑性。基于实际项目进度计划与控制的内在逻辑规律,梳理该领域各相关知识点之间的关系,以进度计划与控制为主线,引出资源、费用、现金流、采购等其他计划内容,并对这些知识点进行有机的整合,有利于学生把握该领域知识的全貌。

(2) 新颖性。新颖性是指在介绍已有经典理论和方法的同时,适当地引入该领域研究的最新成果,如计划中的时间—费用权衡、考虑支付条件的现金流平衡、不确定环境下的鲁棒性进度计划等,有利于学生对现有知识进行更新。

(3) 实践性。实践性是指通过案例介绍与讨论,促使学生将项目进度计划与控制的相关理论、方法和技术与自己的工作实践相结合,在对实际案例的讨论和分析中提炼理论层面问题,提升学生应用所学理论知识分析和解决实际问题的能力。

本教材共由 9 章内容构成,除第 1 章"绪论"和第 9 章"项目进度计划与控制的计算机实现"之外,其他各章均配备了典型案例的讨论与分析。这些案例选自项目管理专业学位研究生的优秀学位论文,既具有较强的代表性,又具有一定的理论深度,比较适合学生的学习使用及能力锻炼,有利于他们将所学知识应用于实践并将实际问题向理论层面提升。在这 7 章内容中,第 2 章给出项目进度计划与控制的基础知识,第 3 章介绍经典的项目进度计划方法,第 4 章论述资源约束对项目进度计划的影响,第 5 章分析项目进度与费用之间的权衡关系,第 6 章关注项目进度与支付的集成及如何实现现金流的平衡,第 7 章讨论不确定条件下的鲁棒性项目进度计划,第 8 章说明项目进度计划的跟踪控制及动态调整的工具和方法。需要特别强调的是,本书的第 1 章、第 2 章、第 3 章、第 4 章、第 5 章、第 8 章、第 9 章,是对现有教材中的知识点重新梳理而成,并适当穿插了部分研究性学习内容;而第 6 章及第 7 章中的知识主要介绍编者及其团队近年来在项目进度计划领域的最新研究成果,供学生了解最新前沿成果并拓展思路之用。

在本教材的编写过程中,编者直接或间接引用和参考了国内外的相关书籍和资料,并进行了一定的补充、修正和完善,在此,编者特向有关作者及出版社表示深切的谢意! 此外,本教材中研究性学习内容中的部分成果,是在国家自然科学基金项目《突发事件应急救援及处置的前摄性/反应性调度优化研究》(编号:70971105/G0103)的支持下取得的,在此一并表示感谢。

由于编者水平所限,书中一定存在不少不足之处,恳请各位专家及读者不吝赐教,给予批评和指正。

编者

2012 年 7 月

目　录

第1章　绪论 ··· (1)
　1.1　项目进度及其管理 ·· (1)
　　1.1.1　项目进度 ·· (1)
　　1.1.2　项目进度管理 ·· (1)
　1.2　项目进度计划编制及与其他计划的关系 ································ (2)
　　1.2.1　项目进度计划编制 ··· (2)
　　1.2.2　项目进度计划与其他计划的关系 ·································· (7)
　1.3　项目进度计划的控制原理与过程 ·· (12)
　　1.3.1　项目进度计划控制 ··· (12)
　　1.3.2　项目进度计划控制原理 ·· (12)
　　1.3.3　项目进度计划控制过程 ·· (14)

第2章　项目进度计划与控制基础 ·· (18)
　2.1　项目目标及范围界定 ·· (18)
　　2.1.1　项目目标 ·· (18)
　　2.1.2　项目范围 ·· (19)
　　2.1.3　项目描述 ·· (20)
　2.2　项目工作结构分解 ·· (24)
　　2.2.1　工作结构分解的概念 ·· (24)
　　2.2.2　工作结构分解的思路与原则 ·· (25)
　　2.2.3　工作结构分解的层次 ·· (27)
　　2.2.4　工作结构分解的方法与步骤 ·· (28)
　　2.2.5　工作结构分解的编码 ·· (30)
　　2.2.6　责任矩阵 ·· (32)
　2.3　活动时间及资源估算 ·· (33)
　　2.3.1　活动定义 ·· (33)
　　2.3.2　活动时间估算 ··· (35)
　　2.3.3　活动资源估算 ··· (39)

2.4 项目网络的两种表述方法 (46)
  2.4.1 AoA 项目网络 (46)
  2.4.2 AoN 项目网络 (53)
案例：SXQD 创业中心投资大厦项目的工作结构分解 (56)

第3章 经典的项目进度计划方法 (62)

3.1 甘特图 (62)
3.2 关键路径法 (63)
  3.2.1 项目网络的路径及路长 (63)
  3.2.2 项目网络的时间参数 (64)
  3.2.3 基于不同网络表述方式的关键路径法实施步骤 (72)
3.3 计划评审技术 (74)
  3.3.1 PERT 活动持续时间分析 (74)
  3.3.2 PERT 网络时间参数计算 (76)
3.4 图示评审技术 (79)
  3.4.1 GERT 网络模型的构建 (79)
  3.4.2 GERT 网络时间参数的计算 (80)
  3.4.3 活动费用与时间相关的 GERT 网络解析计算 (82)
  3.4.4 GERT 网络模型的仿真分析 (86)
案例：基于 GERT 的 SSA-3000 型天线研发项目工期的仿真分析 (93)

第4章 资源约束下的项目进度计划与项目资源采购 (101)

4.1 项目资源 (101)
  4.1.1 项目资源的概念及特点 (101)
  4.1.2 项目资源对进度计划的影响 (103)
4.2 项目资源需求及其均衡 (105)
  4.2.1 项目资源需求的计算 (105)
  4.2.2 项目资源需求的均衡 (109)
  4.2.3 基于资源均衡目标的项目进度计划优化 (112)
4.3 考虑资源约束的项目进度计划 (113)
  4.3.1 资源约束工期最小化项目进度计划编制 (113)
  4.3.2 资源约束工期最小化进度计划与资源均衡进度计划的比较 (117)
  4.3.3 其他资源约束项目进度计划优化问题 (119)
4.4 项目资源采购及采购计划编制 (124)
  4.4.1 项目采购的内涵及方式 (124)

  4.4.2 项目采购规划 ································ (125)
  4.4.3 项目采购计划 ································ (127)
 案例：XW 公司多项目资源配置及进度计划优化 ················ (131)

第 5 章 项目费用计划及时间—费用权衡 ················ (140)
 5.1 项目费用估算与费用计划 ···························· (140)
  5.1.1 项目费用估算 ································ (140)
  5.1.2 项目费用计划 ································ (145)
 5.2 费用预算约束下的项目进度计划编制 ···················· (147)
  5.2.1 费用预算与活动执行模式选择 ···················· (147)
  5.2.2 预算费用约束下的多模式项目进度计划编制 ········ (148)
  5.2.3 预算费用约束下的工期最小化项目进度计划优化 ···· (150)
 5.3 项目赶工与时间—费用权衡 ·························· (152)
  5.3.1 项目的直接费与间接费 ·························· (152)
  5.3.2 项目赶工 ···································· (153)
  5.3.3 项目时间—费用权衡问题研究 ···················· (156)
 5.4 项目费用控制及与进度的协调 ························ (159)
  5.4.1 项目费用控制及其影响因素 ······················ (159)
  5.4.2 项目费用控制方法 ······························ (161)
  5.4.3 基于挣值法的项目费用与进度协调控制 ············ (163)
 案例：XACB 商务中心项目工期压缩与费用控制 ·············· (169)

第 6 章 项目进度与支付的集成及现金流平衡 ············ (177)
 6.1 项目支付与现金流入 ································ (177)
  6.1.1 项目支付与结算 ································ (177)
  6.1.2 项目现金流入的确定过程 ························ (177)
 6.2 现金流平衡约束下的项目进度计划优化 ················ (180)
  6.2.1 优化模型 ···································· (181)
  6.2.2 模拟退火启发式算法 ···························· (183)
  6.2.3 示例 ·· (184)
 6.3 以平衡现金流为目标的项目进度计划优化 ·············· (188)
  6.3.1 优化模型 ···································· (188)
  6.3.2 禁忌搜索启发式算法 ···························· (191)
  6.3.3 示例 ·· (194)
 案例：CB 大厦项目的支付与进度的集成优化 ················ (197)

第7章 不确定条件下的鲁棒性项目进度计划 (206)

7.1 项目不确定因素的类型及根源 (206)
7.1.1 项目不确定因素的类型 (206)
7.1.2 项目不确定因素的根源 (207)

7.2 基于鲁棒性目标的项目进度计划 (209)
7.2.1 问题界定 (209)
7.2.2 优化模型 (212)
7.2.3 模型求解 (213)
7.2.4 示例 (214)

7.3 同时考虑工期和鲁棒性的项目进度计划 (217)
7.3.1 问题界定 (217)
7.3.2 优化模型 (218)
7.3.3 禁忌搜索启发式算法 (219)
7.3.4 示例 (221)

案例:ZSY 二期软件开发项目鲁棒性进度计划优化 (225)

第8章 项目进度计划的跟踪控制与动态调整 (234)

8.1 项目进度计划的实施与跟踪 (234)
8.1.1 项目进度计划的实施 (234)
8.1.2 项目跟踪与项目报告 (235)
8.1.3 项目进度计划的总结分析 (237)

8.2 项目进度计划的控制 (238)
8.2.1 项目进度计划控制的基本概念 (238)
8.2.2 项目进度计划控制的目标 (240)
8.2.3 项目进度计划控制的方法 (241)

8.3 项目变更控制 (243)
8.3.1 项目变更控制概述 (243)
8.3.2 项目整体变更控制 (245)
8.3.3 项目范围变更控制 (249)

8.4 项目变更条件下的进度计划动态调整与优化 (253)
8.4.1 问题界定 (253)
8.4.2 优化模型 (254)
8.4.3 示例 (255)

案例:KX 井喷事故应急救援的动态调度优化 (257)

第 9 章 项目进度计划与控制的计算机实现 (264)

9.1 常用项目计划软件及在我国的应用 (264)
9.1.1 常用项目计划软件 (264)
9.1.2 我国的应用情况 (270)
9.2 使用 Microsoft Project 编制项目进度计划 (271)
9.3 项目管理信息系统与项目网络信息平台 (276)
9.3.1 项目管理信息系统 (276)
9.3.2 项目管理网络信息平台 (278)
9.3.3 项目管理网络信息平台的实施条件 (279)
9.4 项目信息门户 (281)

参考文献 (286)

第1章 绪论

1.1 项目进度及其管理

1.1.1 项目进度

进度(英文称为 schedule,有计划的涵义)是指项目活动在时间上的排序,它强调的是一种工作进展(progress)以及对工作的有效协调和控制(coordination & control)。对于进度,通常还常以其中的一项内容——"工期"(duration)来代称,项目工期的控制实质上是指项目进度的管理。只要是项目,就会有进度管理问题。对项目进度的要求是通过严密的进度计划,以及各种资源的配置与保障,以使项目能够按照合同条款的约束,按期完工并交付。

通常,项目的控制集中反映在成本、质量和进度三个方面,这反映了项目管理的实质,这三个方面又称为项目管理的"三要素"。进度是三要素之一,它与成本、质量两要素有着辩证的有机联系,它们共同决定了项目的成败。实践经验表明,质量、工期和成本是相互影响的。一般来说,在工期和成本之间,项目进展速度越快,完成的工作量越多,则单位工程量的间接成本越低;但对于突击性的赶工作业,却往往会由于各项投入的增加导致直接成本的上升,因此,项目进度与成本需要进行有效地协调与权衡。在工期与质量之间,一般工期越紧,如采取快速突击、加快进度的方法,项目质量就较难保证;反之,如果按照正常的工艺与时间安排,按部就班地实施项目,则项目的质量就更容易得到保证。项目进度计划的合理安排,对保证项目的工期、质量和成本有直接的影响,是全面实施"三要素"的关键环节。科学而符合合同条款要求的进度,有利于控制项目成本和质量。仓促赶工或任意拖拉,往往伴随着费用的失控,也容易影响工程质量。

1.1.2 项目进度管理

项目进度管理(project schedule management)又称为项目时间管理(project time management),是指在项目的进展过程中,为了确保能够在规定的时间内实现项目的目标,对项目活动进度及日程安排所进行的管理工作。项目进度管理包括两大部分内容:

(1)项目进度计划的编制:制定在规定的时间内合理且经济的进度计划(包括多级管理所需的子计划);

(2)项目进度计划的控制:在执行该计划的过程中,检查实际进度是否按计划要求进行,若出现偏差,要及时找出原因,采取必要的补救措施或调整、修改原计划,直至项目完成。

更为具体地,根据美国项目管理学会(PMI)编写出版的《项目管理知识体系》(PMBOK 2004),项目进度管理工作主要包括了如图1-1所示的如下六部分工作:

(1)活动定义:确定为完成各种项目可交付成果所必须进行的各项具体活动。

(2)活动排序:确定各活动之间的依赖关系,并形成文档。

(3)活动资源估算:估算完成每项活动所需要的资源种类和数量。

(4)活动时间估算:估算完成每项活动所需要的工作时间。

(5)进度计划编制:分析活动顺序、活动时间、资源需求和时间限制,以形成项目进度计划。

(6)进度计划控制:运用进度控制方法,对项目实际进度进行监控,根据实际情况对项目进度计划进行调整。

图1-1详细地概括了项目进度管理各个过程。项目进度管理各过程的工作是在项目管理团队确定初步计划后进行的。这里提到的过程虽然作为各自独立的概念给予了明确的界定,但是在实践中,它们往往是以各种形式交叉重叠和相互影响的。有些项目,特别是一些小项目,如活动排序、活动资源估算、活动时间估算和进度计划编制,这些过程紧密相连可视为一个过程,可由一个人在较短时间内完成。

需要强调的是,图1-1中所述项目进度管理各部分工作内容是有机地关联在一起的。图1-2给出了项目进度管理各工作内容之间的相互关系图。由图1-2可见,在项目进度管理中,不仅要做到项目进度管理各部分工作内容之间通盘考虑,而且要与其他内外部相关因素相互协调、紧密配合,才能取得整个项目进度管理的成功。

1.2 项目进度计划编制及与其他计划的关系

1.2.1 项目进度计划编制

项目进度计划编制(project schedule development)就是基于项目的目标定义及范围界定,在项目工作分解结构的基础上,根据活动定义、活动排序、活动持续时

```
                          ┌──────────────┐
                          │  项目进度管理  │
                          └──────────────┘

┌─────────────────┐  ┌─────────────────┐  ┌─────────────────┐
│     活动定义     │  │     活动排序     │  │   活动资源估算   │
│ 1. 输＋入        │  │ 1. 输入          │  │ 1. 输入          │
│   企业环境因素   │  │   项目范围说明   │  │   企业环境因素   │
│   组织过程资产   │  │   活动清单       │  │   组织过程资产   │
│   项目范围说明   │  │   活动属性       │  │   活动清单       │
│   工作分解结构   │  │   里程碑清单     │  │   活动属性       │
│   项目管理计划   │  │   批准的变更申   │  │   资源能力       │
│ 2. 工具和技术    │  │   请             │  │   项目管理计划   │
│   活动分解技术   │  │ 2. 工具和技术    │  │ 2. 工具和技术    │
│   模板法         │  │   前导图法       │  │   专家判断       │
│   滚动计划编制   │  │   箭线图法       │  │   定额法         │
│   专家判断       │  │   进度网络模板   │  │   自下而上估算   │
│ 3. 输出          │  │   条件图法       │  │   自上而下估算   │
│   活动清单       │  │ 3. 输出          │  │   项目管理软件   │
│   活动属性       │  │   进度网络图     │  │ 3. 输出          │
│   里程碑清单     │  │   活动清单更新   │  │   活动资源需求   │
│   必要的调整     │  │   活动属性更新   │  │   活动属性更新   │
└─────────────────┘  │   必要的调整     │  │   资源分解结构   │
                     └─────────────────┘  │   必要的调整     │
                                          └─────────────────┘

┌─────────────────┐  ┌─────────────────┐  ┌─────────────────┐
│     活动定义     │  │   进度计划编制   │  │   进度计划控制   │
│ 1. 输＋入        │  │ 1. 输入          │  │ 1. 输入          │
│   企业环境因素   │  │   企业环境因素   │  │   进度管理计划   │
│   组织过程资产   │  │   项目范围说明   │  │   进度基准       │
│   项目范围说明   │  │   活动清单       │  │   绩效报告       │
│   工作分解结构   │  │   活动属性       │  │   批准的变更申请 │
│   项目管理计划   │  │   进度网络图     │  │ 2. 工具和技术    │
│ 2. 工具和技术    │  │   活动资源需求   │  │   进度报告       │
│   活动分解技术   │  │   活动时间估算   │  │   进度变更控制系 │
│   模板法         │  │   项目管理计划   │  │   统             │
│   滚动计划编制   │  │   风险登记       │  │   绩效测量       │
│   专家判断       │  │ 2. 工具和技术    │  │   偏差分析       │
│ 3. 输出          │  │   工作分解结构方法│ │   进度对比横道图 │
│   活动清单       │  │   活动分解技术   │  │ 3. 输出          │
│   活动属性       │  │   网络计划技术   │  │   进度数据更新   │
│   里程碑清单     │  │   延续时间的压缩 │  │   进度基准更新   │
│   必要的调整     │  │   甘特图法       │  │   绩效测量       │
└─────────────────┘  │   里程碑法       │  │   纠正措施建议   │
                     │   资源分配的启发式方│   过程资产更新   │
                     │   法             │  │   活动清单更新   │
                     │   项目管理软件   │  │   活动属性更新   │
                     │ 3. 输出          │  │   管理计划更新   │
                     │   项目进度数据   │  └─────────────────┘
                     │   进度基准       │
                     │   资源需求更新   │
                     │   进度计划更新   │
                     │   活动属性更新   │
                     │   必要的调整     │
                     └─────────────────┘
```

图1-1 项目进度管理工作内容

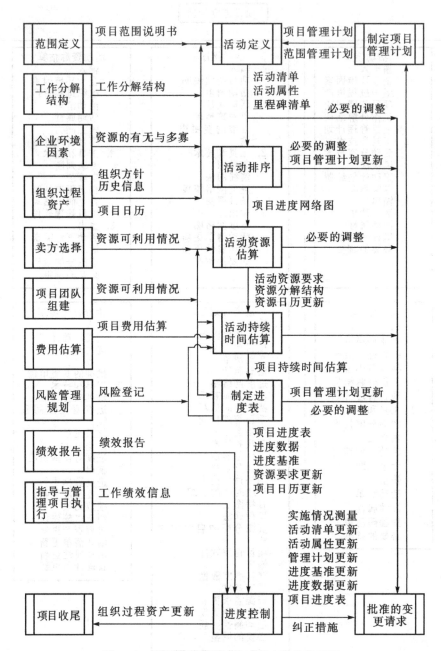

图1-2 项目进度管理工作内容之间的关系图

间及资源估算,对项目所有活动的进度安排所进行系统的计划编制工作。项目进度计划编制的主要工作,是确定项目各活动的开始时间、完成时间、调整余地、资源配置等具体的实施方案和措施。项目进度计划编制在项目管理中具有重要的意义,它既是项目跟踪与控制的服务目标与对象,又是项目跟踪与控制的行动指南。一个好的项目进度计划,不仅应有利于项目目标的高效实现,而且还应有利于项目实施过程的跟踪与控制。

编制项目进度计划工作是一项带有极强目的性的活动,项目计划编制时的目标导向不同,最后得到的项目进度计划不同。所以,在编制项目进度计划时,必须对项目的全部活动进行充分的分析、策划和安排。对于整个项目进度计划的编制过程,同样要做好过程的跟踪、监督与控制工作,这是做好项目进度计划编制工作的关键。为了做好项目进度计划的编制工作,项目经理和相关管理人员在项目进度计划编制之前,必须尽量找出所有有关项目未来实施中的模糊之处及存在的问题,对于可能涉及关键路径上的各种主要影响因素,还要设立专项课题进行深入的分析研究。这不仅需要在项目的前期工作中收集大量的信息、投入必需的人力,还要建立相应的管理与控制系统,力争减少由于对影响未来项目实施因素的认识不清所带来的计划不当,最大程度地降低项目实施风险。

编制项目进度计划时,项目有关干系人和主要职能部门都应该积极参加,以便了解本部门在进度计划管理中的职责并提前做好各项准备工作,同时,各职能部门还可据此拟订出本部门的项目进度子计划。无论是编制项目进度计划还是执行项目进度计划,项目经理和项目管理人员常常需要在各种方案之间做出选择。这些选择包括项目关键节点的时间安排、可交付成果的质量标准、部分工作是否外包以及外包的程度等等。从另外一个视角看,项目进度计划也可以看做是项目管理人员对于各种选择所做决策的一个系统的记录。通常,最终的决策与项目经理及项目管理人员所愿意接受的风险程度,以及项目组织拥有多少应急资源储备紧密相关。因此,在项目进度计划最终确定之前,项目实施过程中各种活动的时间安排及其他相关事项常常会出现多次的调整,也就是说,项目进度计划编制过程可能是反复迭代进行,这使得为项目进度计划编制所提供的输入过程也需要反复进行,尤其是项目活动持续时间估算、项目资源估算及项目成本估算的过程。

目前,关于项目进度计划编制,存在着多种比较成熟的工具技术。甘特图是一种应用广泛的项目进度计划技术,它能够直观地显示项目进度安排的时间信息,便于观察和理解。但是,甘特图对工作间的逻辑关系表示不清楚,时间参数和关键路径的信息也反映不出来,很难利用它对进度计划安排进行优化,只能凭项目经理和项目管理人员的经验进行一些局部的调整。关键路径分析能够有效地解决甘特图的不足,实现对项目进度计划的总体优化,是当前项目进度计划编制和控制最为重要的工具技术。对于具有较强不确定性的项目来说,计划评审技术是分析和评价项目进度计划及其风险性的一种有效手段。在运用了计算机项目管理软件后,上述工具和技术使用起来更为方便,它们可以帮助项目经理和项目管理人员明确项目各活动之间的相互逻辑关系,更加有利于项目管理人员对项目实施过程中各管理环节进行协调与控制。

由于项目进度计划是对未来活动做出的事先确定和安排,它具有假设性和预测性。所以,对未来工作的预测好坏,也会直接影响到项目进度计划的编制工作,特别是在不确定程度较高的环境下,预测工作尤为重要。通常,预测工作的成效与计划者所掌握的信息和经验积累有关,计划者应将自己所掌握的不确定信息反映到计划中,使得项目进度计划具有一定的柔性和抗干扰能力。在现代项目进度计划编制管理中,仅满足于编制出项目进度计划,并以此来进行资源调配和完成时间控制是远远不够的,还必须依据各种内部、外部条件,在满足项目完成时间要求的同时,合理安排时间、费用与资源,力求达到资源消耗合理和经济效益最佳的目的,这就是项目进度计划的优化。按项目进度计划的优化目标分,有时间优化、费用(成本)优化、资源优化、现金流优化以及鲁棒性优化,等等。

项目经理和项目管理人员在进行项目进度计划优化时,可以利用项目活动所具有的时差进行相关调整,从而使项目进度计划的优化得以实现。但是,优化过程往往建立在多次反复计算的基础上,其工作量巨大、过程十分烦琐,稍复杂一点的进度计划(如超过 50 个活动),用手工优化就已近乎不可能,所以,项目进度计划的优化工作主要是通过计算机程序及软件来完成的。随着项目调度问题(project scheduling problem)研究的深入,目前已出现大量的项目进度计划优化模型、算法及程序,这些理论成果有相当一部分已经编制成商业化软件,可供项目管理者对不同情形下的项目进度计划进行优化。

图 1-3 从输入、工具技术到输出,给出了常见的项目进度计划编制的过程。

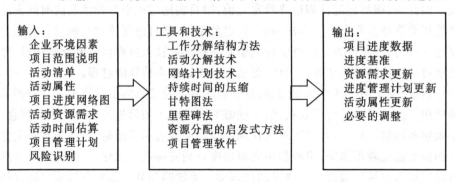

图 1-3 项目进度计划编制过程

1.2.2 项目进度计划与其他计划的关系

从广义上讲,项目进度计划仅仅是整个项目计划体系中的一个子计划。"计划"是组织为实现一定目标而科学地预测并确定未来的行动方案。任何计划都是为了解决三个问题:一是确定组织目标,二是确定达成目标的行动时序,三是配置行动所需的资源。所以制订计划就是根据既定目标确定行动方案、分配相关资源的综合管理过程。具体而言,也就是通过对过去和现在、内部和外部的有关信息进行分析和评价,对未来可能的发展进行评估和预测,最终形成一个有关行动方案的建议说明——计划文件,并以此文件作为组织实施工作的基础。计划通常需要在多个方案中进行分析、评价和筛选,最终形成一个可行的——能够实施并达到预期目标、最优的——实现资源最佳配置的方案。

项目计划是项目组织根据项目目标,对项目实施的各项工作所作出的周密安排。项目计划围绕项目目标的完成,系统地确定项目的工作、安排工作进度、编制完成工作所需的资源预算等,从而保证项目能够在合理的工期内,用尽可能低的成本和按尽可能高的质量完成。项目计划是项目实施的基础。计划就如同航海图或行军图,必须保证有足够的信息,决定下步该做什么,并指导项目组成员朝目标努力,最终使项目由理想变为现实。在项目管理与实践中,项目计划是最先发生并处于首要地位的,项目计划是龙头,它引导项目各种管理职能的实现,是项目管理工作的首要环节,抓住这个首要环节,就可以提契全局。项目计划是项目得以实施和完成的基础及依据,项目计划的质量是决定项目成败、优劣的关键性因素之一。

显然,作为整个项目计划体系中的一个子计划,项目进度计划应与项目的其他计划保持协调与配合,由此构成一个完整有效的项目计划体系,确保项目实施过程的平稳顺利。按项目管理的知识领域划分,除进度计划外的项目其他计划主要有以下几种:

1. 项目范围计划

项目范围计划就是确定项目范围并编写项目说明书的过程。项目范围说明书说明了为什么要进行这个项目,形成项目的基本框架,使项目所有者或项目管理者能够系统地、逻辑地分析项目关键问题及项目形成中的相互作用要素,使得项目的有关利益人员在项目实施前或项目有关文件书写前,能就项目的基本内容和结构达成一致;产生项目有关文件格式的注释,用来指导项目有关文件的产生;形成项目结果核对清单,作为项目验收评估的一个工具,在项目终止以后或项目最终报告完成以前使用,以此作为评价项目成败的判据;可以作为项目整个生命周期中监督和评价项目实施情况的背景文件,作为有关项目计划的基础。项目范围计划明确了项目所要完成的工作和达到的目标,决定了项目进度计划所要安排的工作内容,所以,它是项目进度计划的根本依据。

2. 项目费用计划

项目费用计划包括资源计划、费用估算和费用预算。资源计划就是要决定在每一项工作中用什么样的资源以及在各个阶段用多少资源。资源计划必然和费用估算联系在一起,是费用估算的基础。费用估算指的是完成项目各工作所需资源(人、材料、设备等)的费用近似值。费用预算是给每一个独立工作分配全部费用,以获得度量项目执行的费用基线。项目费用作为项目控制的三目标之一,与项目进度的管理与控制紧密相连。项目进度计划通常是在资源及费用的约束下进行的,它们之间存在着一个权衡的关系,需要项目管理者根据项目实施的具体情况做出抉择。

3. 项目质量计划

项目质量计划包括与维护项目质量有关的所有工作。质量计划的目的主要是确保项目的质量标准能够得以满意地实现。质量计划是对待定的项目、产品、过程或合同,规定由谁监控,应使用哪些程序和相关资源的文件。它是针对具体项目的要求,以及应重点控制的环节所编制的对设计、采购、项目实施、检验等质量环节的质量控制方案。质量计划的形式在很大程度上取决于承包方的质量环境。若一个组织已经开发了实施项目的质量过程,则现有的质量手册就已经规定了项目的管理方式;若一个组织没有质量手册,或其质量手册没有涉及项目的问题,那么在这样的组织中,项目的质量计划部分会很长,以清楚地表明如何保证质量。项目的质量计划对于项目进度计划来说,往往形成一种硬约束,也就是说进度计划的安排是在确保质量能够得到保证的前提下进行的。

4. 项目沟通计划

项目沟通计划就是确定利益关系者的信息交流和沟通的要求。简单地说,也就是谁需要何种信息、何时需要以及应如何将其交到他们手中。虽然所有的项目都需要交流项目信息,但信息的需求和分发方法不大相同。识别利益相关者的信息需求,并确定满足这些需求的合适手段,是获得项目成功的重要保证。项目沟通计划决定了项目进度计划执行过程中各部分协调的有效程度,它与项目编制及实施过程中的控制问题紧密关联,对项目进度管理与控制的最终结果产生直接影响。

5. 项目风险应对计划

项目风险应对计划是针对风险量化结果,为降低项目风险的负面效应制订风险应对策略和技术手段的过程。项目风险应对计划以风险管理计划、风险排序、风险认知等为依据,运用风险应对的主要工具和技术,得出风险应对计划、确定剩余风险、确定次要风险、签署合同协议的过程。对于不确定程度较高的项目来说,项目风险应对计划应与项目进度计划集成在一起编制,项目风险的应对措施决定了项目进度计划的执行效果,而项目进度计划的编制好坏又决定了项目工期风险控制的成败。

6. 项目采购计划

项目采购计划是项目管理者为了实施项目的需要,从项目组织外部获取资源的计划,它是从采购者的角度编制的。项目采购计划就是识别项目的哪些需要可以通过从项目实施组织外部采购产品、设备、工程或服务来得到满足,它应当考虑合同和分包商。对于设备的采购供应,有设备采购供应计划。在项目管理过程中,多数的项目都会涉及仪器设备的采购、订货等供应问题;有的非标准设备还包括试制和验收等环节。如果是进口设备,还存在选货、订货和运货等环节。设备采购问题会直接影响到项目的质量及成本。除设备外的其他货物和服务的采购和供应,需要有其他资源供应计划。如果是一个大型项目,不仅需要设备的及时供应,还有许多项目建设所需的材料、半成品、物件等资源的供应问题,以及项目部分工程的分包问题,等等。所以,预先安排一个切实可行的物资、技术资源供应计划,将会直接关系到项目的工期和成本。从项目实施的角度讲,项目采购计划是为项目进度计划服务的,它能够保证资源的及时供应,从而确保项目实施的顺利进行。项目采购的时间应服从进度计划的安排。

7. 项目变更控制计划

由于项目的一次性特点,在项目实施过程中,计划与实际不符的情况会经常发生。这是由下列原因造成的:开始时预测得不够准确;在实施过程中控制不力;缺乏必要的信息;外部环境的变化等。有效处理项目变更可使项目获得成功,否则可能会导致项目失败。项目变更控制计划主要是规定处理变更的步骤、程序,确定变更行动的准则。

表1-1给出了按知识领域划分的项目各种计划编制的过程和输出。通常,各种项目计划均可以下九个步骤制定完成:

步骤1 定义项目的交付物。这里的交付物不仅是指项目的最终产品,也包括项目的中间产品。例如,一个系统设计项目标准的项目产品可以是系统需求报告、系统设计报告、项目实施阶段计划、详细的程序说明书、系统测试计划、程序及程序文件、程序安装计划、用户文件等。

步骤2 确定需完成工作。确定实现项目目标需要完成的各项工作,并以工作分解结构图(WBS)反映。

步骤3 建立逻辑关系图。在假设资源使用相互独立的条件下,确定各项工作之间的相互依赖关系。

表 1-1 项目计划编制的过程和输出

知识领域	过程	输出
范围	范围计划编制	范围说明书 详细依据 范围管理计划
	范围定义	工作分解结构
时间	工作定义	工作清单 详细依据 更新的工作分解结构
	工作排序	项目网络图 更新的工作清单
	工作历时估算	工作历时的估计 估算的基础 更新的工作清单
	进度计划编制	项目进度计划 详细依据 进度管理计划
费用	资源计划编制	更新的资源要求 资源要求
	费用估算	费用估计 详细依据 成本管理计划
	费用预算	成本基准计划
质量	质量计划编制	质量管理计划 操作定义 检查表 其他过程的输入
沟通	沟通计划编制	沟通管理计划

续表 1-1

知识领域	过程	输出
风险	风险识别	风险来源 潜在的风险事件 风险征兆 其他过程的输入
	风险量化	需要抓住的机会及应对的威胁 可忽视的机会,可接受的威胁
	风险应对计划编制	风险管理计划 其他过程的输入 应急计划 储备 合同协议
采购	采购计划编制	采购管理计划 工作说明书
	询价计划编制	采购文件 评价标准 更新的工作说明书

步骤 4　为工作分配时间。根据经验或应用相关的方法给工作分配可支配的时间。

步骤 5　确定项目组成员可支配的时间。可支配的时间是指具体花在项目中的确切时间,应扣除正常可支配时间中的假期、教育培训等。

步骤 6　为工作分配资源并进行平衡。对工作持续时间、工作开始日期、工作分配进行调整,从左到右平衡计划、保持各项工作之间的相互依赖关系、证实合理性。通过资源平衡可使项目组成员承担合适的工作量,还可调整资源的供需状况。

步骤 7　确定管理支持性工作。管理支持性工作往往贯穿项目的始终,具体指项目管理、项目会议等管理支持性工作。

步骤 8　重复上述过程直到完成。

步骤 9　准备计划汇总。

1.3 项目进度计划的控制原理与过程

1.3.1 项目进度计划控制

项目进度计划控制是指项目进度计划编制完成后,在项目实施过程中,对实施进展情况进行检查、对比、分析、调整,以保证项目进度计划总目标得以实现的活动。

按照不同管理层次对进度控制的要求,项目进度控制分为三类:①项目总进度控制,即项目经理等高层管理部门对项目中各里程碑时间的进度控制。②项目主进度控制,主要是项目部门对项目中每一主要事件的进度控制。在多级项目中,这些事件可能是各个分项目。通过控制项目主进度使其按计划进行,就能保证总进度计划的如期完成。③项目详细进度控制,主要是各作业部门对各具体作业进度计划的控制。这是项目进度控制的基础,只有详细进度得到较强的控制,才能保证主进度按计划进行,最终保证项目总进度,使项目目标得以顺利实现。

项目进度控制是一种循环的例行性活动,主要包括以下过程:

(1)确定固定的报告期(日、周、双周或月)。

(2)控制项目的整个执行过程,将实际进程与计划进程相比,如出现项目延误、超出预算或不符合质量技术规格,必须采取措施使项目回到正常的轨道。

(3)关键是定期及时测量实际进程,并与计划进度进行比较,如必要,立刻采取纠正措施。

(4)如已根据变更对原定计划进行了修订,并已经过客户的批准同意,则必须建立新的基准计划。

(5)如已做出决策,必须采取纠正措施,则决策中要涉及如何修订进度计划和预算,同时还要涉及时间、成本和项目范围。

控制的依据包括进度管理计划、进度基准、绩效报告、经批准的变更申请等。控制的方法和工具主要有进度报告、进度变更控制系统、绩效测量、偏差分析、进度对比横道图等。控制的结果有项目进度数据更新、进度基准更新、绩效测量、纠正措施建议、过程资源更新、活动清单更新、活动属性更新和项目管理计划更新等。

1.3.2 项目进度计划控制原理

在开始一个新项目之前,项目经理和项目团队成员不可能预见到所有项目执行过程中的情况。尽管确定了明确的项目目标,并制定了尽可能周密的项目计划,包括进度计划、成本计划和质量计划等,但由于项目内外部不可预见因素的影响,仍然需要对项目计划的执行情况进行严密的监控,以尽可能地保证项目按基准计划执行,最大程度地减少计划的变更,使项目达到预期的进度、成本和质量目标。控制是计划、组织、领导和控制等各种项目管理职能中的一个重要职能。

对于项目管理来说,首先是确定项目目标,即可交付成果的经济、技术目标,包括交付时间、成本(或价格)、性能和质量要求等。其次,根据目标和资源约束制定项目计划,包括进度计划、成本计划和质量计划等。第三,确定项目组织结构并配备必要的人员,将计划项目付诸实施,在项目实施过程中要随时解决项目团队的沟通和冲突问题,并要求项目经理能够有效地激励团队成员,使其始终保持积极、热情的工作态度并高效地工作,这就是领导。在项目的执行过程中,还要持续地跟踪项目进展情况,并与计划比较,发现偏差、分析原因、及时纠偏,这就是项目控制。

项目的控制内容不是简单的动力学上所说的控制,项目的控制对象是项目本身,它需要用许多不同的变量表示项目的不同状态。而且每个项目活动有可能是并行展开,项目的状态往往是多维的,其变量也较难测量,所以,项目的控制过程要比物理或化学的控制过程复杂得多。所谓控制就是为了保证系统按预期目标运行,对系统的运行状况和输出进行连续的跟踪观测,并将观测结果与预期目标加以比较,如有偏差,及时分析偏差原因并加以纠正的过程。图1-4是一个简单的系统控制原理图。由于项目在前期的计划工作中面临许多的不确定性,在实施过程中又常常会受到多种因素的干扰,因此,在项目按计划实施的过程中,项目的进展不可避免地会偏离预期轨道。所谓项目控制,是指项目管理者根据项目进展的情况,对比原计划(或既定目标),找出偏差、分析成因、研究纠偏对策,并实施纠偏措施的全过程。

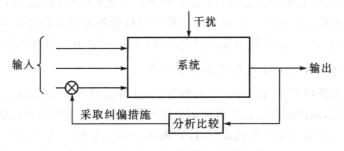

图1-4 系统控制原理框图

类似于对物理对象的控制,项目的控制方式也包括前馈控制(事先控制)、过程控制(现场控制)和反馈控制(事后控制)。前馈控制是在项目的策划和计划阶段,根据经验对项目实施过程中可能产生的偏差进行预测和估计,并采取相应的防范措施,尽可能地消除和缩小偏差,这是一种防患于未然的控制方法。过程控制是在项目实施过程中进行现场监督和指导的控制。反馈控制是在项目的阶段性工作或全部工作结束,或偏差发生之后再进行纠偏的控制。上述三种项目控制类型如图1-5所示。

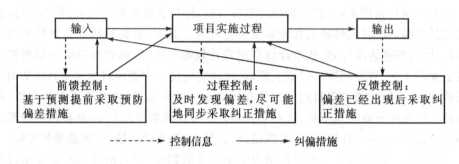

图1-5 项目控制类型示意图

1.3.3 项目进度计划控制过程

根据项目控制的定义,可以发现项目控制的依据是项目目标、项目计划及实施的信息。项目控制过程就是:制定项目控制目标并建立项目绩效考核标准,衡量项目实际工作状况,获取偏差信息,分析偏差产生原因和趋势,采取适当的纠偏行动。项目计划控制各步骤内容具体说明如下:

1. 制定项目控制目标,建立项目绩效考核标准

项目控制目标就是项目的总体目标和阶段性目标。总体目标通常就是项目的合同目标,阶段性目标可以是项目的里程碑事件要达到的目标,也可以通过项目总体目标分解来确定。绩效考核标准通常根据项目的技术规范和说明书、预算费用计划、资源需求计划、进度计划等来制定,应该明确、具体并具有较强的可操作性。

2. 衡量项目实际工作状况,获取偏差信息

通过将各种项目执行过程的绩效报告、统计等文件与项目合同、计划、技术规范等文件对比,或以定期召开项目控制会议等方式来考查项目的执行情况,及时发现项目执行结果和预期结果的差异,以获取项目偏差信息。为了便于发现项目执行过程的偏差,还应在项目的计划阶段和在项目的进程中设置若干里程碑事件,通过对里程碑事件实现情况的检测,有利于项目的利益相关者及时发现项目进展的偏差。或者在项目工作中添加"准备报告"这一工作,而报告的期间要固定,定期将实际进度与计划进行比较。根据项目的复杂程度和时间控制的需要,可以将报告期定为日、周、月等。

项目进展报告一般要包含多种项目进展信息,最终提炼成项目进展的偏差报

告。偏差报告可以有两种形式,第一种是数字式的,分成若干行,每行显示实际数据、计划数据和偏差数据。在偏差报告中要跟踪的典型变量是进度和成本信息。偏离计划的影响由偏差值的大小来体现。第二种格式是用图形来表示数据。每个报告期间的计划数据用一种颜色的曲线来表示,每个报告期间的实际数据用另一种颜色的曲线表示,偏差就是任何时间点上两条曲线的差异。图形格式偏差报告的优点是,它可以形象地显示项目报告期间内偏差的趋势,而数字报告只能显示当前报告期间内的数据。典型的偏差报告是反映项目进展状态的相关数据,通常不涉及项目如何达到某个状态的相关数据。项目偏差报告是用于报告项目当前的状态,主要是为了方便项目经理和项目控制人员阅读和理解,所以无论跟踪什么样的偏差因素,报告的篇幅都不宜太长。

3. 分析偏差产生原因和趋势,采取适当的纠偏行动

项目进展中产生的偏差就是实际进展与计划的差值,一般会有正向偏差和负向偏差两种。正向偏差意味着进度超前或实际的费用支出小于计划支出。虽然正向偏差对于项目管理者来说不是一个坏消息,但是正向偏差有时也隐含着一系列的问题,有些问题甚至有比负向偏差还严重。比如,费用的正向偏差也很可能是进度拖延的结果,也就是说,费用的结余是由于在报告周期内计划完成的工作没有完成而在造成的。当然,如果进度的超前或费用的结余,是由于项目团队找到了实施项目更好的方法或提高工作效率的结果,那么正向偏差确实是件好事情。正向偏差可以允许对进度进行重新安排,以尽早地在预算约束内完成项目。资源可以从进度超前的项目中重新分配给进度延迟的项目,重新调整项目网络计划中的关键路径。但这样也会带来另外一些问题,即项目经理不得不重新修改资源配置计划,这有可能会引起资源安排的混乱而增加额外费。

负向偏差意味着进度延迟或费用支出超出预算。显然,无论是进度延迟还是费用超出预算,都不是项目经理及项目管理层所愿意看到的。但是,正如正向偏差不一定都是好消息一样,有时负向偏差也不一定是坏事。举例来说,在某一个报告周期内项目的费用超出了预算,但这是因为在这个报告期中完成了比计划要求更多的工作所造成的,也就是说,项目的进度提前了。也许在这种情形下,多完成工作所支出的费用比计划的还要少,因此成本与进度偏差要结合起来分析才能得出正确的偏差信息。在大多数情况下,进度拖延的负向偏差只与关键路径上的工作有关,非关键路径上的工作拖延只有超过了总浮动时差时,才会影响到整个项目的完成时间。造成负向成本偏差的原因往往是多方面,有些是由于项目管理者自身工作不到位造成的,有些来自于项目组织外部的不可控干扰因素。

通常,造成偏差的责任方有以下 5 个方面:

(1) 业主(或客户)的原因。如业主(或客户)没有按期完成合同中规定的应承担的义务,或应由业主(或客户)提供的资源在时间和质量上不符合合同要求,以及在项目执行过程中客户提出变更要求等。由于业主的原因造成的偏差应由业主承担相应的损失。为了避免这类风险,应在项目合同中对甲、乙双方的责任和义务作出明确的规定和说明。

(2)项目承包方的原因。如合同中规定的由项目承包人负责的项目设计缺陷、项目计划不周、项目实施方案设计在执行过程中遇到障碍、项目执行过程中出现失误等。由项目承包方的责任造成的偏差应由承包人(项目团队或其所在企业)承担责任,承包人有责任纠正偏差并承担相关损失。

(3)第三方的原因。第三方是指业主与之签订有关该项目的交易合同的承包商以外的企业。第三方造成项目偏差的原因如由第三方承担的设计问题、提供的设备问题等。这方面的原因造成的项目偏差,应由业主负责向第三方追究责任。

(4)供应商的原因。供应商是指与项目承包人签订资源供应合同的企业,包括分包商、原材料供应商和提供加工服务的企业等。供应商造成项目偏差的原因通常包括原材料供应延误、质量不合格、分包的任务没有按期、按质交付等。由供应商原因造成的项目偏差应由承包商承担纠偏的责任及由此带来的损失,承包商可以根据其与供应商签订的交易合同向供应商提出损失补偿要求。为了避免这类风险,应在与供应商的合同中对供应商的责任和义务作出明确的规定和说明。

(5)不可抗力的原因。由于不确定性的、不可预见的各种客观原因造成的偏差,如战争、自然灾害、政策法规变化等。这方面原因造成的偏差应根据合同中的不可抗力条款,由业主和承包人共同承担责任。

此外,除了分析造成项目偏差的责任以外,还要分析造成项目偏差的根源。项目偏差的根源包括以下几个:项目立项的原因、项目方案设计的原因、项目计划的原因、项目实施过程的原因等。有经验的项目经理,通常在项目的计划阶段就对可能引起偏差的原因,以及对偏差的影响程度进行充分的分析,以便在计划阶段采取相应的预防措施避免或减弱这些原因对项目的影响。掌握了项目偏差信息,了解了项目偏差的根源,才有可能有针对性地采取正确的纠偏措施,如修改设计、调整项目实施方案、更新项目计划、改善项目实施过程管理等。显然,只有清楚造成偏差的责任方和根源,才能分清应由谁来承担纠正偏差的责任和损失,以及如何有效地纠正偏差。

思考题

1. 什么是项目进度,项目进度控制与质量、成本控制之间有何关联关系?
2. 简述项目进度管理的过程、内容,以及各部分之间的相互关系。
3. 项目进度计划编制的输入、输出,以及常用的工具有哪些?
4. 项目进度计划与项目其他计划之间有何关系?

5. 何谓项目计划控制？其原理是什么？通常分为哪几类？
6. 项目计划控制过程分为哪几步？各步的主要内容是什么？

课堂讨论

以自己经历（或较为了解）的实际项目为例，讨论进度计划的编制及控制过程，以及如何协调进度计划和其他相关计划的关系。

第 2 章　项目进度计划与控制基础

2.1　项目目标及范围界定

2.1.1　项目目标

项目目标指项目的客户期望在项目结束时所能够实现的结果。项目范围定义首先要确定满足客户需要的主要目标。例如，某大学为了对期末本科考试成绩结果进行分析，决定委托一家软件公司开发一套成绩管理信息系统，系统能自动统计平均成绩、成绩的标准差及分布，项目应在一年内完成，成本不超过 50 万元，这样便明确了该软件开发项目的目标。再如，某公司设计和开发一种便携式的 MP3 播放器系统，要求在 15 个月内完成，成本不超过 100 万元，也是该开发项目的目标。明确项目的目标是项目成功的重要保证，项目组织应该根据自身条件以及资源能力，对能否实现项目目标、满足客户需求做出客观、合理的判断。

项目目标的确定有一个由一般到具体，逐渐细化的过程，特别是对于 R&D（研发）项目。由于 R&D 项目具有很强的不确定性，甚至在项目进展过程中也有可能发生意想不到的情况，因此，开始时项目的目标可能比较一般化，随着时间的推移而逐渐明确，甚至可能重新确定。描述项目目标一般有几个原则可以遵循，如表 2-1 所示。这几个原则的首字母合在一起为 SMART，所以又称为 SMART 原则。当客户提出需求和想法，并依此需求明确了项目的目标、说明等事项时，原则上一个项目的雏形便诞生了。

表 2-1　描述项目目标的 SMART 准则

Specific	具体的　项目至少有一个明确界定的目标，至少有一个期望的交付物。一个项目的目标通常按照工作范围、进度计划和成本来定义。
Measurable	可测量的　项目目标的交付物都是以具体到可以测量的数据为基础的，条件来限定，如大小、数量、颜色、重量、速度等物理参数和操作参数都是可以测量的。

续表 2-1

Achievable	可实现的	项目的交付物应该是通过努力可以达到和完成的,一个完不成的项目目标是毫无意义的。
Relevant	相关的	项目的实施要通过完成一系列相互关联的任务,也就是许多不重复的任务以一定的顺序实施,以便达到项目目标。
Traceable	可跟踪的	项目的过程是可以通过文档、信息系统来监控和跟踪的,而不应该是一旦完成就什么也不存在了。无法跟踪会使项目失控,是十分危险的。

项目目标必须是明确、具体的,尽量用定量化的语言来描述,保证项目目标容易被沟通和理解,使每个项目组织成员确信项目目标通过努力是能够达到的,并能使每个项目组织成员结合项目目标确定个人的具体目标,把责任落实到人,只有这样才能起到很好的激励作用。遵循项目目标描述的 SMART 原则,可以有效地解决项目目标明确、具体的问题。

2.1.2 项目范围

在明确了项目的预定目标后,还必须开展一系列的工作或活动,这些必须开展的工作或活动就构成了项目的工作范围,也是说一个项目开始的首要工作就是对项目进行范围管理。准确地讲,项目范围(project scope)是指为了成功地实现项目所有目标所必须完成的、全部且最少的工作。这个定义包括以下两层含义:

(1)全部的——指实现该项目目标所进行的"所有工作",任何工作都不能遗漏,否则最终将无法完成项目的所有目标,导致项目范围"萎缩"。

(2)最少的——指完成该项目目标所规定的"必要的、最少量"的工作,不进行此项工作最终就无法完成项目。工作范围不包括那些超出项目可交付需求的多余工作,否则将导致项目范围"蔓延"。

项目范围管理(project scope management)是对项目所要完成的工作范围进行管理和控制的过程和活动,确保项目能够按照要求的范围完成所涉及的所有过程,包括描述一个新项目、编制项目范围计划、定义项目范围、由项目干系人核定项目范围、对项目范围变更进行控制等,它实质上是一种功能管理。项目范围管理主要是通过以下步骤实现的:

步骤 1 把客户的需求转变为项目可交付物的定义。

步骤 2 根据项目目标与工作分解结构,把项目可交付物的定义转化为对项目工作范围的说明和描述。

步骤3 通过工作分解结构,定义项目工作范围。
步骤4 项目干系人认可并接受项目范围。
步骤5 授权与执行项目工作,并对项目实施过程进行控制。

定义了项目的范围也就建立了项目各项计划的基础。项目范围是对项目结果或使命的定义,即定义了用户/客户需要的产品或服务。项目范围管理在项目管理中具有十分重要的作用,具体体现在以下几个方面:

(1)为项目实施提供工作范围的框架。项目范围管理最重要的作用,就是为项目实施提供了一个项目工作范围的边界和框架,并通过该边界和框架去规范项目组织的行动。在澄清了模糊的项目工作范围和条件之后,可以减少不必要的工作及未来项目可交付物不明确的风险。

(2)提高资金、时间、人力和其他资源估算的准确性。项目的具体工作内容明确以后,项目组织就可以根据各项具体工作来规划其所需的资金、时间、人力和其他资源,这样对整体和各项工作的需求估计就会准确很多。

(3)确定进度测量和控制的基准,便于对项目的实施进行有效的控制。项目范围是项目计划的基础,项目范围确定了,就为项目计划的执行和控制确定了基准,从而可以采取相应的纠正偏差措施。

(4)有助于清楚地分派任务。一旦项目范围界定了,也就确定了项目的具体工作任务,为进一步分派任务奠定了基础。

2.1.3 项目描述

项目范围的界定是通过项目描述实现的,主要包括可交付物说明、里程碑、约束及前提假设等。

1. 可交付物说明

可交付物说明是对项目所要完成的结果的特征和功能进行说明的文件。必须清楚定义项目的可交付物及验收标准。可交付物说明的主要内容包括:可交付物的特点、可交付物同项目目的之间的关系,以及为什么要实施该项目、获得该可交付物等。例如,某信息系统软件研发项目,项目早期设计阶段的可交付物可能是软件规格说明列表;在第二个阶段可交付物可能是软件代码和技术手册;下一个阶段可能是检验软件原型;最终阶段可能是最终检验和批准的软件。可交付物说明并非一成不变,随着项目的进行,项目成果的轮廓以及各项功能的定位日趋明确,可交付物说明需要逐步细化,甚至会随项目环境和实施情况的变化而相应变更,但是这种变更必须经过项目干系人的一致认可。可交付物一般包括时间、质量或成本估算等验收标准。技术要求也是常见的验收标准。例如,个人计算机的技术要求可能是有能力接收120伏的交流电或240伏的直流电,而不需要任何变压器或用户开关。又例如,"119"紧急系统具备识别打入者的电话号码以及电话地点的能力。可交付物说明对项目进度计划的编制有重要作用,也是下一步工作的基础性文件。

2. 里程碑

里程碑是项目在某一点上可能发生的一项重要事件,通常不消耗时间和资源。里程碑进度计划显示项目工作进度的主要阶段,一般使用可交付物作为标志,以识别主要阶段工作的终止日期。例如,便携式 MP3 播放器系统研发在第二年的 4 月 1 日完成为里程碑事件,那么,便携式 MP3 播放器系统的交付便是该里程碑事件实现的标志。里程碑应是项目自然的、重要的控制节点。里程碑应很容易让所有项目的参与者和干系人识别。里程碑进度计划应明确工作的主要阶段由哪些主要的组织或人员负责,并提供必要的资源和技术专家,组织单位可以是内部的,也可以是外部的。

3. 约束及假设前提

项目范围的约束及假设前提应加以明确定义,否则会导致错误的预期和将资源与时间花费在错误的事情上。例如:将由客户而不是项目的承包人收集数据;将建造一座房屋,但不包括风景设计或安装安全设备;将安装一种软件,但不提供培训。如果一个项目必须按照合同执行,那么由合同条款定义的约束,在范围定义中通常是重要的考虑因素。对于每一个项目,都必须至少具备时间、成本和质量的三重约束,这些约束是经过项目所有干系人共同讨论得到的。项目管理的目标就是要在满足这些约束的前提下,获得客户需要的项目可交付物。存在项目约束通常会阻碍或延误项目活动的开始时间,结果是项目计划网络上显示的时差减少、进度安排灵活性降低,以及项目延误的可能性增加。

项目约束的类型主要包括如下三种:

(1)技术或逻辑约束。这些约束通常是项目活动发生所必须遵循的次序。项目网络图就体现了技术约束。例如,对于房屋建造项目来说,施工必须按如下的顺序进行:①灌注地基;②构造框架;③加盖屋顶。而对于软件开发项目来说,所必须遵守的逻辑次序是:①设计;②编程;③检验。在项目的执行过程中,不能在①完成之前进行②,如此等等。

(2)物理约束。物理约束可能会导致通常并行进行的活动,由于受到环境条件的限制而无法正常进行。例如,船舱的改造可能由于空间限制而只能允许一个人来完成其中的某些工作。处理物理约束可视为一种特殊的资源约束。

(3)资源约束。没有资源或资源不足可以让技术约束发生巨大的改变。资源约束种类一般包括人员、原材料、设备、资金等,时间也是一种资源约束。项目经理和项目管理人员在编制项目计划时可能会假设有充分的资源,将项目活动安排为并行进行。但是,并行活动往往会增加产生资源冲突的可能性。例如,对于一个婚礼筹办项目,通常主要包括四项活动:①计划;②雇用乐队;③装饰礼堂;④准备饮料食品,每个活动需要各一天。活动②、③和④可以由不同的人并行完成,彼此之间没有技术依赖关系。然而,如果必须由一个人完成所有活动,则资源约束就要求活动必须以先后次序完成。显然,后果可能是这些活动的延迟以及完全不同的项目网络关系安排。注意,资源依赖关系的优先级比技术依赖关系高,但不能违反技术依赖关系;也就是说,雇人、装饰和采购要按先后次序发生而不是并行发生,但它们都必须在婚礼正式开始之前完成。

即使对于小的项目计划,时间和资源约束之间的相互关系的协调也是很复杂的,在项目开始之前对这些相互关系的分析经常会揭示出一些令人吃惊的约束问题。在中等复杂项目中,没有考虑资源可用性的项目经理和项目管理人员,常常在已经延迟并难以纠正的时候才会认识到这一问题。资源的缺乏会显著地改变项目依赖关系、完成日期和项目成本,项目经理和项目管理人员必须仔细地安排资源,以保证资源在正确的时候有正确的数量可供使用。最好能在项目计划阶段的早期认识到资源约束问题,而在这一阶段进行相关修正还是来得及的,这些修正仅需要项目活动的资源需求和可用性信息来进行资源的安排。

4. 其他相关信息

除了上述三类信息外,项目描述还包括了一些其他方面的信息,这些信息可以从图 2-1 给出的"居室装修工程项目"示例中看出。

对项目范围进行描述后,通常可以得到以下输出信息:

(1)项目章程。项目章程就是正式承认项目存在的文件,它可以是一个专门的文件,也可以是企业需求说明书、可交付物说明书、签订的合同等替代文件。项目章程是由项目的客户或者项目组织所属的上级领导组织的决策者签发的,它赋予了项目经理利用企业资源从事有关活动的权利。

(2)项目说明书。项目说明书是说明项目总体情况的文件,主要包括项目的目的、项目总体情况的相关描述、项目经理的责任和权利、项目实施动机等。

(3)项目经理选派。项目应该尽早选定项目经理并且在计划开始前指派到位。项目经理既可以来自于企业内部,也可以来自于职业项目经理人市场,还可以由咨询公司推荐。优秀的项目经理是项目成功的关键因素。在选派项目经理的时候,必须明确项目经理的责、权、利,并建立适当的激励和约束机制。

(4)项目约束因素的确定。约束因素就是限制项目组织行动的因素,例如,项目的预算将会限制项目组织的人员配备和进度安排等。

(5)项目假设条件的确定。制定项目计划时一般会假设某些因素是真实和符合现实的,这些因素就是假设条件。在制定项目计划时,一般假定项目所需的资源都会及时到位,但是现实情况可能不会这么理想,因此,假设条件通常包含一定的风险。

项目描述

项目名称:居室装修工程

目标:对总面积为 136 平方米跃层(式)3 室 3 厅 1 厨 2 卫,带屋顶花园的居室住宅进行中式风格装修

项目经理:王岩

项目交付物:

1. 综合布线,门窗安装

2. 屋顶花园装修

3. 厨房装修

4. 下层客厅卫生间装修,上层主卫生间装修

5. 下层小书房门装修,下层大书房门装修

6. 上层主卧室装修

7. 客厅、餐厅、过道及休息厅装修

8. 阳台装修,楼梯安装

验收标准:

按城市房屋装修质量技术标准

居室装修时间长度:≤52 天

居室装修费用:≤10 万元

工作描述:

研究居室平面结构图

实地考察居室实际结构

向业主推荐过去成功的装修方案并讨论本项目装修方案

设计居室装修方案

编制居室装修计划

进行居室装修

居室装修验收

开始日期:2006 年 7 月 1 日

主要里程碑:

开始时间:2006 年 7 月 1 日

完成时间:2006 年 8 月 22 日

交付时间:2006 年 8 月 24 日

图 2-1 居室装修工程项目描述示例

2.2 项目工作结构分解

工作分解结构(work breakdown structure,WBS)是项目管理中一种很简便实用的方法,它能将项目分解成小的活动、任务或工作包,甚至工作单元。运用工作分解结构技术通常能够降低项目经理和项目管理人员遗漏某项工作的可能性,也就是说,工作分解结构可以确保所要求完成的全部项目活动都被合乎逻辑地定义并相互联系起来。

2.2.1 工作结构分解的概念

工作分解结构是将项目可交付物和活动按照其内在结构的逻辑关系或实施过程的顺序,进行逐层分解而形成的结构示意图,通过这个结构示意图,可形象地显示出项目的可交付物,从而便于为实现项目目标而进行的所有工作的管理和控制。工作分解结构实际上是一种项目工作分解技术,是项目在不同细节水平上的概述或描述,是项目分级过程的结果地图,是项目范围和活动定义中最有价值和最常用的工具。利用这个工具,可以方便项目经理和项目管理人员对项目所有可交付物和工作要素进行观察、跟踪、检测和控制。所以,项目分解结构的划分,是项目实施以及目标确定过程中不可缺少的环节,同时,也是制订项目总体进度计划和确定项目组织结构形成的一个重要步骤。

工作分解结构将项目目标逐层分解成子项目,子项目再分解成更小的、更易管理和控制的活动,直至到达可进行报告或控制的最低层水平的具体工作包(或工作单元),从而能够更为容易、也更为准确地确定这些工作包的成本、资源和进度,并明确定义其质量的要求。举一个简单的例子:如果项目的具体目标是"周末野餐",则有以下几项工作要做:"联系朋友"、"借烧烤用具"和"买食物"。"买食物"又可以细分为"买生食"、"买饮料"和"买水果"。"买生食"又可以分为"买肉"和"买菜",至于具体买什么肉和菜由购买者自己决定,再往下分就没有任何意义了。上述过程就是工作分解结构,图2-2给出了"周末野餐"项目分解结构的示例。

由图2-2可见,工作分解结构的形式有点像倒过来的树状结构。工作分解结构一般不能显示项目工作的先后顺序,但是,它能够说明所有项目工作的组织情况及内在逻辑关系,可以把整个项目联系起来,把项目目标逐步细化为许多可行的,并且是相对短期的任务。因此,工作分解结构具有三个主要优点:

(1)项目被划分为可执行的活动或工作包,并且这些必须完成的活动或工作包能够被项目组织的所有成员了解和识别。

(2)时间较短的短期活动或工作包会更加清晰,因而能让项目组织成员感觉更

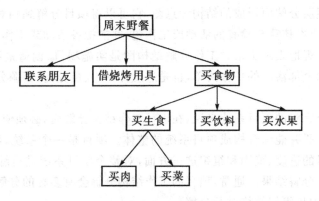

图 2-2 "周末野餐"项目分解结构示意图

容易实现和控制。

(3)有了工作分解结构,就可以进行项目的进度、资源和成本等的估算。

在工作分解结构的树状结构中,每一个活动或工作包都是项目的一个具体行动任务,它应该包括下面的一些要素:

(1)活动过程或内容:表明了活动或工作包的性质,或者是对活动或工作包的描述。

(2)任务的承担者:如果由多人承担该项活动或工作包,则应进一步对人员的分工和合作进行明确的职责分配。

(3)活动对象:与活动或工作包紧密相关的对象不仅仅是有形物质的,也可能是无形非物质的。

(4)完成活动或工作包所需的时间:时间的确定既要为完成每一活动或工作包过程所需的持续时间做出估计,即时间估算,还应当进一步确定出完成每项活动或工作包所需的时间点,例如开始和结束时间。

(5)完成活动或工作包所需的资源:这种资源是指为完成活动或工作包所需要的材料、设备和设施、资金、人员及资源使用等,这在多项活动或工作包正在并行交叉实施时尤为重要。

然而,在实践中,这些看似简单的分解却并非易事,在很大程度上要取决于项目经理和项目管理人员对项目目标的理解和其本身所具有经验的丰富程度。对于实际项目来说,这种分解也并非是简单的分割,而要十分重视各部分之间的组织联系和技术联系,这种联系的方式有的是空间的,有的是时间的,还有的是逻辑上的。

2.2.2 工作结构分解的思路与原则

由上述介绍可见,工作分解结构图是将项目按照其内在逻辑结构或实施过程的顺序进行逐层分解而形成的结构示意图,它可以将项目分解到相对独立的、内容单一的、易于成本核算与检查的活动或工作包,并能把各活动或工作包在项目中的地位与构成直观地表示出来。工作分解结构图是实施项目、创造最终产品或服务所必须进行的全部活动的一张清单,也是进度计划、人员分配、资源分配、预算计划的基础依据。

对于一个完整的项目系统来说,在进行工作结构分解后,必须使生成的各子系统能够相互关联并能综合构成项目系统的整体。项目是一个系统,项目工作分解结构要从项目的进度、范围和组织这三方面,对整个项目系统进行综合的考虑,以便得到合理的分解结果。通常,项目的工作结构分解会有多种的分解方式,如:

(1)按照项目组织结构进行分解;
(2)按照项目的范围构成进行分解,即根据交付物、二级交付物进行分解;
(3)按照项目实施的阶段进行分解。

实际上,工作分解结构的第一个层次按某种方式分解后,第二个层次或其他层次往往要以另外一种方式分解。那么,到底采用哪种方式进行分解更为合理呢,一般需要综合考虑如下三方面问题:

(1)哪一种更高级的标志会最有意义?
(2)任务将如何分配?
(3)具体的工作将如何去完成?

根据对以上三方面问题的分析,便可初步判断出项目结构分解的有效方法。另外,工作分解结构的每个框或圈中的文字标识最好能够统一,要么全用"动词+名词",如"编制软件";要么全用"名词+动词",如"软件编制"。

在进行项目计划、实施和跟踪监督的过程中,有关的细节内容有很大一部分都是通过工作分解结构来识别和提供的。为了确定项目参与人员的职责范围、进行项目的时间和资源估算、建立项目工作的关键路径、实现项目资源的合理分配,以及制定有效风险规避方案,每一个项目干系人或组织,包括项目经理、项目组织成员、技术指导、客户和供应商代表,在确定项目交付物并完成项目工作描述之后,都应该着手制作自己的工作分解结构图。在进行工作分解结构时,通常应遵守以下基本原则:

(1)项目中的活动或工作包都必须是确定的;
(2)一般情况下,复杂的活动都应该分解成两个以上的工作包或工作单元;
(3)在建立工作分解结构时,所有的活动应具有一定的层级关系;
(4)在建立工作分解结构时,应显示出活动之间的内在逻辑关系;
(5)在建立工作分解结构时,所确定的活动或工作包应该是可以进行管理、测量以及分配的独立的活动或工作包;

(6)在工作分解结构中,最低层的活动或工作包一般表示了项目的具体过程;

(7)活动之间的所有联系不需要在工作分解结构中全部显示。

2.2.3 工作结构分解的层次

建立项目的工作分解结构并没有一个固定的模式,也不存在一个标准的层数。原则上,能够将项目分解到能够合理地分配给相应的项目小组或某个项目组织成员管理和控制就行。通常而言,至少要分解 3~4 个层次,但有时也需要分解 5 个或 10 个层次,甚至更多。比如,对于长江三峡建设这样的大型项目,就没有必要一开始就分解到具体的项目组织成员,而只要分解为若干个子项目即可,子项目的经理再在他那个层次进一步细分。一般来讲,一幅树状结构的工作分解结构图分解到 3~5 个层次即可,若超过 5 个层次则建议项目经理和项目管理人员将项目再划分为若干个小项目。这样,不同层次的项目对应不同层次的项目经理,不同层次的项目经理各自关心自己所分管的工作分解结构。

需要强调的是,工作分解结构中活动的层次应该谨慎确定。项目中的活动或工作包划分得越多,每个活动或工作包的规模和花费就会越小。随之而来的活动或工作包越多,项目管理人员安排、管理和协调这些活动或工作包所需要花费的时间和精力就越多。同时,工作分解结构划分活动或工作包的规模越小,每个活动或工作包消耗的事件和费用就会越小,这样便会提高项目实施状态监控的准确性。反之,如果活动或工作包划分的较少,则会减少管理和协调的费用,但活动本身所消耗的时间和成本却会上升,而且监控的准确性也会下降。因此,需要根据项目的具体情况,找到一个合适的层次划分平衡点。一般来讲,应该将项目分解成足够小的工作包,使得每个工作包都容易理解。如果工作分解结构的每项活动能够更接近于以前已有的经验,那么编制进度计划的时间和成本估算就会更准确。

在决定工作分解结构的一个活动规模多大才算合适的时候,另一个需要考虑的因素就是,应当方便地将活动安排给某一负责人或执行人,并与他们的相关经验和能力相匹配。工作分解结构中的每一项底层活动都必须而且能够指定给直接的负责人(通常是执行经理),这个人要对这项活动负主要责任。在任何情况下,工作分解结构都可以阐明项目各个层次级别的组织责任。表 2-2 总结了在进行工作分解结构时,划分分解层次应当考虑的事项以及其他的影响因素。工作分解结构定义了活动或工作包,对于具体的执行者来说,这些活动或工作包将与相应的持续时间、资源和预算紧密联系在一起,可以将工作分解结构的编码和持续时间、资源和预算等信息标注在上面。因此,最好使最底层活动或工作包的工作量相对小、时间相对短。对于一些承包合同项目,工作分解结构的布局和编码还可以根据客户的要求而定。总的来说,要构建一个有效的工作分解结构,最好基于有形的、可交付的事项,既包括软件方面的也包括硬件方面的。

表 2-2 影响分解层次大小的因素

影响因素	采用较细较小的活动	采用较粗较大的活动
管理工作	需要花更多的时间来创建工作分解结构	不想花较多时间来创建工作分解结构
活动数量	希望更多的细节	不想要很多细节
费用的授权	希望在特定时间段内限制财务或资源的开支	执行经理们以前的项目经验表明他们对费用和资源的使用都很谨慎
活动持续时间	希望通过鼓励尽快完成任务	可以等待更长的时间,直到完成任务
监督的准确性	希望或要求更高的准确性	可以容忍不那么准确
项目组织对类似工作有无经验	项目组织的经验很少或没有经验	项目组织对项目所要求的工作有专业经验
执行经理的技能	用的是一位没有经验的人员	用的是一位有经验的人员

2.2.4 工作结构分解的方法与步骤

制订工作分解结构的方法有多种,常用的有类比法、自上而下法、自下而上法等。

(1)类比法:类比法就是以一个类似项目的 WBS 模板为基础,制定本项目的工作分解结构。例如,ABC 飞机制造公司,曾设计制造多种类型的大型客机,当他们计划投入设计生产某种新型战斗机时,就可以使用以往制造大型客机而设计的子系统。以从前的子系统为基础,开始新项目 WBS 的编制。比如,该 WBS 的第一层中有飞机机身项,该项又包括了飞机前身、飞机中部、飞机后身和机翼等第二层的多个子项。这种一般性的产品导向的 WBS,就成为新飞机项目的范围定义和成本估算等工作的起点。

(2)自上而下法:自上而下法常常被视为构建 WBS 的常规方法,即从项目最大的单位开始,逐步将它们分解成下一级的多个子项。这个过程要不断增加级数,细化工作任务。自上而下法对项目经理可以说是最佳方法,因为该方法可以为他们提供一个审视项目工作内容的完整视角。

(3)自下而上法:自下而上法是要让项目团队成员从一开始,就尽可能地了解与项目有关的各项具体任务,然后将各项具体任务进行整合,并归总到一个整体活动或 WBS 的上一级内容当中去。仍以 ABC 飞机制造公司设计制造新型战斗机为例,当使用这种方法时,不是一开始就考察 WBS 制定的指导方针或参考其他类似项目的 WBS,而是尽可能详细地列出所有项目团队成员认为完成项目所需要做的工作。在列出详细的任务清单后,就开始对所列出的工作进行分类,以便于将这些详细的工作归入上一级的大项中。比如说,项目团队某小组中的商业分析人员知道他们必须确定用户对项目的要求;工程师们知道他们必须确定对系统和发动机的技术要求。于是,该小组可能会将上述任务都归入到战斗机制造项目的概念设计这个总项中去。

自下而上法一般都很费时,但这种方法对于新项目的 WBS 的创建来说,效果特别好。项目经理经常对那些全新系统开发项目采用这种方法,或者借助于该方法促进全员参与或项目团队的相互协作。

在进行项目工作分解的时候,一般需要遵从以下几个主要步骤(如图 2-3 所示):

步骤 1　明确并识别出项目的各主要组成部分,即明确项目的主要可交付成果。一般来讲,项目的主要组成部分包括项目的可交付成果和项目管理本身。在进行这一步时需要回答的问题是:要实现项目的目标需要完成哪些主要工作?一般情况下,项目的主要工作是指贯穿项目始终的工作,它在项目分解结构中通常被列在第二层。

步骤 2　确定每个可交付成果的详细程度,是否已经达到了足以编制对其进行"恰当"的成本和历时估算。"恰当"的含义可能会随着项目的进程而发生一定的变化,因为对于将来产生的一项可交付成果进行分解也许是不大可能的。对每个可交付成果,如果已经足够详细,则进入到第四步,否则进入第三步——这意味着不同的可交付成果可能有不同的分解层次。

步骤 3　确定工作包。工作包应当用切实的、可验证的结果来描述,以便于进行绩效测量。与主要可交付成果一样,工作包的定义应该根据项目工作实际是如何组织和完成的而定。切实的、可验证的结果既可以包括有形产品,又可以包括无形的服务。这一步要回答的问题是:要完成上述各组成部分,有哪些更具体的工作要做。对各组成部分的更小的构成部分,需要确定它们的完成顺序并说明能够取得哪些可以核实的结果。

步骤 4　核实分解的正确性。核实分解的正确性需要回答下列问题:最底层项对项目分解来说是否是必需而且充分的?如果不是,则必须修改组成元素(添加、删除或重新定义);对于每项的定义是否清晰完整?如果不完整,描述则需要修改或扩展;每项是否都能够恰当地编制进度和预算?是否能够将工作分配到适当的组织或个人,以及该组织和个人是否能够圆满完成这项工作?如果不能,则需要作必要的修改,以便于提供合适的管理控制。

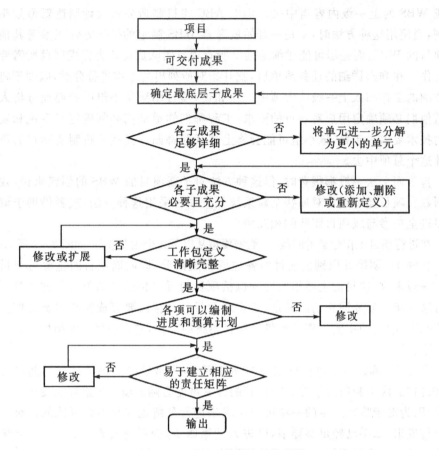

图 2-3 项目工作分解结构步骤

2.2.5 工作结构分解的编码

工作分解结构(WBS)通常以编码的形式表示出来,这样有利于简化信息传递和便于识别和交流。例如,编制一个家庭搬迁项目,在其工作分解结构中分解了3个层次,所以工作分解结构编码用3位数表示。左起第1位数表示家庭搬迁项目,第2位数表示两个子项目(搬迁和打包),依此类推,该项目用编码形式表示的工作分解结构如下:

100 搬迁
101 选择搬迁服务机构
102 与搬运工讨论大致的细节
110 打包

111 盘点并规划所有财产

112 决定要保留哪些家具物品

113 将物品分类

114 将物品装箱

由于工作分解结构编码中的每一位数字表示一个分解层次,故有:左起第1位数字之后都为零的编码表示整个项目;第一位数字相同,第2位数不同,后面数字全为零的编码表示各子项目,其总和构成整个项目;前两位数字相同,第3位数字不同,后面数字为零的编码表示各子项目分解成的工作任务,其总和构成项目的某一子项目,依此类推。在制定工作分解结构编码时,责任和成本预算也可用同一编码数字制定出来。就责任来说,第1位数字可代表最大的责任者——项目经理,第2位数字可代表各子项目的负责人,第3位和第4位数字代表2级、3级工作包的相应负责人,依此类推。图2-4给出一个含有编码的工作结构分解示意图。

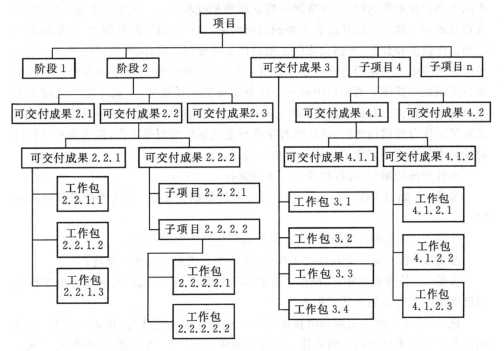

图2-4 含有编码的工作分解结构示意图

2.2.6 责任矩阵

一般而言,在完成项目工作分解结构后,紧接着应该建立完整的责任矩阵(responsibility matrix,RM)。责任矩阵(有时也称为线性责任图)就是描述应由谁来负责项目或活动中的什么事情。项目管理中的角色和责任必须分派给适当的项目组成员,分派应根据项目管理范围而定,一般可以借助责任矩阵进行说明。责任矩阵在大型项目中可以在不同层次上进行编制,在较高层次上的责任矩阵可以用来描述哪一个部门或单位,负责工作分解结构中的某一子项目或任务,而在较低层次上的责任矩阵可以用于某一部门内部,将具体活动的角色和责任分配给具体的执行个人。人员配备计划中的大多数角色和责任都将分派给参与该项目工作的成员(项目经理、项目管理人员、执行经理以及其他参与者)。

在制作责任矩阵时,首先要了解责任矩阵对项目的重要性,然后要能够描述出不同类型责任矩阵的特点,并掌握其建立原则和技术方法。虽然在实际工作中,完成责任矩阵的建立工作并没有明确的时间约束,但在项目时间管理中,如果缺乏清晰的工作指派和分配,不但无法保证项目任务的按时完成,同时也使每个项目组成员无法清晰地说明他们当前的工作进度,对他们的绩效评价也不易进行。为了使项目组织成员能够了解项目中每一个任务的责任承担情况,并能在相互之间对于项目任务内容进行有效的沟通,项目组织核心管理层、项目经理和项目管理人员在确定了工作分解结构之后,就应该着手进行责任矩阵的制作工作,最终获得一份针对项目中每个成员完成工作的分析和记录。

责任矩阵的编制,可以按照如下步骤进行:

步骤1 确定工作分解结构中所有层次最低的工作包,将其填在责任矩阵列中;

步骤2 确定所有项目参与者,填在责任矩阵的标题行中;

步骤3 针对每一个具体的工作包,指派个人或组织对其负全责;

步骤4 检查责任矩阵,确保所有的参与者都有责任分派,同时所有的工作包都已经确定了合适的责任承担人。

此外,还可以确定出标识项目责任的一些有代表性的代号,即责任代号,用以描述各个层次责任承担人的责任。在责任矩阵中,对每一个任务,在分配给不同的团队成员时,都会有不同的代号,这是因为成员所承担的责任有所不同。只要是合理的安排,一个项目组织成员可以分配一个以上的任务,但尽可能不要使用同一个代号来做分配。责任代号的示例见表2-3。

表 2-3 责任代号示例

"I"	Initiate (总指挥)	有权决定任务是否可以开始,此时,所有必需的文字工作和必要的沟通都已经完成。
"G"	General Responsibility (主要负责人)	对任务负全责,有权做出相应的决策,可分派工作给其他人;在不需要分派工作的情况下,所有工作都是由主要负责人一人完成。
"S"	Sub-contracting (次要负责人)	对主要负责人分配的工作负责任。
"A"	Approval (审批人)	有权批准任务结束,并确定交付物符合验收标准。
"F"	Follow or Monitor (监督人)	至少安排一个人,对分配下来的工作进行监督。
"E"	Exception (意外事件处理负责人)	当意外事件发生时,有权对如何解决做出决策。
"P"	Participating (参与人员)	完成分派的工作并对其负责,但无权做出相应的决策。

2.3 活动时间及资源估算

2.3.1 活动定义

活动定义(activity definition)指在工作分解结构的基础上,利用活动分解技术将工作分解结构中最低层的工作分解为更小、更容易控制的具体活动,并形成文档的过程。活动定义可根据项目的复杂程度来判断,对于相对简单的项目,工作分解结构最低层的工作细目已经足够详细,不需要作进一步的分解;而对于较为复杂的项目,需要在工作分解结构的基础上通过活动分解来完成。活动定义的过程如图2-5所示。

由图2-5可见,活动定义时需要输入如下内容:
(1)企业环境因素。企业环境因素包括了项目管理信息系统和进度管理软件等各种工具的可用性。
(2)组织过程资产。组织过程资产包括现存的正式或非正式与活动计划编制相关的政策、程序、方针,过去开展类似项目的各种历史信息对于活动定义也具有

图 2-5 活动定义的过程

重要的指导和参考作用。

(3)项目范围说明。在活动定义过程中,应明确考虑范围说明中列入的项目交付成果、限制性条件和假设等。限制性条件是指限制项目团队进行选择的因素,比如因管理或合同要求的里程碑事件的强制完成时间,以及其他各种约束因素。假设是指在项目管理中被当成真实的、现实的或确定的因素来使用的条件,比如每周的工作时间或工程实施年限。

(4)工作分解结构。工作分解结构是将项目分解为有内在联系的若干工作包,这些工作包是实现项目目标所要完成的相关工作活动的集合,其最底层是可交付成果。工作分解结构是活动定义的重要输入。

(5)项目管理计划。项目管理计划包括了项目前期准备阶段制订的项目范围管理计划、初步时间管理计划等,为项目活动计划提供指导。

而主要用到的工具和技术包括:

(1)活动分解技术。活动分解技术类似于工作分解技术,是在项目工作分解结构的基础上,将项目工作按照一定的层次结构逐步分解为更小的、更具体的和更容易控制的许多具体项目活动,从而找出完成项目目标所需的所有活动的技术。

(2)模板法。已完成的类似项目的活动清单或其一部分往往可以作为一个新项目活动清单的模板。模板中相关活动的属性信息包括了资源技术清单、工作时间、确认的风险、预期交付成果及其他描述信息。类似历史项目模板也可用来确定项目实施过程中的里程碑。

(3)滚动计划编制。随着工作的不断分解,项目范围所包括的内容会越来越详细。滚动计划编制是一种不断进行的计划编制方法,当处于工作分解结构较低层的工作即将完成时,计划编制得更为详细;当处于工作分解结构较高层次的工作即将完成时,计划编制得较为粗略。因此,在项目的生命周期中项目活动的详细程度不同,在早期战略计划中,项目活动只是确定里程碑时间。

(4)专家判断。在编制详细的项目范围说明、工作分解结构和项目进度方面,有经验、熟练的项目团队成员或其他专家能为活动定义提供专业指导。

活动定义之后,可以得到以下输出结果:

(1)活动清单。活动清单包括项目所需要进行的所有活动,但不包括不属于本项目范围的活动。活动清单包括了活动工作范围的详细描述,确保项目团队成员理解需要完成的工作。这些工作可以按照物理形式说明,如直管的安装、混凝土的计划安置、计算机程序编码等。

(2)活动属性。活动属性是对活动清单中活动定义的细化,每个活动通常会具有多种属性,包括活动检验人、活动编码、活动描述、紧前活动、紧后活动、逻辑关系、提前时间和滞后时间、资源需求、强制日期、限制条件和假设。活动属性还包括了工作负责人、工作的实施位置、活动类型(平行工作、不连续工作、分摊工作)。这些属性用来编制项目进度计划和进行活动的选择、排序、分类,应用领域不同,属性的数量也不同。

(3)里程碑清单。里程碑清单用于列出所有里程碑,说明这些里程碑是合同强制性要求的,还是基于项目需要或历史信息选择的。里程碑清单是项目管理计划的重要组成部分。

(4)必要的调整。在活动定义过程中,可能会产生必要的调整,这会影响到项目的范围说明和工作分解结构。这时需要对原有的项目范围与工作分解结构进行必要的修订和更新。

2.3.2 活动时间估算

项目活动时间估算是指根据项目范围、资源状况计划和相关信息,对项目已确定的各种活动可能持续时间的长度进行估算。活动时间估算是项目进度计划制订的一项重要的基础工作,它直接关系到项目网络时间参数的计算和完成整个项目任务所需要总时间确定。若活动时间估计得太短,则会在工作中造成被动紧张的局面;相反,若活动时间估计得太长,就会使整个项目的工期延长。估算的时间应该现实、有效并能保证质量。所以,在活动时间估算时要充分考虑活动清单、合理的资源需求、人员能力、环境及风险因素等,对项目活动延续时间的影响。活动时间估算的过程如图2-6所示。

1.活动时间的影响因素

从本质上讲,活动时间是一个随机变量,项目实际进行时具体会出现何种情况,人们在事前不可能十分清楚,所以无法事前确切地知道完成活动所需的实际时间,而只能进行大致的估算。在进行估算时,应使活动时间尽可能地接近实际,以便于它们的正常实施。同时在计划和实施阶段,也要随着时间的推移和经验的增多而不断地重新进行时间估算,以便随时掌握项目的进度和以后工作需要的时间,避免项目失去控制,造成工期延误。值得注意的是,无论采取何种估算方法,都

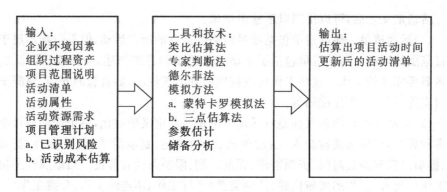

图 2-6 活动时间估算的过程

需要考虑如下因素对活动时间的影响:

(1) 熟练程度。参与相关活动的人员的熟练程度可能高于平均水平,也可能低于平均水平,这就使得活动进行的实际时间可能会比计划时间长些或短些。

(2) 工作效率。参与项目活动的人员不可能保持同样的工作效率。由于主观或客观的原因,项目成员的工作能力或效率很难保持稳定。

(3) 突发事件。突发事件会对活动的实际需要时间产生影响,在计划阶段将所有可能发生的事件都考虑在内是不可能的,所能做的就是对突发事件做好准备,以便其发生时项目团队具有控制和调整项目的能力。

(4) 计划调整。在现实的操作中,要随着项目环境和其他因素的变化进行一些必要的、局部的调整,而完成计划调整需要时间。

(5) 误解和错误。需要随时加以控制,出现错误和误解时予以纠正,而这也会使得实际工作所需要的时间比预计的时间要长,从而造成一定程度的延误。

2. 活动时间估算的依据

活动时间的估算需要依据以下信息:

(1) 企业环境因素。一些商业管理咨询公司收集的同类项目的历史信息,通常可以通过购买或咨询等方式得到。当活动时间无法由实际工作内容计算时,例如混凝土养护所需时间的确定,这些数据库将非常有用。

(2) 组织过程资产。以前类似项目的参与组织可能保存了有关项目的详细记录,这些记录会有助于当前项目活动的时间估算。项目队伍成员可能还记得以前同类项目的实际的或估算的活动时间,此类记忆的信息可能对当前项目的活动时间估算非常有用,但与通过文档记录的信息比较起来,其可靠程度要低一些。

(3) 项目范围说明。在进行项目活动时间估算时,还应该考虑项目范围说明中的各种约束和假设条件。约束条件是指活动时间估算方面的各种约束条件,即活动时间所面临的各种强制性因素。假设条件是指对于活动时间估算所假定的各种存在的风险及可能发生的情况。

(4) 活动清单和活动属性。同"项目活动定义"中对活动清单和活动属性的定义。

(5) 活动资源需求。大多数活动的持续时间在很大程度上受到分配给它们的人力和物力资源能力的影响。例如，一般经验丰富的人员完成指定活动所用时间要比经验少的人员短。

(6) 项目管理计划。项目管理计划中的已识别的风险和活动的成本估算，可以作为活动时间估算的依据。其中，由于风险对活动持续时间有着重要影响，因此活动时间估算需要考虑已识别的风险。具体而言，需要考虑在每一活动的基线时间估算中，以何种程度计入风险的影响。项目活动成本估算可以用于估算活动的资源需求数量，以此为基础来估算活动的时间。

3. 活动时间估算的方法

活动时间估算常用的方法有如下几种：

(1) 类比估算法。类比估算法是一种依据以前类似项目的活动持续时间，来推测估计当前项目各项活动持续时间的估算方法。当项目活动持续时间方面的信息有限时，例如在项目的初期阶段，这是一种最为常用的方法。

(2) 专家判断法。当项目涉及新技术的采用或者某种不熟悉的业务时，工作人员往往不具有完成时间估算所需要的专业技能和知识，这时就需要借助专家给出的意见和判断，最好是多个专家的意见和判断的综合，在此基础上采用一定的方法来获得更为可信的估算结果。当然专家的判断也主要是依赖于历史经验和信息，其估算结果也具有不确定性。

(3) 德尔菲法。德尔菲法是在专家个人判断和专家会议基础上发展起来的一种专家调查法。它最早出现于20世纪50年代末期，美国兰德公司首次将德尔菲法应用于预测中。此后这一方法便被各国预测人员所广泛采用。德尔菲法是采用匿名函询的方法，通过一系列简明的调查征询表向专家们进行调查并通过有控制的反馈，取得尽可能一致的意见，对事物的未来作出预测。其预测过程实际上是一个由被调查的专家们集体交流信息的过程，主要特点是匿名性、反馈性和收敛性。该方法简单易行，用途广泛，费用较低，在大多数情况下可以得到比较准确的预测结果，例如，预测某些复杂的、无先例的、突发活动的时间。其他的预测方法往往效果不好，用德尔菲法则比较合适。用德尔菲法确定项目活动时间的过程如图2-7所示。

(4) 模拟法。模拟法是以一定的假设条件为前提，利用数学方法、计算机模拟等对活动持续时间进行估算的方法。这种方法也可用来对整个项目的工期进行估

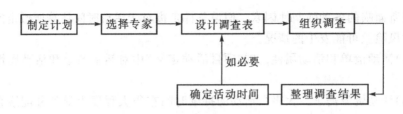

图 2-7 德尔菲法确定项目活动时间示意图

算,常见的模拟方法有蒙特卡罗模拟法、三点估算法等。一般来说,项目活动的持续时间是一个随机变量,在活动重复进行时,其实际完成时间一般会表现为一种随机分布的形式,这种随机分布可能集中在一个特定值的范围,也可能比较分散。三点估计法的基本思路是首先确定活动的三个估计时间:乐观时间 t_o,它是在任何事情都进行得很顺利、没有遇到任何困难的情况下,完成某项活动所需要的时间;最可能时间 t_m,它是在正常情况下完成某项活动最经常出现的时间;悲观时间 t_p,它是指某项活动在最不利的情况下完成活动的时间。在得到这三种估计后,通过概率的方法得到平均值和方差:

$$E = (t_o + 4t_m + t_p)/6$$

$$\sigma^2 = (t_p - t_o)/6$$

利用以上三个时间的估计,使得在进行活动持续时间估计时,可以把不确定因素的影响考虑进去。

通常,对项目的每项活动都给出三个时间估计是不必要的。一般来说,如果某项活动有非常相似的活动时间可以借鉴,而且完成活动的各有关因素又比较确定,则对该活动的持续时间可以只作一个估计,这就是单一时间估算法。然而,在某项活动的持续时间存在高度不确定因素时,给出三个时间估计是必要的。

(5)参数估计。参数估计是通过将需要完成的工作量和生产率相乘来定量估算活动时间。生产率是完成每单位工作量所需要的时间,可以通过经验数据进行估计。例如,每张设计图纸需要的作图时间,每米电缆的安装时间等。

(6)储备时间。项目团队可以选择增加一个附加时间,称为储备时间、应急时间或缓冲时间,并将其作为应对进度风险的措施添加到活动时间或进度计划中。储备时间可以是估算时间的一个百分比,也可以若干个单位工作时间。在日后可获取更准确的项目信息之后,储备时间可以去掉,这种储备时间应与其他假设一起形成文档。

4. 活动时间估算的结果

项目活动时间估算的结果通常包括估算出项目活动时间和更新后的活动清

单：

(1)估算出项目活动时间。项目的活动时间估算是对完成一项活动所需时间及其可能性的定量计算,根据项目各项活动的时间估算,可以进一步估算出整个项目所需的工期。为了使表述更为科学,估算出的活动时间通常都需要以某种形式,指明其可能的变动范围,例如,2周±2天,表示活动至少需要8天,最多不超过12天(假定一周5天工作日);超过3周的概率为15%,表示该活动将用3周或更短的时间完成的概率高达85%。

(2)更新后的活动清单。在项目活动时间估算的过程中,可能还会发现工作分解结构和活动清单问题,一些活动之间的逻辑关系问题,以及对一些活动进行重新分解、界定和排序造成的问题。当发现上述问题时,应及时进行纠正,这就需要更新原有的活动清单,有的时候甚至需要对工作分解结构进行更新。

2.3.3 活动资源估算

项目活动资源估算包括确定需要何种资源(人员、设备或材料)、每种资源的使用数量以及每一种资源提供给活动使用的时间,活动资源估算应该与成本估算过程相协调。活动资源估算的过程如图2-8所示。

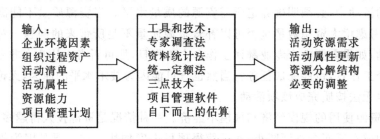

图2-8 活动资源估算的过程

1. 估计项目活动资源需求时需要考虑的因素

对于一个给定的项目活动,当估计其资源需求时必须综合考虑多方面的因素,从而作出最恰当的资源需求预测。通常这些影响因素主要包括以下几个方面：

(1)资源的适用性。在选择资源时,不要过分求好、贪多,要尽可能使其具有最大的适用性。这样,不但要考虑资源本身的质量和供给状况,还要考虑项目活动的需求、可以付出的成本,以及使用这种资源最想达到的目的,进行综合权衡。最典型的例子就是一个球队,全明星阵容并不一定就能夺取冠军。

(2)资源的可获得性。在确定项目活动资源的需求时,有关什么资源、在什么时候、以何种方式可供项目利用是必须要加以考虑的,否则,资源需求计划做得再好也是没有实际意义的。通常项目活动所需的资源并不总是可以随时随地获得的。尤其是一些稀缺资源,比如具有特殊技能的专家、昂贵的设备等,这些资源一般在组织中很少或根本没有,必要时需要从组织外部引进,而且市场上也不一定随时就能得到或很难完全得到。所以在确定活动资源需求的时候,应当在满足项目活动顺利实施的前提下,尽量选择通用型资源,以确保项目活动资源在需要的时候可以得到。例如,一些关键的零部件如果可以国内采购就没有必要引进,因为采用进口零部件一来成本较高,二来交货期长,不确定性很大。

(3)项目日历和资源日历。项目日历和资源日历确定了可用于工作的资源的时间。资源有资源的可供应时间,项目有项目的运作时间,这两个时间表并不必然一致。例如,一些项目仅在法定的工作时间内可以进行,而资源随时都可以供应;或者反过来说,某些资源的供给时间具有周期性,比如每周只有5个工作日(如单位的财务人员),而项目天天在进行。资源日历对项目日历有影响,它反映了项目有关人员在该项目中需要共同遵守的工作日和工作时间,例如项目团队成员可能在工厂停电日接受培训;一台多个项目共同占用的设备,当你需要使用的时候,设备可能正在其他项目中使用,所以为避免窝工等待,你必须提前作出工作安排。

(4)资源质量。不同的活动对资源的质量水平要求是不同的,在确定资源需求的时候必须保证资源的质量水平满足项目活动实施的要求。比如在某些技术性要求很高的活动中,必须明确界定所需资源的质量水平。当资源质量不能满足要求时,就要考虑增大资源数量是否可以补救资源质量不足所带来的问题。对于一项翻译活动,如果需要2个专业翻译工作2个工作日,那可否考虑让4个非专业翻译工作2个工作日,也能完成任务?当然也有可能因为技术水平的原因,无论增加多少资源也无法按质完成该项活动。

(5)资源使用的规模经济和规模不经济。一种情况是资源投入得越多,单位时间区段的成本反而会逐渐减小,而且使得项目进度加快。这主要是因为规模经济的特点,分摊了一些成本和加快了学习曲线效应。但是,如果不断增加分配给某个活动的资源数量,当该资源的数量达到某一程度时,再增加该类资源,常常不会使该项活动的工期缩短。也就是说,超过这一数值时,再增加资源对于该项活动来说不仅是无效的,而且会逐渐减少收益。比如,单位工作面上的劳动力人数达到一定的数量以后,如果再增加劳动力,其结果必然是成本增加、麻烦增多、工期延长。

(6)关键活动的资源需求。在确定资源需求的时候,应当分析活动在整个项目中的重要性。如果是关键路径上的活动,那么对该活动的资源需求应当仔细规划,适当提高该活动的资源储备和质量水平,保证活动资源在需要的时候可以及时获取;同时还应当为该项活动准备资源需求的替代方案,赶工时的资源需求方案等应急方案,减少资源不足带来的风险,确保活动按计划顺利完成。

(7)活动的关键资源需求。在活动所需的资源中,肯定有些资源是十分关键的、稀少的和不可替代的,而有些资源是不重要的、普遍存在的和可以替代的。在确定资源需求的时候,应当着重考虑关键资源的需求问题,通过增加该项资源的储备、加大采购提前期、准备多个供方等措施来确保活动工期不因关键资源的问题而受到影响。

(8)项目活动的时间约束和资源成本约束的集成。确定项目活动资源需求时除了要考虑资源的使用性质以外,还应从集成管理的角度来考虑所使用资源的成本和时间。当人们以各不相同的形式来实施项目的活动时,各个活动的资源组合形式就影响着项目成本和进度。比如,完成某项活动如果采用机械设备需要2天完成,成本是1万元,而采用人工完成需要4天,成本2千元。此时在确定资源需求的时候就应该运用集成的思想来作出决策。在决策的过程中要对各种活动资源组合形式进行对比分析,权衡利弊,最终选择恰当的资源组合。

(9)资源蕴含的风险。在确定资源需求时,还应当分析资源蕴含的风险。项目是一次性的和独特性的努力,存在着许多风险。前面已经提到资源的质量风险、资源的可获得性风险,这些风险因素都会对项目活动的资源需求产生重大影响。还有,当项目中应用新技术、新材料以及新设备的时候,由于员工对新技术、新材料和新设备的熟悉需要一定的时间,会导致资源需求和工期估计都超过原先的预期;再有,当引入新的团队成员来完成项目活动的时候,人员增加带来沟通和协调工作的增加,不同的工作习惯、不同的文化背景和不同的责任心,这些在员工之间会引发冲突甚至是对抗,这些因素都会削弱资源增加所带来的绩效提升。

(10)活动资源储备。在进行活动资源需求估计的时候,应当考虑活动资源的储备,特别是对关键活动和活动的关键资源。通过增加活动资源储备可以增强项目的风险承受能力和应对能力。当然活动资源储备也要考虑成本因素,太多的活动资源储备不仅会带来资源成本的增加,还会增加不必要的管理成本。

2. 估计项目活动资源需求的步骤及输入条件

如何估计项目活动的资源需求?一般可以按照如图2-9所示的步骤来进行。首先根据输入条件制定活动资源需求估计的计划,然后分析活动特性,根据分析结果采用恰当的活动资源需求估计的方法,最后估算出项目活动的资源需求的类型、质量和数量。

项目活动资源需求估计的输入条件,具体包括以下几个方面:

(1)企业环境因素。在项目活动资源估计过程中,需要使用企业环境因素中关于基础资源可获得性的信息。这些信息包括以下内容:组织或者公司的文化和结构,政府和行业标准、质量标准和工艺标准,现有设备和资本资产,现有人力资源,人事管理(如雇佣和解雇指南、员工绩效评审、培训记录),公司授权系统,干系人风险容忍程度,商业数据库(如标准化的成本估算数据、行业风险研究信息和风险数

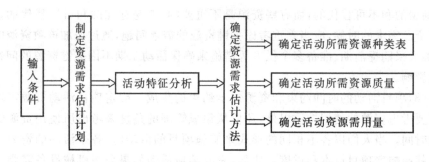

图 2-9　项目活动资源需求估计的步骤

据库),项目管理信息系统(如自动化的成套工具、进度软件工具、配置管理系统以及信息收集和分发系统)等。

(2)组织的过程资产。组织的过程资产包括正式的和非正式的政策、程序、计划和指南,还包括完整的进度计划、风险数据等。组织的过程资产可以根据行业类型、组织和应用领域的不同而用不同的方法来组织,通常可以分为两类:组织的过程和程序、获取和保存信息以及共享知识库。

(3)历史项目信息。这是指已完成的同类项目在项目所需资源、项目资源计划和项目实际消耗资源记录等方面的历史信息。此类信息可以作为新项目编制资源计划的参考资料,它可以使人们为新项目建立的资源需求和计划更加科学。通常一个项目结束后就应该作出该项目有关文件的备份和档案,以便将来作为历史资料使用。例如,2004年雅典奥运会各种资料就应该是2008年北京奥运会项目的历史信息,就可以用于指导2008年北京奥运会项目的资源需求计划的编制。

(4)各类资源的定额、标准和计算规则。这是指项目资源计划编制中需要参考的国家、地方、民间组织和企业有关各种资源消耗的定额、标准和计算规则等方面的规定。在项目资源计划编制中,有许多资源数量和质量要素的确定,需要按照国家、行业、地区、民间组织或企业的统一定额或统一工程量计算规则确定。例如,英国(包括一些英联邦国家与地区)在工程建设项目方面就有统一的工程量计算规则和工料测量标准,而我国有自己的建设项目资源消耗定额和标准,美国也有许多民间组织发布的工程造价指数和行业定额等。这些都是项目管理人员在进行项目活动资源需求时需要参照的依据。

(5)项目活动清单。项目活动清单是在项目工作分解结构的基础上进一步分解得到的。项目活动清单应当内容完整,但又不包括任何与项目范围无关的活动。与工作分解结构一样,活动清单应当包括对每项活动的描述,而且远远比项目工作分解结构所给出的项目工作要详细具体、并具有可操作性,以保证项目成员能理解该项活动应如何完成。项目活动清单直接规定和描述了项目所要开展的活动,是项目活动资源需求最为直接的依据。

(6)活动特性。活动特性包括职责(由谁执行这项工作)、地理位置或地点(在何处进行这项工作)和活动类型(总结或详述)。活动特性是活动定义过程所产生的结果,它会随着项目计划过程的开展而不断得到更新和完善。完整的活动特性除了包括上述的内容外,还包括活动检验人、活动代号、活动描述、紧前活动、紧后活动、逻辑关系、提前和拖后、资源需求、强制的数据、约束和假设等信息。例如,在活动排序工作的交付物中列出了活动特征,为估计活动清单中每项活动所需的资源提供了基础数据;而活动资源需求估计所交付的活动特性又为活动历时估计提供了依据。

(7)资源的可获得性。一般来说,可以使用潜在的资源可获得性的信息来估计资源需求。这种知识包括资源从哪些地方可以得到,什么时候可以获得等。例如,在项目的早期设计阶段,资源库可能只是限于初级和高级工程师。但是,到了项目的收尾期,资源库可能缩小为那些参加过早期的工作并对项目非常了解的人。所谓资源库是针对一个项目的资源需求而作出的各种资源供给情况的信息储备,也是项目活动资源需求编制的重要依据之一。例如,在人力资源供给方面,项目实施组织和社会是否能够满足项目对于人力资源的需求?在设备的供给方面,是否能够满足项目实施的需求?在各种原材料方面能否满足项目的需要?等等。这既包括项目实施组织自身拥有的资源,也包括整个社会能够为项目提供的各种资源。人们多掌握一些这方面的信息,就更有可能作出切实可行的项目活动资源需求估计;否则,制定的项目活动资源需求估计无异于纸上谈兵。

(8)项目工期及工期管理计划。工期管理计划是项目管理计划组成部分,虽然最初的项目工期及其管理计划还没有完全制定出来,但是一些初步的工期要求信息完全可以用在活动资源需求估计中,而且日渐成熟的工期计划和日渐成熟的资源需求估计还会相互影响和制约。

(9)项目活动资源需求估计的假设前提条件。项目活动资源需求估计的假设前提条件是对项目活动所涉及的一些不确定性条件的人为假设认定,这是为了开展需求估计工作所必须要作出的假设认定。项目活动的假设前提条件同样会直接影响项目活动资源需求的估计,而且不同的假设前提条件会要求有不同的项目活动资源需求估计。例如,假设项目活动实施过程中材料资源的消耗率为某一数值,假设某些人力资源在整个项目工期中都可以使用等。

3. 项目活动资源需求估计方法

对项目活动资源需求进行精确估计是不容易的。对于比较熟悉的、常规的项目活动可以获得相对比较准确的估计;而在缺乏经验的时候,估计结果的精度常常会大大下降。例如,对于一些研发类项目,活动资源的需求便很难准确估计。依赖于项目的不同特点,在对活动资源估算时可以选择以下方法进行:

(1) 专家调查法。所谓专家调查法是指运用一定的方法,将专家们个人的经验和知识进行综合,进而对事物的未来作出主观预测的过程。这里的"专家"是指对预测问题的有关领域或学科有一定专长或有丰富实践经验的人,包括项目实施组织内部的人员、项目实施组织外部的咨询人员、专业技术协会或行业协会的成员等。对专家做调查和索取信息所采取的具体方式有许多种,常用的有专家个人判断、专家会议和德尔菲法等。

① 专家个人判断。专家个人判断是指由项目管理专家根据自己的经验进行判断,最终确定项目活动资源需求的方法。在资源计划和估计中,任何拥有专业知识的人群或者个人都能提供这样的专家建议。专家分析判断的主要优点是不需要过多的历史信息资料,适合于创新性强的项目,可以最大限度地发挥专家个人的能力。

② 专家会议。召开专家会议时,可以互相启发,通过讨论或辩论,互相取长补短,求同存异,同时由于会议参加人多,占有信息多,考虑的因素会比较全面,有利于得出较为正确的结论。但专家会议也有缺点,比如,在专家们面对面讨论时,容易受到一些心理因素的影响,如屈服于权威和大多数人的意见,受劝说性意见的影响,以及不愿意公开修正已发表的意见,这些都不利于得出活动资源需求的合理的预测结论。

尽管专家调查法是项目活动资源需求估计中的一个重要方法,但是专家调查法是建立在专家主观判断的基础之上的。因此,专家的知识面、知识深度和占有信息的多少、兴趣和心理状态对预测结果影响较大,易带片面性,从而导致项目活动资源需求估计出现不甚合理的情况。

(2) 资料统计法。资料统计法也是进行活动资源估计的一项重要方法。它是指使用历史项目的统计数据资料,计算和确定项目活动资源需求的方法。在这种方法中使用的历史统计资料要求有足够的样本量,计划指标可以分为实物量指标、劳动量指标和价值量指标。其中,实物量指标多数用来表明项目所需资源的数量;劳动量指标主要用于表明项目所需人力的数量;价值量指标主要用于表示项目所需资源的货币价值。利用这种方法计算和确定项目资源计划,能够得出比较准确合理和切实可行的结果。但是这种方法要求有详细的历史数据,所以普遍使用这种方法存在一定的难度。在某些情况下,如果所估计的活动与历史资料中其他项目中完成的活动相似,可以直接用已完成项目中的同类活动的资源需求,来估计当前项目中活动的资源需求,而不必考虑资料中的指标体系。但如果相隔时间较长,则应当考虑通货膨胀和货币的时间价值等因素。

(3)统一定额法。这是指使用国家或民间统一的标准定额和工程量计算规则去制定项目资源计划的方法。所谓统一标准定额是指由权威部门(国家或民间的)制定的,为完成一定量项目工作所需消耗和占用的资源质量和数量限额标准。这些统一标准定额是衡量项目经济效果的尺度,套用这些统一标准定额去编制项目资源需求是一种很简便的方法。但是由于统一标准定额相对固定,无法适应技术装备、工艺和劳动生产率等方面的快速变化,所以,近年来许多国家正逐步放弃这种编制项目资源计划的方法。

(4)三点技术。这种方法经常使用在活动历时估计上,同样也可以应用在活动资源需求估计中。活动资源需求受到多种因素的影响,即使重复进行同一项活动,其实际资源消耗量也不一定总是一致。因此我们可以考虑采用三点技术来进行活动资源的需求估计。它可以给我们确定活动资源需求提供一个框架,这种方法要求对活动做三类估计:乐观的、悲观的和最可能的。乐观估计假设活动所涉及的所有事件均对完成该活动有利,此时的需求估计是完成活动的最少资源需求;而悲观估计则假设所有活动涉及的事件均对完成活动不利,此时的资源需求是完成活动的最多资源需求;最可能的估计是通常情况下完成活动的资源需求。

4.项目活动资源估计的交付物

通过采用各种项目活动资源估计方法,最终可以确定每项活动需要的资源目录和资源水平,同时还可以获得其他一些与资源需求相关的文档资料。

(1)活动资源需求。活动资源估计过程的输出应当包括各个工作包中每项活动需要的资源类型和数量的描述和说明,这些需求进行累加之后就能够确定各个工作包的资源需求。资源需求描述的详细水平可以根据应用目的的不同而有所不同。每项活动的资源需求文档包括每项资源的基本估算,决定使用哪种资源类型的假设,它们的可获得性,以及资源的数量。活动资源需求估计还要明确什么时候需要什么资源。比如一个工程建设项目的计划阶段的活动,究竟需要哪些种类的设计师和专家顾问,对他们的专业技术水平又有什么要求,需要多少这样的专家以及他们是否可以在需要的时候为项目所用等。必要时,可以画出资源的需求曲线或者使用示意图,将来可供活动历时估计使用并且配合项目的时间进度计划。

(2)更新的活动特性。与输入的活动特性相比较,输出的活动特性中不仅包括了每个活动需要的资源类型和数量,而且还包括了来自活动资源估计过程中的变更,它也是活动历时估计的输入条件之一。

(3)资源分解结构。资源分解结构是通过资源分类和资源类型来识别资源的层次结构,它是项目分解结构的一种,通过它可以在资源需求细节上制定进度计划,并可以通过汇总的方式向更高一层汇总资源需求和资源可用性。当一个项目的组织分解结构将项目的工作分别分配给了项目团队或项目组织的某个群体/个人以后,项目管理还需要使用这种项目资源分解结构去说明在实施这些工作中有权得到资源的情况、以及项目资源的整体分配情况。项目活动的资源分解结构可以用如表2-4所示的资源矩阵来描述。

表2-4 资源矩阵

工作	资源需求量				相关说明
	资源1	资源2	资源3	资源4	
活动1					
活动2					
活动3					
活动4					

(4)资源日历。资源日历确定了项目中所有资源在该项目中共同要遵守的工作日和工作时间。例如,特定的资源在工作日和非工作日是可以使用的还是应当闲置的。项目资源日历确定了每个可能的工作时期中每项资源可获得的数量。

(5)必要的变更。活动资源估计过程可能导致一些必须的变更,增加或者减少活动清单中计划的活动内容。这些变更必须通过变更控制过程予以评审和变动。

2.4 项目网络的两种表述方法

完成项目工作结构分解后,就可以基于各活动之间的逻辑关系,将项目活动表述成一个网络,从而为随后的进度计划与控制奠定基础。根据网络构成要素所表示含义的不同,有AoA(activity-on-arc)和AoN(activity-on-node)两种项目网络表述方法,通常,前者又称为双代号项目网络,后者又称为单代号项目网络。

2.4.1 AoA项目网络

AoA项目网络即用箭线代表活动、节点代表事件,通过节点将活动按照它们之间的逻辑关系连接在一起的项目网络。图2-10即为一个AoA项目网络,其中,箭线$h-i$、$i-j$表示活动,节点h、i、j表示事件,将活动连接在一起。

图2-10 双代号项目网络图

由图 2-10 可见，AoA 项目网络由箭线和节点两个基本要素构成。除了节点和事件两个基本术语之外，常用的术语还有：

(1) 紧前活动（紧前工作、紧前工序），即紧接在某一活动之前的活动。在图 2-10 中，活动 $h-i$ 即为活动 $i-j$ 的紧前活动。

(2) 紧后活动（紧后工作、紧后工序），即紧接在某一活动之后的活动。在图 2-10 中，活动 $i-j$ 即为活动 $h-i$ 的紧后活动。在双代号项目网络中，紧前活动和紧后活动是同时存在、相对而言的。

(3) 开始活动（开始工作），指在项目网络中没有紧前活动的活动。亦即项目一旦启动，就可以马上开始的活动。

(4) 结束活动（结束工作），指在项目网络中没有紧后活动的活动。当所有的结束活动完成时，整个项目即告完成。

(5) 先行活动（先行工作、先行工序），项目网络中某一活动之前的所有活动，称为该活动的先行活动。在项目实施过程中，当某一活动的所有先行活动都已完成时，该活动才可以开始。

(6) 后续活动（后续工作、后续工序），项目网络中某一活动之后的所有活动，称为该活动的后续活动。在项目实施过程中，当某一活动还未完成时，其后续活动无法开始。

此外，在 AoA 项目网络中，活动开始分为实活动和虚活动两种：

(1) 实活动。实活动是指包含有实际内容的活动，它可以是一道工序，也可以是一个分项工程或一个分部工程，甚至是一个单位工程。实活动在进行时必然要占用一定的时间，往往也要消耗一定的资源（如劳动力、材料、机械设备）。对于不消耗资源，仅占用一定时间的活动，也应视为一项实活动。例如，墙面刷涂料前抹灰层的干燥，这是由于技术上的需要而引起的间歇等待时间，虽然不消耗资源，但如果进行工作分解结构时将其分解为一个独立的活动，那么，在项目网络图中也应将其视为实活动。实活动通常用带箭头的实线表示，在无时标的网络图中，箭线的长短并不反映该工作占用时间的长短。箭线的形状可以是水平直线，也可以是折线或斜线，但最好画成水平直线或带水平直线的折线。在同一张网络图上，箭线的画法要统一。箭线所指的方向表示工作进行的方向，箭线的尾端表示该项工作的开始，箭头端则表示该项工作的结束。活动的名称及时间资源消耗信息，也可以标注箭线上。

(2) 虚活动。虚活动是指没有实际内容的虚拟活动，它仅仅是为了项目网络表述的需要而人为添加的。虚活动不消耗时间和资源，也没有必要为其定义名称。但需要强调的是，虚活动是项目网络不可缺少的一部分，对于一些较为复杂的项目，如果没有虚活动，活动之间的逻辑关系就会陷入无法表述的窘境。在项目网络计划技术应用过程中,虚活动与实活动的处理方式是一样的,只不过在计算时将虚活动的时间和资源参数按 0 处理。需要说明的是,对于一个给定的项目,在绘制其 AoA 网络图时,添加虚活动的方式有可能不同,因此,得到的 AoA 网络图可以有多种,但活动之间的逻辑关系是唯一的。

在 AoA 项目网络图中,节点代表一个或多个活动的开始或结束。箭线出发的节点称为该箭线所代表活动的开始节点,箭线结束的节点称为该箭线所代表活动的结束节点。在一个完整的网络图中,除了最前的项目起始节点和最后的项目结束节点外,其余任何一个节点都具有双重含义,既是前面活动的结束点,又是后面活动的开始点。节点既不占用时间,也不消耗资源,但它可以表示项目的进展状态。在项目实施过程中,当某一节点所代表的事件实现时,表示着项目已经进展到该节点上,亦即该节点之间的所有活动均已完成。根据项目控制的需要,可以在项目网络图中设置一些里程碑事件,对其给予重点的关注。

项目网络图中的各个活动必须遵守它们相互之间的逻辑关系,逻辑关系表达式的正确与否,是网络图能否反映项目实际情况的关键。逻辑关系既包括客观上的由工艺所决定的活动上的先后顺序,也包括项目实施组织所要求的工作之间相互制约、相互依赖的关系,因而可分为工艺逻辑关系和组织逻辑关系。

(1)工艺逻辑关系。所谓工艺逻辑关系,就是活动之间由于工艺技术的要求,而存在的必须遵守的的先后顺序。例如,某一现浇钢筋混凝土柱的施工,必须在绑扎完柱钢筋和支完模板以后,才能浇注混凝土,由此决定了"绑扎钢筋及支模"和"浇注混凝土"两项活动的逻辑先后顺序,这个顺序在施工过程中必须遵守。

(2)组织逻辑关系。所谓组织逻辑关系,是管理人员根据工程对象所处的时间、空间以及资源供应等客观条件,在遵守工艺逻辑关系的基础上,所确定的活动展开顺序。例如,某一工程项目建设中的屋面防水工程与门窗工程,二者之间不存在工艺逻辑关系,先施工其中某项、还是同时进行,可根据施工的具体条件(如工期要求、场地的限制、人力及材料等资源供应条件)来确定,这两项活动之间的关系便为组织逻辑关系。

在 AoA 项目网络图中,一项活动可以用其箭线两端节点的号码来表示,以方便网络图的检查与计算。节点编号宜在绘图完成、检查无误后,顺着箭头方向依次进行。编号时应对一个网络图中的所有节点进行统一编号,不得有缺编和重号现象。对于每一项活动而言,其箭头节点的号码一般应大于箭尾节点的号码。更为具体地,绘制 AoA 项目网络图的主要规则如下所述:

(1)AoA 项目网络图必须正确表达已定的逻辑关系。在绘制网络图之前,必须按照上述两类逻辑关系,确定各个活动的连接次序。AoA 项目网络图中活动之间常见的逻辑关系及其表示方法见表 2-5。

表 2-5 AoA 项目网络中常见的逻辑关系及表示方法

序号	工作间的逻辑关系	表示方法
1	A 完成后，B 才能开始	
2	A、B、C 三项工作同时开始	
3	A、B、C 三项工作同时结束	
4	A 完成后，B、C、D 才能开始	
5	A、B、C 均完成后，D 才能开始	
6	A、B 均完成后，C、D 才能开始	
7	A 完成后，C 开始；A、B 均完成后，D 才能开始	
8	A 完成后，C 开始；B 完成后 E 才能开始；A、B 均完成后，D 才能开始	

续表 2-5

序号	工作间的逻辑关系	表示方法
9	A、B 完成后，D 才能开始；B、C 完成后，E 才能开始	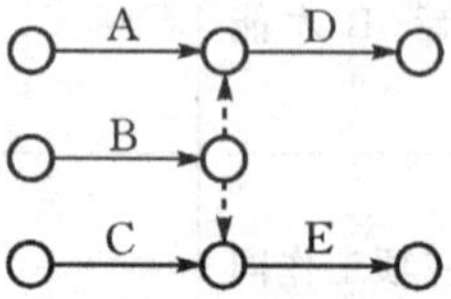
10	A、B、C 完成后，D 才能开始；B、C 完成后，E 才能开始	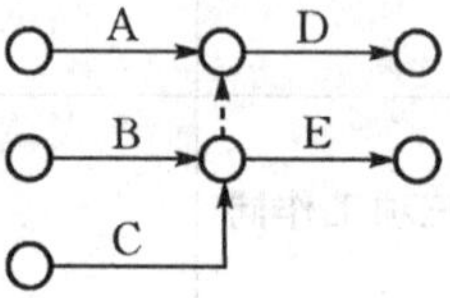
11	工作 A、B 分别为三个施工段，分段流水作业，a_1 完成后进行 a_2、b_1；a_2 完成后进行 a_3；a_2、b_1 完成后进行 b_2；a_3、b_2 完成后进行 b_3	第一种表示法 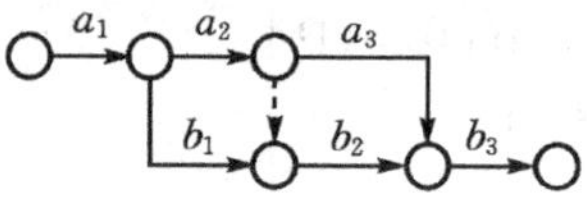 第二种表示法 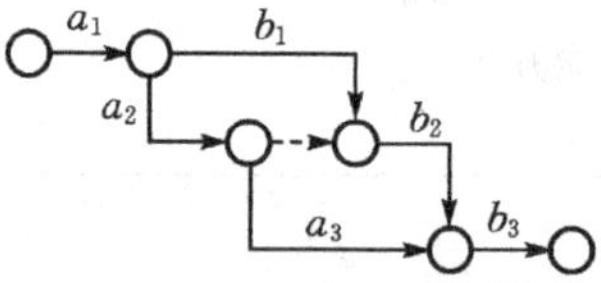

（2）不得有两个或两个以上的箭线从同一节点出发且同时指向同一节点，因为这种表述方式会导致项目活动编号的混乱。如果项目活动之间确实存在上述逻辑关系，则可以增加虚活动来表示。

（3）AoA 项目网络图只能有一个开始节点和一个结束节点。

（4）在 AoA 项目网络图中不得出现闭合回路。

（5）AoA 项目网络图中节点编号自左向右、从小到大，一般应确保活动的起点节点的编号小于工作的终点节点的编号，并且所有节点的编号不得重复。

（6）当网络图的某一节点有多条引出箭线或有多条箭线同时指向某一节点时，为使图形简洁，可采用如图 2-11 所示的母线法绘图。

（7）绘制网络图时，应尽量避免箭线的交叉。当箭线的交叉不可避免时，可采用如图 2-12 所示的表示方法。

（8）对平行搭接进行的活动，在 AoA 项目网络图中，应分段表达。如：支模板

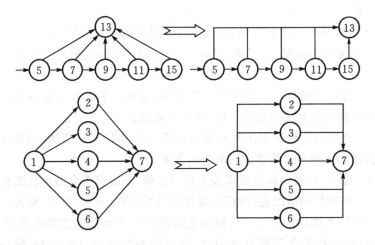

图 2-11 网络图的母线表示方法

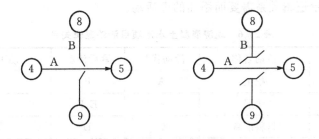

图 2-12 箭杆交叉时的绘图方法

和绑钢筋分三个施工段进行流水施工,则表达图形如图 2-13 所示。

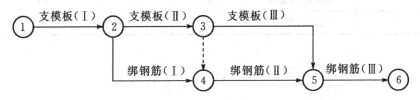

图 2-13 工作平行搭接的表达

通常,在正式绘图以前,应先绘出草图,然后再作调整,在调整过程中要做到突出重点工作,即尽量把重要的活动安排在中心醒目的位置,把联系紧密的活动尽量安排在一起,使整个项目网络条理清楚、布局合理。对于一些大的建设项目,由于工序多,施工周期长,网络图可能会非常大,为使绘图方便,可将网络图划分成几个部分分别绘制。图的分割处应选在箭线和节点较少的位置,并且使分段处节点的编号保持一致。

AoA 项目网络图的绘制方法,视各人的习惯经验不同而不同。但一般说来,可在遵守上述规则的前提下,以满足项目计划控制的需要为目的,按如下步骤进行:

步骤 1 分析该项目活动之间的逻辑关系(包括工艺逻辑关系和组织逻辑关系),分析每项活动的紧前与紧后工作,并列出表格。

步骤 2 画草图。根据工作间的逻辑关系画出项目网络草图,画图中注意合理使用虚箭线来正确表达活动之间的逻辑关系。

步骤 3 检查、校对。检查逻辑关系是否正确,是否有多余的虚箭线和节点。

步骤 4 对项目网络图进行整理,确保布局要对称、匀称、美观、整齐。

[例] 表 2-6 给出了一个现浇混凝土水池项目活动及其之间的逻辑关系,根据该表中的内容,按照上述规则及步骤,即可绘制出该项目的 AoA 网络图见图 2-14,其中,各活动代号后面括号中的数字为活动工期。在该网络图中,活动 4→5 即是为了表示逻辑关系需要而添加的虚活动。

表 2-6 现浇混凝土水池项目活动逻辑关系

活动序号	活动名称	活动代号	紧后活动	活动工期(天)
1	挖土	A	B	3
2	垫层	B	E、F	2
3	材料准备	C	D	4
4	构件加工	D	F	4
5	仓面准备	E	G	7
6	模板钢筋安装	F	G	10
7	浇注混凝土	G		3

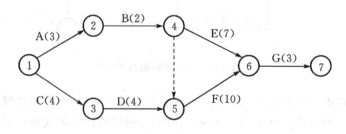

图 2-14 现浇混凝土水池项目 AoA 网络图

2.4.2 AoN 项目网络

与 AoA 项目网络图相反，AoN 项目网络图用节点及其编号表示活动，用箭线表示活动之间的逻辑关系。与 AoA 项目网络图相比，AoN 项目网络图绘制方便、图面简洁，由于不必增加虚箭线，因而不易产生产生活动逻辑关系上的错误。

在 AoN 项目网络中，表示活动的节点通常用圆圈或矩形表示，活动名称、编号、持续时间及其他信息均标注在节点内。节点必须编号，此编号即为该节点所代表活动的代号，由于代号只有一个，故称单代号。节点编号标注在节点内，可连续编号，亦可间断编号，但严禁重复编号，一项活动只能有一个唯一的节点与之对应。网络图中的箭线仅表示活动之间的逻辑关系，它既不占用时间也不消耗资源，箭线自左向右表示活动的进行方向，箭线的箭尾节点编号应小于箭头节点的编号。另外，在 AoN 网络中表达逻辑关系时并不需要使用虚箭杆，但是，出于网络表述完整性的需要，通常需要为整个网络添加两个虚活动，即虚的开始活动和虚的结束活动，前者放于整个网络的最前端，后者放于整个网络的最后端。如图 2-15 所示，其中活动 0 和活动 48 即为项目的虚开始活动和虚结束活动。与 AoA 项目网络中的虚活动相似，AoN 网络中的虚活动同样不消耗时间和资源。

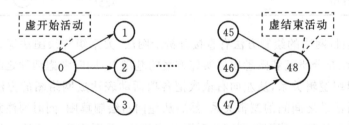

图 2-15 AoN 项目网络的开始节点和结束节点

AoN 项目网络图的绘制规则与 AoA 项目网络图的基本相似，具体如下：

(1) AoN 项目网络图必须正确表达活动之间的逻辑关系。AoN 项目网络图中活动之间逻辑关系的表示方法如表 2-7 所示。

(2) 网络图中不允许出现循环回路。

(3) 网络图中不允许出现双向箭线或没有箭头的箭线。

(4) 网络图中不允许出现重复编号的活动。

(5) 绘制网络图时，箭线不宜交叉。当交叉不可避免时，可采用断线法、过桥法或指向法绘制。

(6) 网络图中应只有一个起点节点和终点节点。

表 2-7 AoN 网络图中活动之间逻辑关系表示方法

序号	描述	单代号表达方法
1	A 工序完成后,B 工序才能开始	A→B
2	A 工序完成后,B、C 工序才能开始	A→B, A→C
3	A、B 工序完成后,C 工序才能开始	A→C, B→C
4	A、B 工序完成后,C、D 工序才能开始	A→C, A→D, B→C, B→D
5	A、B 工序完成后,C 工序才能开始,且 B 工序完成后,D 工序才能开始	B→D, B→C, A→C

AoN 项目网络的绘制方法有直接分析绘图法、关系矩阵绘图法等。直接分析绘图法,是在充分研究和熟悉项目实施方案的基础上,同时考虑活动之间的工艺逻辑关系和组织逻辑关系,从左向右依次把各项活动表达成网络图的方法。绘图时首先要分析活动之间的逻辑关系,然后从左向右绘制草图,同时要注意虚开始和虚结束活动的添加。草图绘制完成后要认真检查,看图中表达的活动间的逻辑关系是否正确,是否符合绘图规则;最后要对整个网络图进行整理、修正和美化。

关系矩阵绘图法的绘制步骤如下:

步骤 1 列出活动名称,确定活动之间的关系。

步骤 2 建立关系矩阵。若 i、j 之间存在着紧前紧后逻辑关系,就在相应位置上标注为"1";否则,就标注为"0"。由此形成的矩阵,就称为网络节点关系矩阵。

步骤 3 对各节点(活动)进行分级。首先,在关系矩阵中找出元素全部为"0"的竖列,该竖列所对应的活动没有任何先行活动,项目一启动即可开始。将这些活动定义为"0"级,删去其所对应的行和列。然后,再在关系矩阵中寻找元素全部为"0"的竖列,将这些竖列所对应的活动定义为"1"级,再删去这些所对应的行和列。重复上述步骤,直至所有活动的等级都得到定义为止。

步骤 4 绘制项目网络图。根据上述方法所得的等级,确定节点在网络中的位置,第 0 级放置最左侧,然后依次放置第 1、2、……级,再按照关系表中所列关系将节点用箭线连接一起,稍加调整即可活动项目网络图。

[例] 利用关系矩阵绘图法,绘制表 2-6 所示的现浇混凝土水池项目 AoN 网络图。根据各活动之间的逻辑关系,可以得到表 2-8 所示的关系矩阵。根据关系矩阵对活动节点进行安排,按逻辑关系连接并添加虚活动后得到的 AoN 网络图见图 2-16。

表 2-8 现浇混凝土水池项目活动关系矩阵

i \ j	挖土①	垫层③	材料准备②	构件加工④	仓面准备⑤	模板钢筋安装⑥	浇注混凝土⑦
挖土①	0	1	0	0	0	0	0
垫层③	0	0	0	0	1	1	0
材料准备②	0	0	0	1	0	0	0
构件加工④	0	0	0	0	0	1	0
仓面准备⑤	0	0	0	0	0	0	1
模板钢筋安装⑥	0	0	0	0	0	0	1
浇注混凝土⑦	0	0	0	0	0	0	0
活动等级	0	1	0	1	2	2	3

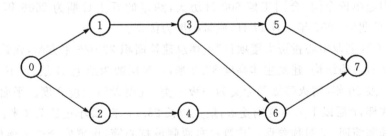

图 2-16 现浇混凝土水池项目 AoN 网络图

在上述 AoN 网络图中,节点 0 为项目的虚开始活动;节点 1 和 2 分别代表"挖土"和"材料准备",为第 0 级活动;节点 3 和 4 分别代表"垫层"和"构件加工",为第 1 级活动;节点 5 和 6 分别代表"仓面准备"和"模板钢筋安装",为第 2 级活动;节点 7 代表"浇注混凝土",为第 3 级活动。由于项目网络最后只有一个活动,正好可以保证网络有一个终止节点,因而不需要添加额外的虚结束活动。

思考题

1. 项目目标是否明确、具体,有何重要意义?如何做到项目目标的明确、具体?
2. 何谓项目范围?项目范围的界定如何完成?主要包括哪些内容?
3. 什么是工作结构分解?其思路和原则是什么?影响工作结构分解层次的因素有哪些?
4. 工作结构分解常用的方法有哪些?主要分为哪几步?
5. 何谓项目活动定义?其输入和输出包括哪些内容?常用工具和方法有哪些?
6. 项目活动时间及资源估算的输入、输出及工具和技术包括内容有哪些?
7. 项目 AoA 网络和 AoN 网络各自的构成要素有哪些?
8. 如何绘制项目网络?如何在两种网络图之间进行选择?它们各有何特点?

案例:SXQD 创业中心投资大厦项目的工作结构分解

"SXQD 创业中心投资大厦项目"由 SXQD 房地产开发有限公司开发建设,设计单位为中国 JZXB 设计研究院,监理单位为 XAMP 建设监理有限公司。2005 年 12 月 15 日经 SXQD 房地产开发有限公司公开招标,由中国 DSYJ 建设公司中标承建,并于 2006 年 1 月 10 日签定施工总承包合同,合同价款 53 255 186 元。合同价款的确定执行建设部和国家标准 GB 50500—2003《建设工程工程量清单计价规范》,为固定单价合同,合同工期 600 日历天,约定的开工日期为 2006 年 1 月 25 日,竣工日期为 2007 年 9 月 17 日,质量标准为优良。

"SXQD 创业中心投资大厦项目"主楼总建筑面积 22 026 平方米,建筑结构形式为框架剪力墙结构,建筑主体高度 82.2 米,建筑层数为地上 21 层、地下 2 层,结构使用年限 50 年,耐火等级及分类为一级一类,抗震设防烈度 8 度。平面形式为菱形点式楼,7 层以下为不规则菱形,最大边长 26.27 米,最小边长 7.2 米。7 层以上平面局部缩回,呈对称菱形。建筑左右两侧设核心筒,设置安全疏散楼梯间,中间 1 层为共享大厅,2 至 21 层为办公区,地下 1、2 层为设备用房。设置 3 部乘客电梯,其中 1 部为消防电梯。建筑地基处理采用混凝土灌注桩(不包括在本施工范围内),基础为钢筋混凝土有梁式满堂基础,框架柱及左、右核心筒体设置钢筋混凝土承台,主体结构中部为框架结构,两侧核心筒体为全剪力墙结构。安装工程包括 10/0.4kV 变配电系统、电力配电系统、照明系统、建筑物防雷、接地系统、暖通空调系统、室内给排水系统。

在对"SXQD 创业中心投资大厦项目"进行工作结构分解时,按照其实施过程中的顺序逐层往下进行,首先分解为土建工程、安装工程、室外工程 3 个单位工程包;各单位工程包继续往下分解,土建工程分解为地基与基础、主体结构、建筑装饰装修、建筑屋面工程4个分部工程包;安装工程分解为配管预埋、水、电、通风、空调系统安装、设备安装、安装调试4个分部工程包。各分部工程包继续分解,地基与基础分解为基础筏板、地下1、2层施工、地下室内回填及内隔墙、设备基础4个分项工程包。其他分部工程的工作结构分解结果见图2-17。通过工作分解结构,将项目划分为具体31个具体活动。工作分解结构图形象地显示为实现项目目标所包含的工作,能够说明所有工作的组织情况及隶属关系。

在进行工作分解结构后,需进一步分析31个项目活动之间的逻辑关系,按照施工程序或工艺技术过程(即工艺逻辑关系),考虑组织安排或资源的调配(即组织逻辑关系),并充分考虑以下条件因素:①施工工艺的要求;②施工方法和施工机械的要求;③施工质量的要求;④当地的气候条件;⑤施工组织的要求;⑥安全技术的要求。项目团队确定出31个项目活动之间的逻辑关系见表2-9,其中,逻辑关系用活动之间的紧前紧后关系表示。

项目活动逻辑关系确定后,项目团队又对各活动的持续时间进行了估算。在估算活动的持续时间时,主要使用了如下两种方法:

(1)定额计算法:即利用企业的施工定额,估算某一给定工作内容的活动的持续时间,由此可以计算出某种专业的工人班组或个人,在合理的劳动组织与合理使用材料的条件下,完成符合质量要求的某一具体活动所必须的工作时间。定额计算法用到的公式如下:

$$T_{ij} = Q_{ij}/(S_{ij} R_{ij} N_{ij})$$

式中:T_{ij}为活动$i-j$的持续时间;

Q_{ij}为活动$i-j$的工程量或工作量;

S_{ij}为活动$i-j$的计划产量定额;

R_{ij}为活动$i-j$拟投入的人工数或机械台班数;

N_{ij}为活动$i-j$的工作班次。

(2)专家调查法:即利用具有丰富施工经验的专家估算某些活动的持续时间。该方法主要应用于某些涉及到新结构、新工艺、新方法和新材料的活动,这类活动通常没有现成的定额可查。

利用上述两种方法(主要是定额计算法),得到的31个项目活动的持续时间见表2-10。上述工作,便为后续项目进度计划与控制工作的展开,提供了必需的数据支撑。

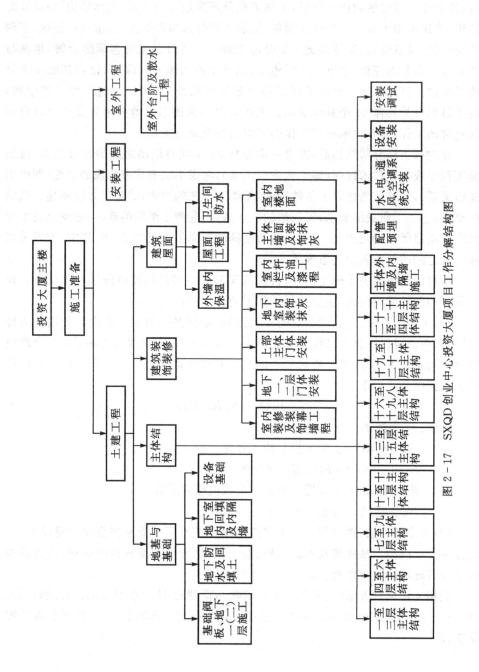

图 2-17 SXQD创业中心投资大厦项目工作分解结构图

表 2-9 SXQD 创业中心投资大厦项目活动逻辑关系表

序号	活动名称	紧前工作
1	施工准备	
2	基础筏板、地下二(一)层结构施工	1—2
3	地下防水及土方回填	2—5
4	一至三层主体结构施工	5—7
5	四至六层主体结构施工	7—8
6	七至九层主体结构施工	8—9
7	十至十二层主体结构施工	9—10
8	十三至十五层主体结构施工	10—12
9	十六至十八层主体结构施工	12—14
10	十九至二十一层主体结构施工	14—18
11	二十二至二十四层主体结构施工	18—21
12	室内装修及外幕墙安装	21—22
13	安装调试	26—35,22—34,24—33,25—32
14	交工验收	30—37,31—38,34—36
15	室外生活水池	1—2
16	室内设备基础	4—6
17	地下一、二层门安装	13—15
18	上部主体门安装	16—19
19	地下室内回填及内隔墙	6—13
20	主体外墙及内隔墙施工	13—15
21	主体墙面及顶棚装饰抹灰	19—28,15—27
22	室内栏杆及油漆工程	27—30
23	地下室内装饰抹灰	13—15
24	外墙内保温	17—20
25	室内楼、地面	20—29
26	室外台阶、散水及零星工程	29—31
27	屋面工程	21—22
28	卫生间防水	23—26
29	水、暖、电配合土建埋管	1—2
30	水、暖、电、空调、通风安装	3—24
31	设备安装	3—24

表 2-10 SXQD 创业中心投资大厦项目活动持续时间表

序号	工作名称	持续时间(工日)
1	施工准备	10
2	基础筏板、地下二(一)层结构施工	65
3	地下防水及土方回填	15
4	一至三层主体结构施工	45
5	四至六层主体结构施工	45
6	七至九层主体结构施工	30
7	十至十二层主体结构施工	30
8	十三至十五层主体结构施工	30
9	十六至十八层主体结构施工	30
10	十九至二十一层主体结构施工	30
11	二十二至二十四层主体结构施工	30
12	室内装修及外幕墙安装	180
13	安装调试	40
14	交工验收	20
15	室外生活水池	15
16	室内设备基础	8
17	地下一、二层门安装	12
18	上部主体门安装	60
19	地下室内回填及内隔墙	6
20	主体外墙及内隔墙施工	60
21	主体墙面及顶棚装饰抹灰	25
22	室内栏杆及油漆工程	10
23	地下室内装饰抹灰	10
24	外墙内保温	22
25	室内楼、地面	21
26	室外台阶、散水及零星工程	5
27	屋面工程	20
28	卫生间防水	7
29	水、暖、电配合土建埋管	110
30	水、暖、电、空调、通风安装	180
31	设备安装	45

问题讨论

1. SXQD 创业中心投资大厦项目的工作分解结构是采用何种方法完成的？优缺点是什么？

2. 该项目活动持续时间是如何估算的？所使用的估算方法对进度计划与控制有何影响？

3. 根据案例中所给的数据资料，试绘制该项目的 AoA 和 AoN 网络图。

第3章 经典的项目进度计划方法

3.1 甘特图

甘特图(gantt chart)即条线图或横道图,是项目进度计划最常用的方法之一。该方法自20世纪早期出现以来,由于它简单明了,到今天仍然被广泛应用于项目进度计划的安排中。在甘特图中,项目活动纵向排列在图的左侧,表示工作内容;横轴则表示进度与活动时间,用线段或横道的长短表示。另外,在图中也可以加入一些表明每项活动由谁负责等方面的信息。以第2章中的现浇混凝土水池项目为例,可以按照活动之间的逻辑关系,依次将其用横道画在带有时间坐标的二维平面上,得到如图3-1所示的项目进度计划安排甘特图。

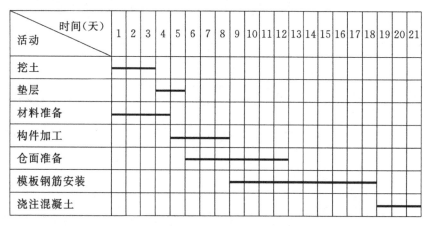

图3-1 现浇混凝土水池项目进度计划甘特图

图3-1中的横道线起点和终点显示了每项活动的开始时间和结束时间,横道线的长度表示了该项活动的持续时间。除上述信息之外,甘特图还能够清楚地展示出该项目实施过程中每一天所进行的全部工作,从而为项目资源的筹措、准备与调整提供了时间基准。甘特图的时间单位决定着项目计划粗略的程度,根据项目进度计划与控制的需要,可以用小时、天、周、月等作为度量项目进度的时间单位。如果一个项目需要一年以上的时间才能完成,则可选周甘特图或月甘特图;若一个项目需要一个月左右的时间就能完成,则选择天甘特图将更有助于实际项目的

管理。

甘特图的特点可归纳为直观、简单和易懂,因此,是一种较受欢迎的项目进度计划的工具。甘特图可用于 WBS 的任何层次,而时间单位则可从年到日甚至到时。另外,甘特图除用于制作进度计划外,还可作为进度的控制工具。归纳起来,甘特图的主要作用可分为以下三个方面:

(1) 通过代表活动的条形图在时间坐标轴上的点位和跨度,来直观地反映与活动的有关时间参数;通过条形图的不同图形特征(如实线、波浪线)来反映工作包的不同状态(如反映时差、计划或实施中的进度);通过使用箭线来反映工作之间的逻辑关系。

(2) 用于项目进度的控制。其原理是将实际进度状况以条形图的形式在同一项目的进度计划甘特图中表示出来,以此来直观地对比实际进度与计划进度之间的偏差,作为调整进度计划的依据。

(3) 可辅助项目资源优化,用于项目资源及费用计划的编制。

除了传统甘特图以外,在项目管理的实践中,可以将网络图与甘特图相结合,使甘特图得到改进和完善,形成带有时差的甘特图和具有逻辑关系的甘特图。带时差的甘特图是指将各活动的机动时间(即时差)标注在传统的甘特图中,使项目管理者可根据项目的进展情况,对各活动的开始时间进行适当的调整。而带有逻辑关系的甘特图,是将活动之间的逻辑先后关系标注在传统的甘特图中,使活动之间的相互关联关系更为明确,便于项目进度计划的事实与控制。上述两种类型的甘特图,实际上是将网络计划原理与甘特图两种表达形式进行有机结合的产物,其具备了甘特图的直观性,又在一定程度上具备了网络图的一些优点。

3.2 关键路径法

3.2.1 项目网络的路径及路长

关键路径法(critical path method)是指在项目网络表述(AoA 项目网络或 AoN 项目网络)的基础上,通过计算项目活动和事件的时间参数,找到项目网络关键路径,进而获得满意的进度计划安排的项目网络计划方法。关键路径法是目前最为主要的项目进度计划安排方法,在各类项目的管理实践中得到了广泛的应用。与甘特图相比,关键路径法能够完整、科学地描述项目活动之间的逻辑关系,进而为项目进度计划优化的奠定基础。

项目网络的路径是指从项目网络起点出发至终点结束的一条连通的线路。以第 2 章中的现浇混凝土水池项目的 AoA 网络为例,在图 3-2 中,加粗实线"C→D

→F→G",亦即从节点1出发,经节点3、5、6,至节点7结束的线路,便为该项目网络的一条路径。对项目网络中的某一路径而言的,路径上所有活动的持续时间之和即为该路径的路长。以图3-2所示网络图中的"C→D→F→G"路径为例,该路径的路长等于活动C、D、F、G持续时间之和,即为4+4+10+3=15。

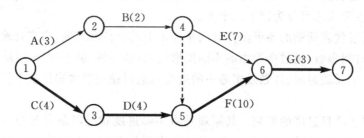

图3-2 项目网络图的路径与路长

关键路径是指在项目网络中,路长最大的那条路径。在图3-2中,从起点到终点存在着三条路径,它们各自的路长如下所述:

路径1:A→B→E→G,路长为15。

路径2:A→B→F→G,路长为18。注意,在该条路径上,活动B和F经虚活动连接在一起,虚活动的持续时间为0。

路径3:C→D→F→G,路长为21。

所以,在现浇混凝土水池项目网络中,关键路径即为粗实线所示的"C→D→F→G"。关键路径决定了整个项目的工期,关键路径上的活动称为关键活动,关键路径上的事件称为关键事件,在项目实施过程中,它们的任何延误通常会导致整个项目完工时间的同步延误,因而是项目进度计划与控制的重点。

掌握和控制关键路径是网络计划技术的精髓。在实际项目管理中,应努力缩短关键活动的持续时间,压缩关键路径的长度,以缩短工程周期,提高经济效益。关键路径可能不止一条,但它们的长度相等。关键路径越多,关键活动就越多,就越要求加强管理。关键路径不是一成不变的,在一定的条件下,关键路径可能转变为非关键路径;而非关键路径,当其组成活动的总时差被全部利用后,也会转变为关键路径。因此,在项目进度计划的过程中,要用动态的眼光观察关键路径,注意主次矛盾的变化,合理地调整网络计划,努力保证工程按期完成。

3.2.2 项目网络的时间参数

项目进度计划的核心是合理地安排和优化各活动的开始时间,因此,项目网络时间参数的计算是关键路径法的核心。事实上,尽管关键路径是通过路径和路长来定义的,但是对于大型复杂项目网络来说,通过计算路长来确定关键路径并非一

第3章 经典的项目进度计划方法

个科学的办法。在项目网络计划技术中,关键路径的一般是通过网络时间参数的计算来完成的。

1. AoA 项目网络的时间参数

在 AoA 项目网络中,节点代表事件,箭线代表活动,因而存在两组时间参数,即事件的时间参数和活动的时间参数。而且,活动时间参数的计算,通常建立在事件时间参数计算的基础上。

(1)事件的时间参数

在 AoA 项目网络中,事件的时间参数有如下两个:

①事件的最早实现时间 ET_i:指在给定项目开始时间的前提下,网络节点所代表事件的最早可能的实现时间。ET_i 通过下式计算:

$$ET_i = \max\{ET_h + d_{h-i}\}$$

其中,事件 h 是位于事件 i 之前且与 i 相邻的事件(注意,这样的事件可能不止一个),d_{h-i} 为箭线 $h-i$ 所代表活动的持续时间。以图 3-2 所示现浇混凝土水池项目为例进行说明。现假定该项目在 0 时刻开始,即令 $ET_1=0$,则可依次计算出节点 2、3、4、5、6、7 的最早实现时间如下:

$$ET_2 = ET_1 + d_{1-2} = 0 + 3 = 3$$
$$ET_3 = ET_1 + d_{1-3} = 0 + 4 = 4$$
$$ET_4 = ET_2 + d_{2-4} = 3 + 2 = 5$$
$$ET_5 = \max\{ET_4 + d_{4-5}, ET_3 + d_{3-5}\} = \max\{5+0, 4+4\} = 8$$
$$ET_6 = \max\{ET_4 + d_{4-6}, ET_5 + d_{5-6}\} = \max\{5+7, 8+10\} = 18$$
$$ET_7 = ET_6 + d_{6-7} = 18 + 3 = 21$$

将上述结果标注在网络图中,便可得到如图 3-3 所示的带有各事件最早实现时间的网络图。由计算结果可见,项目网络的最后一个节点,即事件 7 的最早实现时间为 21。也就是说,整个项目最早可能的完成时间为第 21 天的结束时刻。

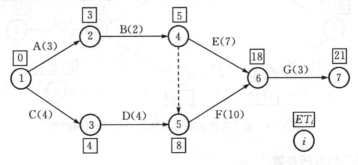

图 3-3 带有事件最早实现时间的 AoA 项目网络图

②事件的最晚实现时间 LT_i:指在给定项目截止时间(即整个项目最晚必须完成的时间)的前提下,网络节点所代表事件的最晚必须的实现时间。LT_i 通过下式计算:

$$LT_i = \min\{LT_j - d_{i-j}\}$$

其中:事件 j 是位于事件 i 之后且与 i 相邻的事件(注意,这样的事件可能不止一个),d_{i-j} 为箭线 $i-j$ 所代表活动的持续时间。同样,以图 3-2 所示现浇混凝土水池项目为例进行说明。现假定该项目的截止日期为第 21 天,亦即项目最晚必须于第 21 天的结束时刻完成。由此可得,$LT_7 = 21$,则可依次计算出节点 6、5、4、3、2、1 的最晚实现时间如下:

$$LT_6 = LT_7 - d_{6-7} = 21 - 3 = 18$$
$$LT_5 = LT_6 - d_{5-6} = 18 - 10 = 8$$
$$LT_4 = \min\{LT_6 - d_{4-6}, LT_5 - d_{4-5}\} = \min\{18-7, 8-0\} = 8$$
$$LT_3 = LT_5 - d_{3-5} = 8 - 4 = 4$$
$$LT_2 = LT_4 - d_{2-4} = 8 - 2 = 6$$
$$LT_1 = \min\{LT_3 - d_{1-3}, LT_2 - d_{1-2}\} = \min\{4-4, 6-3\} = 0$$

将上述结果标注在图 3-3 中,便可得到如图 3-4 所示的带有各事件最早及最晚实现时间的网络图。事件 i 的最早实现时间 ET_i 和最晚实现时间 LT_i 形成了一个时间窗 $[ET_i, LT_i]$,在制定项目进度计划时,必须保证事件 i 的实现时间位于该时间窗中。此外,从图 3-4 还可以发现,对于现浇混凝土水池项目来说,其关键路径"C→D→F→G"上的事件 1、3、5、6、7 的 ET_i 与 LT_i 相同,亦即它们的实现时间窗的宽度均为 0。这意味着,在安排项目进度计划时,这些事件的实现时间没有任何调整余地。

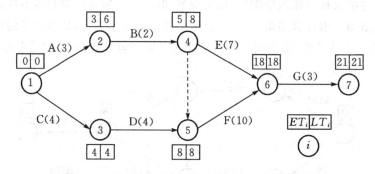

图 3-4 带有事件实现时间窗的 AoA 项目网络图

(2)活动的时间参数

在 AoA 项目网络中,活动的时间参数有如下六个:

①活动的最早开始时间 ES_{i-j}：指在给定项目开始时间的前提下，网络箭线所代表活动的最早可能开始的时间。对于活动 $i-j$ 来说，当事件 i 实现时，意味着其所有先行活动已经完成，它即可开始。所以，事件 i 的最早实现时间 ET_i，也就是活动 $i-j$ 的最早开始时间，即

$$ES_{i-j} = ET_i$$

按照上述计算公式，可以方便地得到现浇混凝土水池项目各活动的最早开始时间(示于图 3-5 中)如下所述：

$$ES_{1-2} = ET_1 = 0$$
$$ES_{1-3} = ET_1 = 0$$
$$ES_{2-4} = ET_2 = 3$$
$$ES_{3-5} = ET_3 = 4$$
$$ES_{4-6} = ET_4 = 5$$
$$ES_{5-6} = ET_5 = 8$$
$$ES_{6-7} = ET_6 = 18$$

②活动的最早完成时间 EF_{i-j}：指在给定项目开始时间的前提下，网络箭线所代表活动的最早可能的完成时间。由于在项目实施过程中，活动的工期 d_{i-j} 是固定不变的，因此，对于活动 $i-j$ 来说，其最早完成时间 EF_{i-j} 就等于最早开始时间 ES_{i-j} 与工期 d_{i-j} 之和，即

$$EF_{i-j} = ES_{i-j} + d_{i-j}$$

由上述计算公式，可以得到现浇混凝土水池项目各活动的最早完成时间(示于图 3-5 中)如下所述：

$$EF_{1-2} = ES_{1-2} + d_{1-2} = 0 + 3 = 3$$
$$EF_{1-3} = ES_{1-3} + d_{1-3} = 0 + 4 = 4$$
$$EF_{2-4} = ES_{2-4} + d_{2-4} = 3 + 2 = 5$$
$$EF_{3-5} = ES_{3-5} + d_{3-5} = 4 + 4 = 8$$
$$EF_{4-6} = ES_{4-6} + d_{4-6} = 5 + 7 = 12$$
$$EF_{5-6} = ES_{5-6} + d_{5-6} = 8 + 10 = 18$$
$$EF_{6-7} = ES_{6-7} + d_{6-7} = 18 + 3 = 21$$

③活动的最晚完成时间 LF_{i-j}：指在给定项目截止时间的前提下，网络箭线所代表活动的最晚必须完成的时间。给定事件 j 的最晚实现时间 LT_j，要确保事件 j 在 LT_j 实现，那么，就必须保证事件 j 所有先行活动在 LT_j 之前完成。由于活动 $i-j$ 位于事件 j 之前且与事件 j 紧邻，所以，它的最晚完成时间 LF_{i-j} 就等于 LT_j，即

$$LF_{i-j} = LT_j$$

根据上式,即可得到现浇混凝土水池项目各活动的最晚完成时间(示于图3-5中)如下:

$$LF_{1-2} = LT_2 = 6$$
$$LF_{1-3} = LT_3 = 4$$
$$LF_{2-4} = LT_4 = 8$$
$$LF_{3-5} = LT_5 = 8$$
$$LF_{4-6} = LT_6 = 18$$
$$LF_{5-6} = LT_6 = 18$$
$$LF_{6-7} = LT_7 = 21$$

④活动的最晚开始时间 LS_{i-j}:指在给定项目截止时间的前提下,网络箭线所代表活动的最晚必须开始的时间。与活动最早完成时间的计算方式相似,活动最晚开始时间是基于活动的最晚完成时间 LF_{i-j} 和活动工期 d_{i-j} 计算的:

$$LS_{i-j} = LF_{i-j} - d_{i-j}$$

现浇混凝土水池项目各活动的最晚开始时间(示于图3-5中)如下:

$$LS_{1-2} = LS_{1-2} - d_{1-2} = 6 - 3 = 3$$
$$LS_{1-3} = LS_{1-3} - d_{1-3} = 4 - 4 = 0$$
$$LS_{2-4} = LS_{2-4} - d_{2-4} = 8 - 2 = 6$$
$$LS_{3-5} = LS_{3-5} - d_{3-5} = 8 - 4 = 4$$
$$LS_{4-6} = LS_{4-6} - d_{4-6} = 18 - 7 = 11$$
$$LS_{5-6} = LS_{5-6} - d_{5-6} = 18 - 10 = 8$$
$$LS_{6-7} = LS_{6-7} - d_{6-7} = 21 - 3 = 18$$

在项目活动的上述4个时间参数中,最早开始时间 ES_{i-j} 和最晚开始时间 LS_{i-j} 所形成的时间区间 $[ES_{i-j}, LS_{i-j}]$ 被称为项目活动开始时间窗,该时间窗决定了在制定项目进度计划时,活动开始时间安排可以调整的余地。相似地,活动最早完成时间 EF_{i-j} 和最晚完成时间 LF_{i-j} 所形成的时间区间 $[EF_{i-j}, LF_{i-j}]$ 被称为项目活动完成时间窗,它决定了活动完成时间可以调整的余地。图3-5给出了带有活动开始及完成时间窗的AoA项目网络图,从图中可以清楚地看出,对于位于关键路径"C→D→F→G"上的活动来说,它们的最早开始时间 ES_{i-j} 与最晚开始时间 LS_{i-j} 相同,最早完成时间 EF_{i-j} 与最晚完成时间 LF_{i-j} 也相同,即其开始及完成时间窗的宽度均为0。这意味着,在安排项目进度计划时,这些活动的开始及完成时间没有任何调整余地。

⑤活动的总时差 TF_{i-j}:指在给定项目截止时间的前提下,活动的开始时间(或完成时间)可以调整的总的余地的大小,又称为活动的总浮动时间。由上述关于时间窗的定义可以看出,活动的总时差 TF_{i-j} 实质上就是活动开始或完成时间

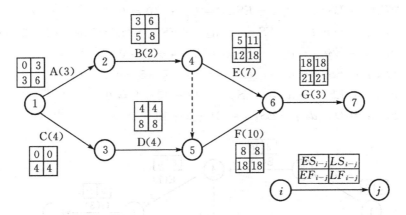

图 3-5 带有活动开始及完成时间窗的 AoA 项目网络图

窗的宽度(注:当活动工期固定不变时,活动开始时间窗的宽度与完成时间窗的宽度总是相等的)。因此,活动的总时差 TF_{i-j} 的计算公式如下:

$$TF_{i-j} = LS_{i-j} - ES_{i-j} = LF_{i-j} - EF_{i-j}$$

由上述公式可以计算出现浇混凝土水池项目各活动的总时差(示于图 3-6 中)如下:

$$TF_{1-2} = LS_{1-2} - ES_{1-2} = 3 - 0 = 3$$
$$TF_{1-3} = LS_{1-3} - ES_{1-3} = 0 - 0 = 0$$
$$TF_{2-4} = LS_{2-4} - ES_{2-4} = 6 - 3 = 3$$
$$TF_{3-5} = LS_{3-5} - ES_{3-5} = 4 - 4 = 0$$
$$TF_{4-6} = LS_{4-6} - ES_{4-6} = 11 - 5 = 6$$
$$TF_{5-6} = LS_{5-6} - ES_{5-6} = 8 - 8 = 0$$
$$TF_{6-7} = LS_{6-7} - ES_{6-7} = 18 - 18 = 0$$

⑥活动的自由时差 FF_{i-j}:指在不影响紧后活动的最早开始时间的前提下,活动的开始时间(或完成时间)可以调整的余地的大小,又称为活动的自由浮动时间。由该定义可知,活动的自由时差 FF_{i-j} 的计算公式如下:

$$FF_{i-j} = \min\{ES_{j-k}\} - d_{i-j} - ES_{i-j}$$

其中:活动 $j-k$ 为活动 $i-j$ 的紧后活动(注意,这样的活动可能不止一个)。对于项目网络中没有紧后活动的活动,将项目截止时间 D 视为它们的紧后活动的最早开始时间。现假定对于现浇混凝土水池项目的截止时间 D 为第 21 天的结束时刻,那么,根据上述公式,即可计算出项目各活动的自由时差(示于图 3-6 中)如下:

$$FF_{1-2} = ES_{2-4} - d_{1-2} - ES_{1-2} = 3 - 3 - 0 = 0$$

$FF_{1-3} = ES_{3-5} - d_{1-3} - ES_{1-3} = 4 - 4 - 0 = 0$

$FF_{2-4} = \min\{ES_{4-6}, ES_{5-6}\} - d_{2-4} - ES_{2-4} = \min\{5,8\} - 2 - 3 = 0$

$FF_{3-5} = ES_{5-6} - d_{3-5} - ES_{3-5} = 8 - 4 - 4 = 0$

$FF_{4-6} = ES_{6-7} - d_{4-6} - ES_{4-6} = 18 - 7 - 5 = 6$

$FF_{5-6} = ES_{6-7} - d_{5-6} - ES_{5-6} = 18 - 10 - 8 = 0$

$FF_{6-7} = D - d_{6-7} - ES_{6-7} = 21 - 3 - 18 = 0$

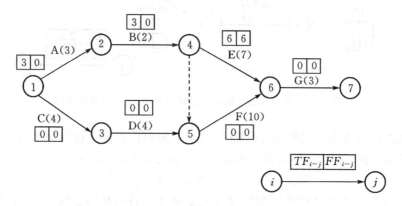

图 3-6 带有活动总时差及自由时差的 AoA 项目网络图

现浇混凝土水池项目各活动的自由时差与总时差示于图 3-6 中。从图中可以看出，关键路径上各活动的总时差和自由时差均为 0，不存在任何的机动时间。活动的自由时差与总时差的区别是：活动自由时差的前提条件是不影响紧后活动的最早开始时间；而总时差的前提条件是不影响紧后活动的最迟开始时间，即不影响项目的总工期。活动总时差与自由时差的关系是：自由时差小于总时差，它是总时差的一部分。由于自由时差以不影响活动的最早开始时间为前提，因此它只能在本活动中加以利用，不能让渡给后续活动，所以在利用活动的总时差时，应首先利用其自由时差，否则自由时差就会被浪费掉。一般地，自由时差不会大于总时差，两者之间可能有差值，这个差值是在总时差范围内可以利用的机动时间，也是在总时差范围内自由时差之外的那部分时差。当利用这部分时差时，不仅改变了活动本身的开始和持续时间，同时也影响到后续活动的开始时间和时差变化，但项目的总工期不会受到影响。

2. AoN 项目网络的时间参数

在 AoN 项目网络中，节点代表活动，箭线代表活动之间的逻辑关系，因而只存在一组时间参数，即活动的时间参数。AoN 项目网络中活动的时间参数也有 6 个，即活动的最早开始时间、最晚开始时间、最早完成时间、最晚完成时间、总时差和自由时差，它们的定义与 AoA 网络中的完全相同。但是，由于无需计算事件的时间参数，所以，在这 6 个时间参数中，活动的最早开始时间与最晚完成时间与 AoA 网络中的有所不同，而其余 4 个参数的计算方法则完全相同。

(1) 活动的最早开始时间 ES_i：从项目的起始节点（通常为项目的虚的开始活动）开始，各活动根据它们之间的逻辑关系，按照下式依次向后递推计算出来：

$$ES_i = \max\{ES_h + d_h\}$$

其中：活动 h 为活动 i 的紧前活动（注意，这样的活动可能不止一个）。以现浇混凝土水池项目为例，来说明 AoN 网络图中活动最早开始时间的计算。令项目虚开始活动（即活动 0）的开始时间为 0 时刻，然后按照上述公式，即可依次获得各活动的最早开始时间（示于图 3-7 中）如下所述：

$$ES_0 = 0$$
$$ES_1 = ES_0 + d_0 = 0 + 0 = 0$$
$$ES_2 = ES_0 + d_0 = 0 + 0 = 0$$
$$ES_3 = ES_1 + d_1 = 0 + 3 = 3$$
$$ES_4 = ES_2 + d_2 = 0 + 4 = 4$$
$$ES_5 = ES_3 + d_3 = 3 + 2 = 5$$
$$ES_6 = \max\{ES_3 + d_3, ES_4 + d_4\} = \{3+2, 4+4\} = 8$$
$$ES_7 = \max\{ES_5 + d_5, ES_6 + d_6\} = \{5+7, 8+10\} = 18$$

在得到活动的最早开始时间后，加上活动的持续时间 d_i，即可获得各活动的最早完成时间 EF_i（示于图 3-7 中）。

(2) 活动的最晚完成时间 LF_i：从项目的终止节点（通常为项目的虚的结束活动）开始，各活动根据它们之间的逻辑关系，按照下式依次向前递推计算出来：

$$LF_i = \min\{LF_j - d_j\}$$

其中：活动 j 为活动 i 的紧后活动（注意，这样的活动可能不止一个）。同样，以现浇混凝土水池项目为例，说明 AoN 网络图中活动最晚完成时间的计算。令项目截止时间为第 21 天的结束时刻，即 $LF_7 = 21$（注意，在该网络图中，活动 7 并非一个虚活动）。然后，按照上述公式，即可依次计算出各活动的最晚完成时间（示于图 3-7 中）如下所述：

$$LF_7 = 21$$
$$LF_6 = LF_7 - d_7 = 21 - 3 = 18$$
$$LF_5 = LF_7 - d_7 = 21 - 3 = 18$$
$$LF_4 = LF_6 - d_6 = 18 - 10 = 8$$
$$LF_3 = \min\{LF_6 - d_6, LF_5 - d_5\} = \min\{18 - 10, 18 - 7\} = 8$$
$$LF_2 = LF_4 - d_4 = 8 - 4 = 4$$

$$LF_1 = LF_3 - d_3 = 8 - 2 = 6$$
$$LF_0 = \min\{LF_2 - d_2, LF_1 - d_1\} = \min\{4-4, 6-3\} = 0$$

在得到活动的最晚完成时间后,减去活动的持续时间 d_i,即可获得各活动的最晚开始时间 LS_i(示于图 3-7 中)。

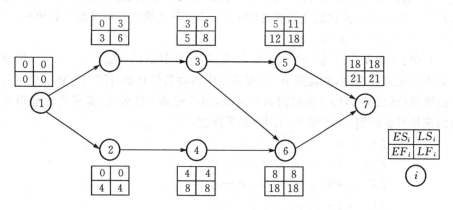

图 3-7 带有活动开始及完成时间窗的 AoN 项目网络图

计算出活动的活动的最早开始时间、最晚开始时间、最早完成时间和最晚完成时间之后,即可得到活动的开始时间窗和完成时间窗。图 3-7 给出了带有活动开始及完成时间窗的 AoN 项目网络图。比较图 3-5 和图 3-7 中的计算结果,可以发现尽管项目的网络表述方式不同,但是活动时间参数的计算结果完全相同。根据各活动已经计算出来的上述 4 个时间参数,可以方便地计算出其总时差和自由时差,其方法和过程与 AoA 网络中的完全相同,在此不再赘述。

3.2.3 基于不同网络表述方式的关键路径法实施步骤

在计算出项目网络的时间参数之后,管理者即可根据项目的具体情况,合理地选择活动的开始或完成时间,获得项目进度计划安排。由于不同项目网络的表述方式,时间参数的计算方法及过程不同,下面分别给出两种网络表述方式下的关键路径法实施步骤。

1. AoA 项目网络关键路径法实施步骤

步骤 1 数据整理。数据整理即整理制定项目进度计划所需的输入参数,包括各活动的逻辑关系及持续时间等。

步骤 2 网络图绘制。根据各活动之间的逻辑关系,绘制项目的 AoA 网络图,同时,为方便计算,将活动参数适当地标注在网络中。

步骤 3 事件最早实现时间计算。定义项目的开始时间,该时间可以为零时刻或其他任意时刻。以项目开始时间为基准,从项目网络的起始节点开始,向后依次递推计算各个节点所代表事件的最早实现时间。

步骤4 事件最晚实现时间计算。定义项目的截止时间,以该时间为基准,从项目网络的终止节点开始,向前依次递推计算各节点所代表事件的最晚实现时间。

步骤5 活动最早开始时间和最晚完成时间计算。在事件最早实现时间的基础上,确定活动的最早开始时间;在事件最晚实现时间的基础上,确定活动的最晚完成时间。

步骤6 活动最早完成时间和最晚开始时间计算。在给定项目活动持续时间的条件下,基于活动最早开始时间计算活动的最早完成时间;基于活动最晚完成时间计算活动的最晚开始时间。

步骤7 活动总时差和自由时差计算。根据活动的最早开始时间和最晚开始时间,计算活动的总时差;根据活动的最早开始时间及相互之间的逻辑关系,计算活动的自由时差。

步骤8 确定关键路径。通常,在定义项目的截止时间时,必须确保其大于关键路径的长度,否则,项目将无法按期完成。如果项目的截止时间正好等于关键路径的长度,那么,总时差为0的活动所组成的路径即为关键路径。此时,关键路径上的活动开始或完成时间没有任何机动时间。如果项目截止时间大于关键路径的长度,那么,总时差最小的活动所组成的路径即为关键路径。此时,关键路径上的活动开始或完成时间有一定的机动时间,但与其他活动相比,其机动时间最小。

2. AoN项目网络关键路径法实施步骤

步骤1 数据整理。数据整理即整理制定项目进度计划所需的输入参数,包括各活动的逻辑关系及持续时间等。

步骤2 网络图绘制。根据各活动之间的逻辑关系,绘制项目的AoN网络图,将活动参数适当地标注在网络中。

步骤3 活动最早开始时间计算。定义项目的开始时间,以该时间为基准,从项目网络的起始节点(通常代表项目的虚开始活动)开始,向后依次递推计算各个节点所代表活动的最早开始时间。

步骤4 活动最晚完成时间计算。定义项目的截止时间,以该时间为基准,从项目网络的终止节点(通常代表项目的虚结束活动)开始,向前依次递推计算各节点所代表活动的最晚完成时间。

步骤5 活动最早完成时间和最晚开始时间计算。在给定项目活动持续时间的条件下,基于活动最早开始时间计算活动的最早完成时间;基于活动最晚完成时间计算活动的最晚开始时间。

步骤6 活动总时差和自由时差计算。根据活动的最早开始时间和最晚开始时间,计算活动的总时差;根据活动的最早开始时间及相互之间的逻辑关系,计算活动的自由时差。

步骤7 确定关键路径。依赖于项目截止时间的定义,总时差为0或总时差最小的活动所组成的路径即为关键路径,是项目进度计划关注和控制的重点。

尽管在现浇混凝土水池项目示例中,两种网络表述方式下计算出的活动参数是完全相同,但是,需要强调的是,不同项目网络表述方式还是会对项目进度计划的制定及优化产生一定影响。特别是在项目进度计划的优化过程中,两种网络表述方式会呈现出较大的不同,进而导致优化结果的差异性。关于项目网络表述方式对项目进度计划的影响,美国学者萨拉·埃尔丁·埃尔曼夫拉比(Salah Eldin Elmaghraby)进行了较为深入的研究,有兴趣的读者可以参阅其1995发表在期刊 European Journal of Operational Research 第82卷第3期上的文章"Activity nets: A guided tour through some recent developments"。

3.3　计划评审技术

计划评审技术(program evaluation and review technique, PERT)属于不确定型网络计划技术,在计划评审技术中,活动之间的逻辑关系固定不变,但它们的持续时间为概率型参数。与活动间逻辑关系及持续时间均固定的确定型网络计划相比,不确定型网络计划的特点是:或者活动的持续时间不确定,或者活动之间的逻辑关系不明确,或者二者兼有。一般来说,不确定型网络计划更符合现实情况,特别是对于一些复杂的工程或者是从未实施过的工程,以及某些科研项目,大多属于这种类型。由于不确定型网络计划采用了概率统计等数学理论,所得结果更为切合实际,从而提高了网络计划的适应能力。

3.3.1　PERT活动持续时间分析

1. 活动的三个估计时间

当对完成项目某项活动无法给出一个确切的时间时,通常,应根据过去数据统计或经验等,给出完成该活动的如下三个估计时间:

(1) 最少时间(乐观时间),用 a 表示。在最顺利的条件下完成活动所需的时间,即最短必要时间。

(2) 最长时间(悲观时间),用 b 表示。在最困难的条件下完成活动所需的时间,即最长可能时间。

(3) 最大可能时间(正常时间),用 c 表示,在正常工作条件下完成活动需的时间,即完成该活动最可能的时间。

2. 活动持续时间的概率分布

以上三种时间估计(a、b、c),是某一随机过程概率分布的三个代表性数值。该概率分布的主要特点是:所有可能估计值均位于 a 和 b 两边界之间。若此过程进行有限次,则可以得到位于以 a 和 b 为界的区间内的有限个活动持续时间的样本值,对这些样本值进行统计,便可获得如图 3-8 所示的统计直方图。若此随机过程进行无限次,则随着样本数量的增大,统计直方图将趋于一条连续的概率分布曲线,如图 3-9 所示。假定经过检验,该概率分布曲线为正态分布,则计算过程便大为简化。利用正态分布,可以方便地估计活动持续时间的实现概率,并对执行过程中的各种情况进行预测。此外,还可以借助正态分布的均值与方差,将不确定型网络计划转化为确定型网络计划,对项目完成时间进行一些近似的计算和分析。当然,也可以进行 Monte-Carlo 仿真,得到更有价值的结果。

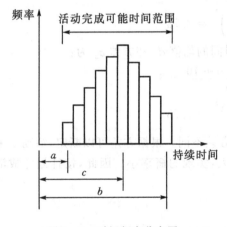

图 3-8 时间频率分布图   图 3-9 时间概率分布曲线

3. 活动持续时间均值的计算

活动持续时间均值计算的假设条件及过程如下所述:

(1) 假定"正常时间 c"(机会最多)出现的可能性是两倍于"乐观时间 a",则用加权平均法计算,得 a 和 c 的平均值是 $\frac{a+2c}{3}$。

(2) 假定"正常时间 c"出现的可能性是两倍于"悲观时间 b",则 b 和 c 的平均值是 $\frac{b+2c}{3}$。

(3) 完成该活动的时间按上述两个平均值,各以 50% 可能性出现的分布来计算,即活动持续时间的均值 d_i 为:

$$d_i = \frac{1}{2}\left(\frac{a+2c}{3} + \frac{b+2c}{3}\right) = \frac{a+4c+b}{6}$$

4. 活动持续时间的离散性分析

判断某活动持续时间均值 d_i 偏差的大小可用方差 σ_i^2 来衡量,方差越大,说明持续时间分布的离散程度(即不确定性)越大,实现的概率便越小。反之,持续时间分布的离散程度则较小,实现的概率便越大。活动 i 的持续时间的方差 σ_i^2 按下式计算:

$$\sigma_i^2 = \frac{1}{2}\left[\left(\frac{a+4c+b}{6} - \frac{a+2c}{3}\right)^2 + \left(\frac{a+4c+b}{6} - \frac{b+2c}{3}\right)^2\right] = \left(\frac{b-a}{6}\right)^2$$

由上式可知,a、b、c 不同,d_i 可能相同;但 d_i 相同,σ_i^2 可能不同,即实现的概率不同。例如有如下两个活动:

活动 1:$a=3, b=13, c=5$,则其持续时间的均值 d_1 和方差 σ_1^2 为:

$$d_1 = \frac{3+4\times 5+13}{6} = 6$$

$$\sigma_1^2 = \left(\frac{13-3}{6}\right)^2 = 2.78$$

活动 2:$a=2, b=10, c=6$,则其持续时间的均值 d_2 和方差 σ_2^2 为:

$$d_2 = \frac{2+4\times 6+10}{6} = 6$$

$$\sigma_2^2 = \left(\frac{10-2}{6}\right)^2 = 1.78$$

两个活动的持续时间的均值相同,但方差不同。根据方差可以断定,活动 1 平均持续时间的方差大,其分布的离散程度大,实现的概率小。因此,按计划完成活动 1 的把握性比活动 2 要小。

5. 网络计划实现的可能性

对整个项目网络来说,可通过计算关键路径上各项活动的方差 σ_i^2,求得各方差总和的平方根,称为标准离差 σ,以标准离差的大小来近似地衡量项目按期完工以及网络计划实现的可能性。标准离差的计算公式为:

$$\sigma = \sqrt{\sigma_1^2 + \sigma_2^2 + \cdots + \sigma_n^2}$$

式中:$\sigma_1^2, \sigma_2^2, \cdots, \sigma_n^2$ 分别表示网络计划关键路径上各活动的方差。

对于一个不确定型项目网络来说,假定一个活动的持续时间服从正态分布,其关键线路上各活动的持续时间的均值之和为 T_C,关键路径的标准离差为 σ,项目的计划工期为 T_P,则可通过查阅正态分布概率表,得出网络计划的实现概率的大小。

3.3.2 PERT 网络时间参数计算

在 PERT 网络中,时间参数的计算与确定型网络中的关键路径法基本相同,但需要将活动持续时间的均值视为其持续时间。同时，在假定活动持续时间服从正态分布的条件下，利用关键路径上活动持续时间的均值和方差，估算整个项目按计划完成的概率。PERT 网络时间参数具体的计算步骤如下：

步骤 1　数据整理。数据整理即整理制定项目进度计划所需的输入参数，包括各活动的逻辑关系及持续时间的三点估计等。

步骤 2　网络图绘制。根据各活动之间的逻辑关系，绘制项目的网络图（AoA 网络与 AoN 网络均可）。

步骤 3　活动持续时间均值和方差计算。依据活动的三点估计，计算活动持续时间的均值和方差。

步骤 4　活动最早及最晚开始时间计算。按照关键路径法，基于活动持续时间的均值计算各活动的最早及最晚开始时间。

步骤 5　关键路径确定。根据活动的最早及最晚开始时间计算各活动的总时差，并依据总时差找出关键路径。

步骤 6　网络计划实现概率计算。计算关键路径上的活动持续时间的累计均值和方差，并依据累计均值和方差计算网络计划实现的概率。

下面以现浇混凝土水池项目为例进行说明。现假定在对该项目的活动参数进行估算时，无法准确地计算出它们的持续时间，仅能得到它们的三点估计，如表 3-1 所示。

表 3-1　现浇混凝土水池项目活动持续时间的三点估计

活动序号	活动名称	活动代号	紧后活动	乐观时间 a(天)	悲观时间 b(天)	正常时间 c(天)
1	挖土	A	B	2	4	3
2	垫层	B	E、F	1	3	2
3	材料准备	C	D	3	5	4
4	构件加工	D	F	3	6	4
5	仓面准备	E	G	5	8	7
6	模板钢筋安装	F	G	8	12	10
7	浇注混凝土	G		2	4	3

根据表中的数据，可以计算出各活动的持续时间的均值和方差如下：

- 挖土（A）：持续时间均值为 3 天，方差为 0.1；
- 垫层（B）：持续时间均值为 2 天，方差为 0.1；
- 材料准备（C）：持续时间均值为 4 天，方差为 0.1；

- 构件加工(D):持续时间均值为 4 天,方差为 0.3;
- 仓面准备(E):持续时间均值为 7 天,方差为 0.3;
- 模板钢筋安装(F):持续时间均值为 10 天,方差为 0.4;
- 浇注混凝土(G):持续时间均值为 3 天,方差为 0.1。

将各活动持续时间的均值视为它的持续时间,并假定项目在 0 时刻开始,截止时间等于关键路径的长度。那么,利用关键路径法,便可以计算出各活动的最早开始时间、最晚开始时间、最早完成时间、最晚完成时间、总时差和自由时差,如表 3-2 所示。根据计算结果,可以得到该项目的关键路径为:C→D→F→G。

表 3-2 现浇混凝土水池项目 PERT 网络活动时间参数计算结果

活动序号	活动名称	活动代号	最早开始时间	最晚开始时间	最早完成时间	最晚完成时间	总时差	自由时差
1	挖土	A	0	3	3	6	3	0
2	垫层	B	3	6	5	8	3	0
3	材料准备	C	0	0	4	4	0	0
4	构件加工	D	4	4	8	8	0	0
5	仓面准备	E	5	11	12	18	6	6
6	模板钢筋安装	F	8	8	18	18	0	0
7	浇注混凝土	G	18	18	21	21	0	0

在确定出关键路径之后,对关键活动的持续时间的均值进行求和,得到 T_C:
$$T_C = 4+4+10+3 = 21(\text{天})$$

再基于各关键活动的方差计算出标准离差 σ:
$$\sigma = \sqrt{0.1^2 + 0.3^2 + 0.4^2 + 0.1^2} = 0.52$$

在假定活动持续时间服从正态分布的前提下,即可对网络计划的实现概率做出如下估计:
- 当项目的计划工期为 20 天时,实现概率为 2.74%;
- 当项目的计划工期为 21 天时,实现概率为 50%;
- 当项目的计划工期为 22 天时,实现概率为 97.26%。

由此可见,在给定的不确定型 PERT 网络计划中,项目计划工期的设置对于网络计划能否实现具有重要的影响。

3.4 图示评审技术

图示评审技术(graphical evaluation and review technique, GERT)是在 CPM 及 PERT 的基础上,可对活动逻辑关系及相关参数进行条件概率处理的一种面向高度不确定型项目的网络分析技术。GRET 起源于 1962 年 E. Eisner 提出的"决策盒"(decision box)广义网络技术。在这些"决策盒"上,可以按不同的概率决策下一步行动方案,它是一种具有概率分支的初步网络仿真方式。此后,经过 S. E. Elmaghraby 和 A. A. B. Pritsker 等人逐步改进与完善,形成较为完善的 GERT 型网络技术。

随着计算机及仿真技术的发展,A. A. B. Pritsker 等人进一步发展了图示评审技术仿真技术,从建模实际需要出发,扩展了仿真网络的节点功能,在理论上构筑了网络仿真系统(GERTS)。从实际应用来看,图示评审技术展现了比传统的 CPM/PERT 更大的潜力,在科研计划管理、工程可靠性分析、机械制造生产线的设计、质量控制、自动化仓库管理、交通运输及计算机系统等领域均得到了普遍应用。

3.4.1 GERT 网络模型的构建

网络计划的目的是根据其作业的逻辑关系来模拟项目的实际执行过程。为此,在其网络模型中,通过引入了一些特殊的符号表示工作逻辑关系,图示评审技术模型 GERT 有概率型节点和确定型节点,且有标志节点的特殊符号。GERT 网络不仅像其他网络方法一样允许有单向流,而且还允许由任一节点开始,再流入其任何先行节点的回路。因此,GERT 特别适合图形表示项目实施的动态过程。

与 CPM 和 PERT 相似,GERT 网络也由节点和箭线构成。GERT 网络节点为一种逻辑节点,它由输入侧和输出侧组成。输入侧有三种逻辑关系,输出侧有两种逻辑关系。因此,根据不同的组合,可以得到 6 种节点模型,如表 3-3 所示。

表 3-3 节点的特征和符号表

输出＼输入	异或型 ◁	或型 ◁	与型 ◖
确定型 ▷		◇	◯
概率型 ▷		◇	◯

(1)异或型输入(◁):至该节点的任一支路实现,导致该节点的实现,但在给定

时间内只有一条支路实现。

(2)或型输入(◁):至该节点的许多支路中,任一支路的实现,导致该节点实现,实现的时间是众多工序中完工时间最短的时间。

(3)与型输入(◖):至该节点的许多支路全部实现后,节点才能实现,实现的时间是众多工序中完工时间最长的时间。

(4)确定型输出(◗):若节点已经实现,则从该节点出发的支路都实现(即所有支路实现的概率均为1)。

(5)概率型输出(▷):节点外向工序中只有一个能进行,且其进行有一定的实现概率。节点的全部外向工序的概率之和等于1。

在 GERT 网络中,箭线的形式与 CPM 和 PERT 相同,但其包含的参数含义却不相同。GERT 网络箭线的参数一般包含三方面内容:

(1)紧前节点 i 实现的情况下该箭线 $i-j$ 发生概率 P_{ij}。

(2)箭线 $i-j$ 所表示的活动的持续时间 T_{ij}。

(3)持续时间 T_{ij} 的概率分布形式 f_{ij}。

除了上述三个主要参数外,GERT 网络箭线还可以带有一些其他参数如费用、资源等,而且这些参数通常也都是随机变量。

对于一个不确定型项目,建立其 GERT 网络模型的一般步骤如下:

步骤1 对不确定型项目的执行过程进行深入的分析。

步骤2 找出带有随机性因素的活动,对其随机参数进行统计分析。

步骤3 确定每一活动所有可能的紧前和紧后活动,根据各项目的具体情况确定节点类型。

步骤4 根据活动间的逻辑关系绘制 GERT 网络,并将相关参数标注于网络上。

步骤5 对所编制的 GERT 网络做逻辑性检查。

3.4.2 GERT 网络时间参数的计算

GERT 的传输参数有两种类型:加因子参数和乘因子参数。概率参数在传输过程中是累乘量,而时间参数在传输过程中是累加量。在 GERT 网络计划中,乘因子参数可直接基于流向图理论,用梅森公式来确定任一目标节点的实现值。对于加因子参数,如时间、费用、工程量等,则要通过矩母函数将加法运算转换成乘法运算。

GERT 网络的形式很多,然而从项目网络结构的特点方面,可以归纳成串联型、并联型及自环型三种基本结构。其中并联结构又可按节点输入端的特点分为并联"与",并联"或"及并联"异或"等三种结构。在 GERT 网络模型中,节点的三种输入逻辑只有"异或"型节点最易于用数学方法进行处理,其他两种节点逻辑,至今尚未找到适当的解析方法。在处理这类节点时,通常可以通过适当的逻辑变换,将"或"型和"与"型节点转换为"异或"型节点。

在 GERT 网络时间参数的计算过程中,根据具体的网络的结构形式的不同,一般可以采取如下的方式进行处理:

(1)对于只有单个引入箭头,即串联型网络结构中,不同类型的输入端其逻辑关系都相同。因而"或"型及"与"型节点可以直接用"异或"型节点来代替,并不会影响整个网络的运行特征。

(2)在有多个活动引入"与"型节点时,如图 3-10 所示。其中节点 3 必须在活动 a 和 b 都完成时才能实现。活动 a 执行的概率为 $P_2 P_a$,活动 b 执行的概率为 $P_1 P_b$。因此,节点 3 实现的概率为 $P_3 = P_1 P_2 P_a P_b$,节点 3 的实现时间 T_3 可表示为:

$$T_3 = \max(T_1 + t_a, T_2 + t_b)$$

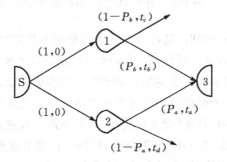

图 3-10 多个活动引入的"与"型节点

所以,上述两个活动引入"与"型节点可以转换为如图 3-11 所示的"异或"型节点。在图 3-11 中,P_3 和 T_3 分别表示从节点 S 到节点 3 的等价网络参数,节点 $\bar{3}$ 表示节点 3 不能实现。这样,节点之间的等价关系,就将一个"与"型节点用两个"异或"节点表示出来,从而使得网络更易于计算。

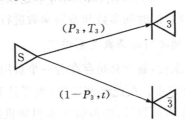

图 3-11 转换后的"异或"型节点

(3)当存在如图3-12(a)所示的有多个活动引入的"或"型节点时,同样可以转变为如图3-12(b)所示的两个"异或"型节点。在转变过程中,需要考虑由节点S到节点3之间,能使节点3得以实现的所有可能路径。

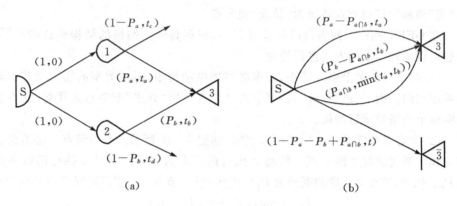

图3-12 多个活动引入"或"型节点转换为"异或"型节点

(4)当网络中存在回路时,这种回路活动只能用于具有"异或"型输入端的节点上。对于"与"型节点来说,必须所有引入活动都完成时才能实现,因此,若有回路活动引入,则该节点将永远无法实现。对于"或"型节点来说,只有最早完成的一个活动是有意义的,而一个回路活动必须在正常活动完成之后才能执行,因而回路活动所引入的节点可以用"异或"型节点代替,这并不影响其逻辑关系。

以上分析可以看出,在GERT网络中,任何"与"型节点或"或"型节点,都可以通过一定的网络逻辑变换,使之转化为"异或"型节点。亦即,任何GRET网络都可以转化为仅含单一"异或"型节点的GERT网络,从而使GERT网络的解析算法成为可能。然而,由于这种转化过程的复杂性,使得GERT网络在参数计算时容易发生错误,因而,大大制约了其在实践中的应用。

3.4.3 活动费用与时间相关的GERT网络解析计算【研究性学习内容】

在实际中,组成项目各活动的费用和时间常常是相互关联的,GERT网络基于上述情况,可以同时对项目的时间参数和费用参数进行计算分析。

1. 项目活动费用和时间之间的函数关系描述

对于大多数实际项目来说,通常总是存在着一个费用最低的最佳完成时间 t_0。当 $t < t_0$ 时,活动需要提前完成。在此种情况下,为了达到上述目的,必须加大对活动的投入,如增加雇佣工人的数目、增多购买或租赁机器的数量等等,从而导致活动的费用比最佳情况下有所增加。当 $t > t_0$,表示活动推迟完成。在此种情况下,由于受各种不利因素的影响,活动未能按时完成。为使活动最终完成,必须追加投入。这可以解释为工人劳动生产率的下降,以及水、电等能耗增多导致成本的增加等。

上述情况如图 3-13 所示,图中,t_0 为活动的最佳完成时间,t_e 为活动最早可能完成的时间,t_l 为活动最迟必须完成时间。现假设当活动提前或推迟完成时,每提前或推迟一单位时间所需追加的费用均为 $k(k>0$,为常数),则当活动完成时间为 t 时所需的费用为:

$$c = \begin{cases} c_0 + k(t_0 - t) = (c_0 + kt_0) - kt & t \in [t_e, t_0] \\ c_0 + k(t - t_0) = (c_0 - kt_0) + kt & t \in [t_0, t_l] \end{cases}$$

在实际项目中,各活动的完成时间 t 由于受各种因素的影响,是一个随机变量。所以,其费用 c 也必然是一个随机变量。如果知道了时间 t 的概率密度函数,可以通过下述定理求出费用 c 的概率函数密度。

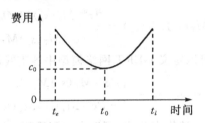

图 3-13 活动费用与时间关系图

定理:设随机变量 T 的概率密度函数为 $f(t)$,且 $C = c(t)$,其中 $c(t)$ 为单调可导函数,则随机变量 C 的概率密度函数 $g(c)$ 为:

$$g(c) = \begin{cases} f[h(c)] \cdot |h'(c)| & c_1 < c < c_2 \\ 0 & 其他 \end{cases}$$

其中:$h(c)$ 是 $c(t)$ 的反函数,$c_1 = \min\{C(-\infty), C(+\infty)\}$,$c_2 = \max\{C(-\infty), C(+\infty)\}$。

现假设项目中活动完成时间 T 具有概率密度函数 $f(t)$,费用是完成时间的线性函数 $c = a + bt$,则根据上述定理,费用的概率密度函数为:

$$g(c) = \frac{1}{|b|} \cdot f\left(\frac{c-a}{b}\right)$$

这样,便可以由项目活动完成时间 T 的概率密度函数 $f(t)$ 求出其费用 C 的概率密度函数 $g(c)$。

2. GERT 网络模型的解析求解

借助于上面的讨论结果,便可以推导出互斥型 GERT 网络模型的解析算法。

根据矩母函数的定义，费用的矩母函数为：

$$M_C(s) = \int_{-\infty}^{+\infty} e^{sc} g(c) dc$$

将 $g(c) = \dfrac{1}{|b|} \cdot f(\dfrac{c-a}{b})$ 代入上式，并令 $t = \dfrac{c-a}{b}$ 得：

$$M_C(s) = \int_{-\infty}^{+\infty} e^{sc} \dfrac{1}{|b|} f(\dfrac{c-a}{b}) dc = \int_{-\infty}^{+\infty} \dfrac{1}{|b|} f(t) b dt = \begin{cases} e^{as} \int_{-\infty}^{+\infty} e^{bst} f(t) dt & b > 0 \\ -e^{as} \int_{-\infty}^{+\infty} e^{bst} f(t) dt & b < 0 \end{cases}$$

而 $M_T(bs) = \int_{-\infty}^{+\infty} e^{bst} f(t) dt$，所以有：

$$M_C(s) = \begin{cases} e^{as} M_T(bs) & b > 0 \\ -e^{as} M_T(bs) & b < 0 \end{cases}$$

GERT 网络模型中同时含有时间 T 和费用 C 这两个参数的矩母函数为：

$$M(s_1, s_2) = M_T(s_1) M_C(s_2) = \begin{cases} e^{as_2} M_T(s_1) M_T(bs_2) & b > 0 \\ -e^{as_2} M_T(s_1) M_T(bs_2) & b < 0 \end{cases}$$

有了矩母函数，便可以定义 GERT 网络模型中各支线的传递函数如下：

$$W(s) = PM(s_1, s_2) = \begin{cases} Pe^{as_2} M_T(s_1) M_T(bs_2) & b > 0 \\ -Pe^{as_2} M_T(s_1) M_T(bs_2) & b < 0 \end{cases}$$

借助信号流图理论中的梅森公式，可以求出互斥型 GERT 网络模型中任意两个节点之间的传递函数 $W_{ij}(s)$。

若已求得由始节点至终节点的传递函数为 $W_E(s_1, s_2)$，则终节点实现的概率 P_E 为：

$$P_E = W_E(s_1, s_2) \big|_{s_1=0, s_2=0} = W_E(0, 0)$$

始节点至终节点的等价矩母函数为：

$$M_E(s_1, s_2) = \dfrac{W_E(s_1, s_2)}{P_E} = \dfrac{W_E(s_1, s_2)}{W_E(0, 0)}$$

由等价矩母函数可以求得项目完成时间和费用的均值、方差和风险度分别为：

$$E(T) = \dfrac{\partial [M_E(s_1, s_2)]}{\partial s_1} \bigg|_{s_1=0, s_2=0}, \quad E(C) = \dfrac{\partial [M_E(s_1, s_2)]}{\partial s_2} \bigg|_{s_1=0, s_2=0}$$

$$V(T) = \dfrac{\partial^2 [M_E(s_1, s_2)]}{\partial s_1^2} \bigg|_{s_1=0, s_2=0} - \left\{ \dfrac{\partial [M_E(s_1, s_2)]}{\partial s_1} \bigg|_{s_1=0, s_2=0} \right\}^2$$

$$V(C) = \dfrac{\partial^2 [M_E(s_1, s_2)]}{\partial s_2^2} \bigg|_{s_1=0, s_2=0} - \left\{ \dfrac{\partial [M_E(s_1, s_2)]}{\partial s_2} \bigg|_{s_1=0, s_2=0} \right\}^2$$

$$RD(T) = \dfrac{\sqrt{V(T)}}{E(T)}, \quad RD(C) = \dfrac{\sqrt{V(C)}}{E(C)}$$

3. 应用举例

设某设备开发过程 GERT 网络模型如图 3-14 所示,各活动参数如表 3-4 所列。假设完成活动所需费用是时间的线性函数。现求节点 4 实现(即设备开发成功)时所需时间和费用的均值、方差以及它们的风险度。

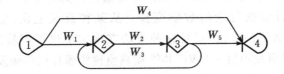

图 3-14 某设备开发过程 GERT 网络模型

由于各活动的费用为时间的线性函数,可得各活动完成时间的矩母函数 $M_T(s_1)$ 和费用的矩母函数 $M_C(s_2)$ 如表 3-4 所示,由此可得各活动的传递函数 W_1、W_2、W_3、W_4 和 W_5。

表 3-4 某设备开发过程各活动参数及矩母函数表

活动名称	活动代码	实现概率	时间(月)				费用(元)		
			分布类型	均值	方差	$M_T(s_1)$	固定费用	变动费用	$M_C(s_2)$
设计	1→2	0.7	常值分布	3	0	e^{3s_1}	20000	50	e^{20000s_2}
试行	2→3	1	正态分布	2	0.09	$e^{2s_1+0.045s_1^2}$	80000	100	$e^{80000s_2+450s_2^2}$
修改设计	3→2	0.3	正态分布	1	0.04	$e^{s_1+0.02s_1^2}$	20000	50	$e^{20000s_2+50s_2^2}$
国外引进	1→4	0.3	常值分布	3	0	e^{3s_1}	300000	100	$e^{300000s_2}$
安装	3→4	0.7	正态分布	2	0.09	$e^{2s_1+0.045s_1^2}$	15000	80	$e^{15000s_2+288s_2^2}$

注:各活动最佳完成时间 t_0 取为作业时间的均值。

该 GERT 模型中有一个一阶回路:2→3→2,从节点 1 至节点 4 有两条无回路路径:1→2→3→4 和 1→4,由梅森公式可以求出节点 1 至节点 4 的等价传递函数:

$$W_E(s_1,s_2) = \frac{W_1W_2W_5 + W_4 - W_2W_3W_4}{1 - W_2W_3}$$

由上式可求得节点 4 实现的概率 P_E 和等价矩母函数 $W_E(s_1,s_2)$ 分别为:

$$P_E = W_E(0,0) = 1$$

$$M_E(s_1,s_2) = \frac{W_E(s_1,s_2)}{W_E(0,0)} = W_E(s_1,s_2)$$

由等价矩母函数求得节点 4 实现的时间和费用的均值、方差及风险度分别为:

$$E(T) = 4.128(月), \quad V(T) = 2.068, \quad RD(T) = 34.8\%;$$

$E(C) = 114785.7(元)$, $V(C) = 42750000$, $RD(C) = 5.6\%$。

3.4.4 GERT 网络模型的仿真分析【研究性学习内容】

GERT 网络模型的解析求解具有较高的复杂性,制约了其在实际项目中的推广应用。事实上,对于任何 GERT 网络,均可通过仿真的方法直接对其进行计算分析,而无需做过多的复杂的数学变换。从某种意义上说,仿真分析是求解 GERT 网络最为通用的方法,而且这种方法在现实中也更容易理解和实施。下面,以一个新产品研发项目——VCDM3 型真空树脂灌注机的研发过程为例,说明 GERT 网络模型的仿真分析实施过程。

1. GERT 网络模型的构建

VCDM3 型真空树脂灌注机是一种用于对变压器、传感器、电容等电子元器件进行环氧树脂灌封处理的专用设备。按照上述 GERT 网络模型的构建步骤,可以建立该项目研发过程的 GERT 模型,如图 3-15 所示,模型中各活动参数见表 3-5。

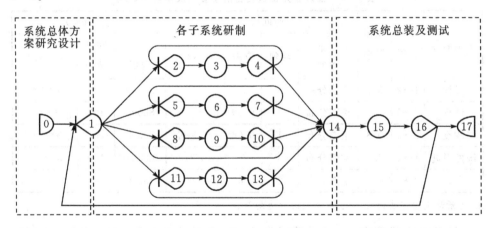

图 3-15 VCDM3 型真空树脂灌注机研发项目 GERT 模型

2. GERT 网络模型的仿真求解

对于同时包含兼有型节点和汇合型节点的 GERT 模型,由于网络的复杂性,很难用解析方法来求解,而仿真则是一种实际有效的方法。GERT 网络仿真求解方法实质上为一种 Monte-Carlo 仿真求解方法。该方法依据网络中各活动的实现概率和活动工期所服从的概率分布,随机地确定活动是否能够实现以及实现时的工期,然后再逐步计算出整个项目的工期。GERT 网络的 Monte-Carlo 仿真求解方法具体又可分为两种,即邻接矩阵法和简化递推法。

表 3-5　VCDM3 型真空树脂灌注机研发项目各活动参数表

序号	活动名称	支线	实现概率	完成时间 分布类型	均值	方差
1	系统总体方案研究设计	0→1	1.0	正态分布	14	31.36
2	真空脱泡子系统方案研究设计	1→2	1.0	正态分布	5	4.25
3	计量混合子系统方案研究设计	1→5	1.0	正态分布	6	5.24
4	灌注子系统方案研究设计	1→8	1.0	正态分布	8	10.24
5	控制子系统方案研究设计	1→11	1.0	正态分布	9	8.29
6	真空脱泡子系统及其配套产品试制	2→3	1.0	正态分布	19	32.49
7	真空脱泡子系统测试	3→4	1.0	正态分布	4	2.44
8	真空脱泡子系统设计方案修正调整	4→2	0.1	均匀分布	2	1.64
9	提交真空脱泡子系统研究结果	4→14	0.9	常值分布	0.5	0
10	计量混合子系统及其配套产品试制	5→6	1.0	正态分布	20	98.00
11	计量混合子系统测试	6→7	1.0	正态分布	5	4.50
12	计量混合子系统设计方案修正调整	7→5	0.4	均匀分布	2.5	1.92
13	提交计量混合子系统研究结果	5→14	0.6	常值分布	0.5	0
14	灌注子系统及其配套产品试制	8→9	1.0	正态分布	12	23.04
15	灌注子系统测试	9→10	1.0	正态分布	6	5.76
16	灌注子系统设计方案修正调整	10→8	0.3	均匀分布	3	2.44
17	提交灌注子系统研究结果	10→14	0.7	常值分布	0.5	0
18	控制子系统及其配套产品试制	11→12	1.0	正态分布	8	10.24
19	控制子系统测试	12→13	1.0	正态分布	6	6.76
20	控制子系统设计方案修正调整	13→11	0.3	均匀分布	4	3.56
21	提交控制子系统研究结果	13→14	0.7	常值分布	0.5	0
22	系统总体总装	14→15	1.0	正态分布	7	9.84
23	系统总体测试	15→16	1.0	正态分布	5	5.40
24	系统总体设计方案修正调整	16→1	0.2	均匀分布	2	1.64
25	系统总体设计方案评审鉴定	16→17	0.8	常值分布	1	0

注：表中时间的单位为天。

邻接矩阵法是把网络分解成各个确定的子网络或通路，根据活动发生的概率，随机地选择某一子网络进行仿真计算,经过若干次的仿真后,统计各子网络实现次数和参数的特征值,得出仿真结果;简化递推法是以图论中的网络简化方法为基础,通过等价变换,把一个复杂的网络逐步简化、综合成一个确定型网络后,再进行仿真计算。前者仅适用于结构不是很复杂且不包含环路的 GERT 网络,而后者则是一种适应更为广泛的 Monte-Carlo 仿真求解方法。图 3-16 是 GERT 网络简化递推法仿真求解流程图。

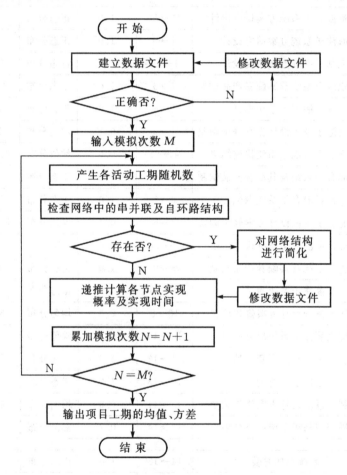

图 3-16　GERT 网络仿真求解流程图

基于图 3-16 中的仿真流程图,利用 VB6.0 编制了该新产品研发项目的专用 GERT 仿真软件 GSSVRDED1.0。在仿真时,将运行次数设定为 10000 次,项目周期概率分布直方图的区间数设定为 55 个。运行后获得概率分布直方图如图 3-17 所示,项目周期的均值、方差、风险度、最大值、最小值、中位数和众数分别为:

均值:$ET=100.7$(天),方差:$VT=352.2$,风险度:$RD=18.64\%$
最大值:$\max T=184.6$(天),最小值:$\min T=46.0$(天)
中位数:$M_d=98.7$(天),众数:$M_0=93.9$(天)

其中:风险度 RD 定义为项目周期的标准差和其均值的比值。在此需要说明的是,由于本研究所构建的 GERT 模型中的回路允许重复无穷多次,即该回路所代表的活动如果失败,可以重新再来,直至最终成功。所以,终节点的实现概率必为 1,即 VCDM3 型真空树脂灌注机的研发最终肯定可以获得成功。

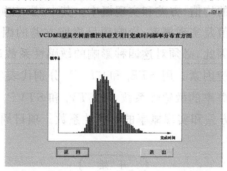

图 3-17　VCDM3 型真空树脂灌注机研发项目周期概率分布直方图

从仿真结果可以看出,该研发项目由于受各种随机因素的影响,在极端情况下,可能会在较短的时间如 2 个月内完成,也可能会拖延到较长的时间如 6 个月以后完成,说明项目周期的波动范围较大。其次,该项目周期的均值 ET、中位数 M_d 和众数 M_0 三者之间存在如下关系:

$$ET > M_d > M_0$$

由此可知,该项目周期呈现出一种正偏态型概率分布,即出现在高端的极端数要比出现在低端的极端数多,也就是说,项目延期的可能性要大于项目提前完成的可能性。同时,从平均值、中位数及众数这三个数据的具体数值可以看出,三者之间的差距并不是很大,所以仍可近似地认为该项目周期服从正态分布,从而可以粗略地进行区间估计。由正态分布的性质可知,该项目周期落入区间[81.9,119.5]的概率为 0.68,落入区间[63.1,138.3]的概率为 0.95,落入区间[44.3,157.0]的概率为 0.99。实际中的项目管理者通常更关心新产品研发项目能否按期完成,为此,对于该项目不同的计划周期可以做出如下推断:当计划周期为 100 天时,延期的可能性达 51.2%;如果把计划周期确定为 120 天,则延期的可能性可减少至 15.4%;如果进一步把计划周期放宽至 130 天,那么延期的可能性仅为 5.5%。

3. 项目周期的敏感性分析

进行敏感性分析的方法有多种。在不确定环境下,利用仿真技术对项目周期进行敏感性分析是一种有效的方法。一般的敏感性系数定义如下：

$$S_i = \frac{\Delta}{\delta_i}$$

其中：S_i 表示因变量对自变量 i 敏感性系数，Δ 表示因变量的相对变动幅度，δ_i 表示自变量 i 的相对变动幅度。本研究中采用的是单因素分析法，即当某一影响因素变动时，其他影响因素保持不变。

对于新产品研发项目周期来说，在 GERT 模型给定的条件下，影响因素可归结为各活动完成时间的均值、方差和实现概率。其中，影响项目周期均值的因素有各活动完成时间的均值及实现概率；影响项目周期方差的因素有各活动完成时间的方差及实现概率。因此，必须对这四种影响的敏感性系数进行计算分析，才能找出影响项目周期的关键因素。用 STE_i 和 $STEP_i$ 分别代表项目周期均值对活动 i 完成时间均值和实现概率的敏感性系数，用 STV_i 和 $STVP_i$ 分别代表项目周期方差对活动 i 完成时间方差和实现概率的敏感性系数。项目周期敏感性分析的流程图如图 3-18 所示。

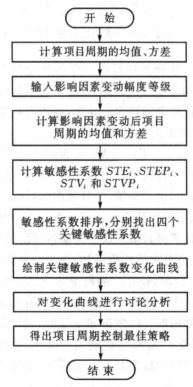

图 3-18 项目周期敏感性分析流程图

第 3 章　经典的项目进度计划方法

为了比较全面地反映影响因素对项目周期的影响,将影响因素的相对变动幅度(即各活动的均值、方差和实现概率的相对变动幅度)设定了四个等级:-10%、-5%、$+5\%$和$+10\%$,用这四个等级下敏感性系数的平均值来衡量对应的敏感性系数的大小。通过对项目各活动敏感性系数的仿真计算,找出了四个关键的影响因素(即对应敏感性系数最大的影响因素)。

其中影响项目周期均值的有两个:

• 活动计量混合子系统及其配套产品试制完成时间的均值,对应的敏感性系数 STE_{10} 为 0.3059;

• 活动计量混合子系统设计方案修正调整的实现概率,对应的敏感性系数 $STEP_{12}$ 为 0.3370;

影响项目周期方差的有两个:

• 活动计量混合子系统及其配套产品试制完成时间的方差,对应的敏感性系数 STV_{10} 为 1.0595;

• 活动计量混合子系统设计方案修正调整的实现概率,对应的敏感性系数 $STVP_{12}$ 为 1.7173。

在得到四个关键敏感性系数之后,进一步分析上述四个关键敏感性系数的变化情况。将影响因素的相对变化幅度进行细化,从-50%到50%共分为 36 个等级,分别计算四个关键敏感系数,根据计算结果绘制出 STE_{10}、$STEP_{12}$、STV_{10} 和 $STVP_{12}$ 随影响因素相对变动幅度的变化曲线,如图 3-19 所示。为了便于分析讨论,将图 3-19 中四条敏感性系数变化曲线综合为两类:STE_{10} 随 δ_{TE10} 的变化曲线为一类,这类曲线存在极值点,称之为第一类;其余三条曲线为一类,这类曲线没有极值点,称之为第二类。由于敏感性系数在影响因素相对变动幅度为 0 时趋于无穷大,即该点为曲线的一个不可去间断点,所以,对于以上两类中的任何一类,都必须分两种情况来讨论:一是影响因素朝负方向变动,二是影响因素朝正方向变动。

(1)第一类曲线、影响因素朝负方向变动:在这种情况下,影响因素相对变动幅度的微小减少不会对项目周期的统计特征值(均值)产生显著影响;但这种情况会随影响因素负向变动幅度的增加而迅速改变,至 $\delta_{TE10}=-0.1$ 左右,这种敏感性增加到极大值,而后开始减小;此后影响因素负向变动幅度再进一步增加时,项目周期对影响因素变动的敏感性呈稳定的缓慢下降趋势,并一直持续下去。

(2)第一类曲线、影响因素朝正方向变动:在这种情况下,影响因素相对变动幅度的微小增加对项目周期的统计特征值(均值)会产生显著影响;但这种影响的敏感性会随影响因素正向变动幅度的增加而迅速减弱,至 $\delta_{TE10}=0.1$ 左右,敏感性系数降低到极小值,而后又开始缓慢上升;此后影响因素正向变化幅度进一步增加时,项目周期对影响因素的敏感性呈稳定的缓慢上升趋势,并一直持续下去。

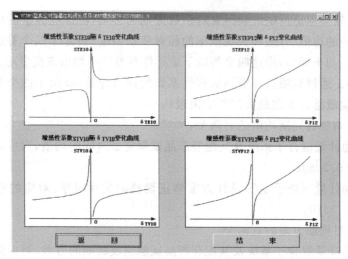

图 3-19 关键敏感性系数随影响因素相对变动幅度变化曲线

(3) 第二类曲线、影响因素朝负方向变动：在这种情况下，影响因素相对变动幅度的微小减小对项目周期的统计特征值（均值或方差）会产生显著影响；但这种情况会随影响因素相对变动幅度的负向增加而迅速改变，即敏感性系数会随着影响因素相对变动幅度的负向增加而迅速减小；当影响因素的相对变动幅度达-0.1左右时，敏感性的这种降低速度将变缓并趋于稳定，此后这一趋势一直持续下去。

(4) 第二类曲线、影响因素朝正方向变动：在这种情况，影响因素的微小增加不会对项目周期的统计特征值（均值或方差）产生显著影响；但这种情况会随影响因素相对变动幅度的增加而迅速改变，即项目周期对影响因素变动的敏感性会随着影响因素相对变动幅度的增加而迅速上升；当影响因素的相对变动幅度达到0.1左右时，敏感性的这种增加速度开始变缓并趋于稳定，此后一直持续下去。

对上述四种情况加以综合，便可以得出项目周期的最佳控制策略：

• 项目周期的控制：首先，应避免活动计量混合子系统及其配套产品试制完成时间的正向波动，或者至少将正向波动的幅度控制在 $\delta_{TE10}=0.1$ 左右；同时，采取必要措施把活动计量混合子系统设计方案修正调整实现概率的增加控制在一个"适当的范围"内。其次，应尽可能地将活动计量混合子系统及其配套产品试制的完成时间缩短至 $\delta_{TE10}=-0.1$ 左右，同时，还应把活动计量混合子系统设计方案修正调整的实现概率减小一个"合理的幅度"。

• 项目周期波动范围的控制：首先，应采取措施，将活动计量混合子系统及其配套产品试制完成时间的波动范围及活动计量混合子系统设计方案修正调整实现概率的增加控制在一个"适当的范围"内。其次，应努力减小活动计量混合子系及其配套产品试制完成时间的波动范围,并尽可能地减小活动计量混合子系统设计方案修正调整的实现概率,但应注意要有一个"合理的幅度"。

上述"适当的范围"和"合理的幅度"由项目管理者权衡以下两方面的利弊来确定:一是为控制项目研发周期付出的成本和获得的收益之间的权衡。因为随着影响因素减小幅度的不断增加,缩短项目周期将会变得越来越难,付出的成本会越来越高,而收益将越来越小。因此,必须找出成本和收益的一个合理的平衡点。二是关键活动和非关键活动之间的权衡。因为随着关键活动完成时间均值、方差或实现概率的减小,它可能会由关键活动变为非关键活动,而其他非关键活动则可能上升为关键活动。此时,对其他上升为关键活动的原非关键活动采取措施将会变得更为有效。

思考题

1. 何谓甘特图?它有何特点?常见的甘特图分为哪几类?
2. 什么是关键路线法?关键路线法对项目进度计划有何重要意义?
3. 节点和活动的时间参数各有哪些?上述时间参数和关键路线法有何内在关联关系?
4. 对于两种不同的网络表述方式,关键路线法的计算过程有何异同?
5. 何谓计划评审技术?该方法适用于什么场合?
6. 在计划评审技术中,活动的时间参数如何估计和描述?
7. 什么是图示评审技术?该方法与关键路径法和计划评审技术有何不同?
8. 图示评审技术模型如何构建?如何对其进行求解分析?

案例:基于 GERT 的 SSA—3000 型天线研发项目工期的仿真分析

SSA—3000 型车载卫星通信天线(简称 SSA—3000 型天线)是一种用于车载的小型化、低高度的卫星通信天线,是用于应急卫星通信系统的主要分系统产品,可广泛应用于新闻、救灾、武警、公安、人防等多个领域。该项目在研发过程中面临如下两类主要的不确定因素:

(1)关键路径上任务节点工期本身的不确定性。该项目经过工作分解,以该研发项目中的设计类任务为例,天线的结构设计是一项较为复杂的工作,现实工作中,该项工作既有可能在 3 天内完成,也有可能在 5 天完成,如果根据系统方案的要求,也可能在 10 天完成,因此对于每一项工作来说,其工期本身就是一个概率分布。

(2)研发技术流程中任务回溯导致关键路径的变化。以评审类工作为例,在流程上存在两种可能性,一种是其前置任务(一般为设计工作)按照预计目标完成了工作,在评审时一次通过;还有一种可能就是因为设计工作未能达到预期指标,需要重新进行设计,这样评审工作的后续任务就变为前一阶段的设计工作重新开始。

如果不对这两类不确定的因素进行仿真分析,那么显然项目组既无法预测项目总工期到底是在什么样的一个时间区间范围之内,同时也无法明确提出项目在规定时间内完成的保障措施。换句话说,项目组在项目进度管理中迫切需要解决的问题是如下三个问题:

(1)如何确定接近实际情况的项目总工期。既然SSA—3000型天线研发项目有很多工期的不确定因素,就可以把它作为一个随机网络进行研究,当项目总工期不是一个确定的时间的时候,就可以通过一些技术手段对其进行仿真分析。在设置足够大的仿真次数之后,模拟项目可能发生的各种情况,包括极端的情况,这样可以让项目计划近似接近实际情况,从而可以对项目总工期的概率分布有直观认识,通过对其单侧置信度空间的分析,评估项目按期完成存在的风险。

(2)识别影响项目总工期在规定时间内完成的关键因素。在对项目总工期进行合理评估之后,就会对项目完工工期有了一个直观的认识。工期仿真的结果有二种可能,一种是符合项目规定的时间,一种是不符合项目规定的时间,如果不符合,需要找出项目总工期影响较大的某些关键工作,对其进行工期压缩。同时,对仿真后的工期信息进行分析,需要能够找出哪些影响总工期的关键因素,在日后项目计划实施的过程中需要给予重点关注。

(3)如何制定有针对的计划实施保证措施。接近实际的项目总工期和关键因素确定之后,项目的计划编制工作就更加科学和符合实际。虽然进度管理的首要工作是制定各种计划,但仅有好的计划而不付诸实施,再好的计划也是一纸空文。因此,要使计划能起到应用的作用,就必须采取有力措施,使之得以顺利的实施。

运用 GERT 技术,可以把 SSA—3000 型天线研发项目的技术流程图转化为一个具有返回概率的网络图,如图 3-20 所示。其中,用节点代表活动,用箭线代表活动之间的逻辑关系,用箭线上的数字代表返回活动的概率。图 3-20 中各活动的具体参数见表 3-6。在得到以上项目基本数据之后,将设置 10000 次仿真的方式得到项目总工期的概率分布。实施仿真分析的流程是通过计算机软件模拟实现的,其具体步骤如下:

(1)利用软件建立模型,明确仿真次数、每个节点的概率分布,节点之间的前后顺序关系和回溯概率信息。

(2)利用软件内置的概率分布模拟功能,可以令计算机根据传入的参数产生高质量的随机数,作为当前任务工期的一个样本值。

(3)对是否有回溯进行判断,利用 RND 函数产生 0—1 之间的随机数,判断回

第3章 经典的项目进度计划方法

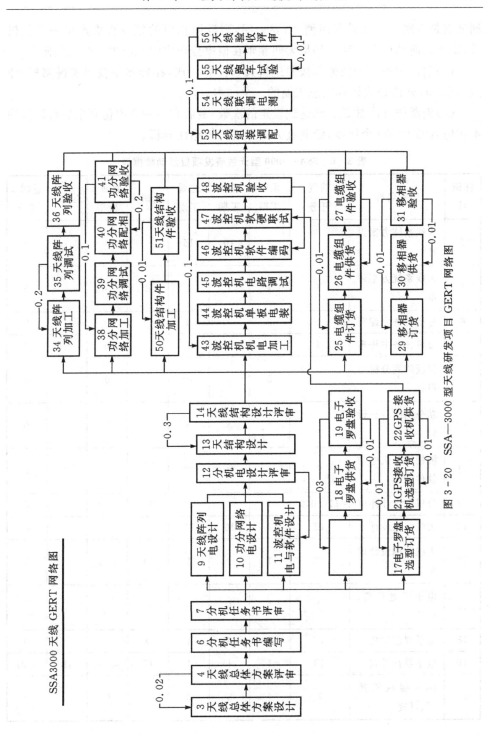

图3-20 SSA—3000型天线研发项目GERT网络图

溯节点是否回溯。如果有回溯,需要返回,则返回相应的任务再次产生一个随机数,刷新之前的任务工期。如果无回溯则在概率分布中随机产生一个工期样本。

(4)项目中每一个任务都按照逻辑关系计算一次,在样本中找出关键路径,通过 EXCEL 软件公式计算出总工期的一个样本。

(5)判断仿真次数是否已达到设定的次数,最后在 10000 次仿真之后可以得到本次仿真的 10000 个样本,绘制直方图并进行敏感性分析。

表 3-6 SSA—3000 型天线研发项目活动数据表

标识号	任务名称	前置任务	乐观工期	预期工期	悲观工期	返回1	返回1概率	返回2	返回2概率
3	天线系统方案设计		5	10	15	0		0	
4	天线系统方案评审	3	1	1	1	3	0.02	0	
6	分机任务书编写	4	3	3	3	0		0	
7	分机任务书评审	6	1	1	1	0		0	
9	天线阵列分机电设计	7	5	8	10	0		0	
10	功分网络分机设计	7	5	5	5	0		0	
11	波控机分机电与软件设计	7	8	10	20		0	0	
12	分机电设计评审	11,10,9	1	1	1	11	0.2	0	
13	天线结构设计	12	7	10	15	0		0	
14	天线结构设计评审	13	1	1	1	13	0.3	0	
17	电子罗盘选型、订货	7	3	5	8	0		0	
18	电子罗盘供货	17	4	4	4	0		0	
19	电子罗盘验收	18	1	1	1	17	0.3	18	0.01
21	GPS 接收机选型、订货	7	4	5	8	0		0	

续表 3-6

标识号	任务名称	前置任务	乐观工期	预期工期	悲观工期	返回1	返回1概率	返回2	返回2概率
22	GPS接收机供货	21	2	2	2	0		0	
23	GPS接收机验收	22	1	1	1	21	0.01	22	0.01
25	电缆组件选型、订货	14	2	2	2	0		0	
26	电缆组件供货	25	10	15	20	0		0	
27	电缆组件验收	26	1	1	1	25	0.01	26	0.01
29	移相器选型、订货	14	1	1	1	0		0	
30	移相器供货	29	15	20	30	0		0	
31	移相器验收	30	1	1	1	29	0.01	30	0.2
34	天线阵列加工	14	5	5	10	0		0	
35	天线阵列调试	34	10	14	15	34	0.2		
36	天线阵列测试验收	35	1	1	1	0		0	
38	功分网络电路和壳体加工	14	5	5	15	0		0	
39	功分网络调试	38	4	5	6	0		0	
40	功分网络配相	39	6	6	6	0		0	
41	功分网络测试验收	40	1	1	1	38	0.1	40	0.2
43	波控机盒体和电路板加工	14	5	10	20	0		0	
44	波控机电路板装配	43	2	2	2	0		0	
45	波控机电路调试	44	6	6	6	0		0	
46	波控机软件编码	45,23,19	3	5	8	0		0	

续表 3-6

标识号	任务名称	前置任务	乐观工期	预期工期	悲观工期	返回1	返回1概率	返回2	返回2概率
47	波控机软硬件联试	46	4	5	7	0		0	
48	波控机验收	47	1	1	1	43	0.1	46	0.1
50	天线结构件加工	14	10	10	20	0		0	
51	天线结构件验收	50	1	1	1	50	0.01	0	
53	天线组装调配	27,31,36,41,48,51	1	1	1	0		0	
54	天线联调电测	53	6	6	6	0		0	
55	天线跑车试验	54	27	27	27	0		0	
56	天线验收评审	55	1	1	1	53	0.1	55	0.01

借助于 Crystal Ball 仿真软件,可以获得 SSA—3000 型天线研发项目工期 10000 次仿真的概率分布,见图 3-21。从图 3-21 可以看出,总工期的概率分布呈现出类似 β 分布的趋势,项目延期的可能性比提前完工的可能性要大。整个研发项目工期的均值 $ET=115.92$,中位数 $MD=112.95$,方差 $VT=166.68$,标准差 $\sigma=12.91$,风险度 $RD=11\%$(RD 定义为项目完成时间的标准差和其均值的比值)。工期分布区间为 $[91.20,216.72]$,这充分说明了工期具有较大的不确定性,

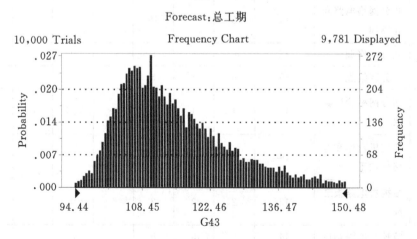

图 3-21 SSA—3000 型天线研发项目工期的概率分布直方图

即项目在最乐观的情况下在 91 天完成,在最悲观的情况下也可能在 216 天完成。

基于仿真结果,也可以得到 SSA—3000 型天线研发项目工期的累计概率分布图,见图 3-22。由图可见,项目工期要求不同,完成的概率不同。即项目工期越紧张,完成的可能性越低,风险性越高;反之,若要提高项目完成的可能性,风险性降低,则须给予更充裕的时间。SSA—3000 型天线项目组接受的任务书是在 120 天完成研发,对项目完成时间分析之后可以得出结论,按照任务书要求在 120 天内完成项目的可能性为 70%。换句话说,项目存在工期延期的风险为 30%,但如果将项目完成工期放宽到 132 天,则按期完工的概率将会增加到 90%,工期延期的风险降为 10%。

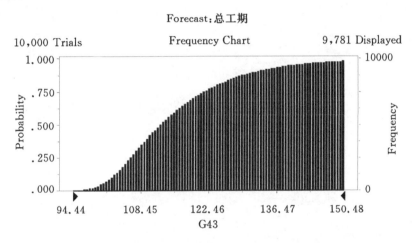

图 3-22　SSA—3000 型天线研发项目工期的累计概率分布图

除了以上的分析之外,还可以利用 Crystal Ball 完成敏感性分析,以确定关键工作对项目总工期影响的程度,从而为控制项目工期的控制提供具体的、可操作的、定量化的参考依据。根据敏感性分析结果,可以得到 41 个工作项与项目工期的相关程度不同的结论:

(1)与项目完成时间最为相关的工作项是 11,即波控机分机电与软件设计,它的相关度为 39.2%;

(2)与项目完成时间为次相关的是工作 43,即波控机盒体和电路板加工,它的相关度为 35.7%;

(3)再次与项目完成时间相关的是工作 13,即天线结构设计,它的相关度为 18.8%;

(4)其他的因素与项目总工期的正相关影响均不超过 5%,因此可以暂时不考虑。

由此可见，波控机分机电与软件设计、波控机盒体和电路板加工、天线结构设计对项目总工期的影响最大，必须在计划控制中特别关注。

问题讨论

1. SSA—3000型天线研发项目工期控制的主要问题有哪些？这些问题产生的根源是什么？

2. 对SSA—3000型天线研发项目工期进行GERT分析的前提条件是什么？

3. GERT仿真结果对SSA—3000型天线研发项目工期控制有何借鉴意义？

第4章 资源约束下的项目进度计划与项目资源采购

4.1 项目资源

4.1.1 项目资源的概念及特点

项目资源是指为了实施并完成项目所需的人力、材料、设备、资金、信息、技术等各种自然的和人造的、内部的和外部的、有形的和无形的资源。在项目执行过程中,除了人为添加的虚活动以外,项目网络中的每项活动都需要消耗资源。然而,在传统的项目进度计划方法如甘特图、关键路径法、计划评审技术和图示评审技术中,通常都不考虑资源可用性对进度计划的影响,即默认项目的资源可以无限地、随时随地使用。这种假设显然与现实情形存在着差异,因为在实际项目管理中,没有一种资源的使用不受到任何的限制。事实上,在制定项目进度计划时,资源的约束及配置是需要重点考虑的问题。从某种程度上讲,项目进度计划的制定过程,也就是对资源的安排及配置进行协调,以确保各项活动能够按时开始及完成的过程。

在项目进度计划制定过程中,通常将资源分为两大类:

(1)可重复使用的资源。可重复使用的资源指的是那种只是暂时应用于某项活动,在活动完成后还可以继续应用于另一项活动的资源,如人工、设备、场地等。可重复使用资源在较长的时期内不会发生变化,而且鉴于其可以重复使用,所以他们的数量可能会不足,这时就需要对其制定细致的使用计划和进度。比如,团队成员一般都是精心挑选的,人数不宜太多,但人人都具有多方面技能与素质,因为他们是项目实施过程中经常且必须重复使用的资源。通常,对可重复使用资源在时间上进行合理的安排,以使这些资源能够充分发挥它们的效用,是项目进度计划制定时需要重点考虑的内容之一。

(2)不可重复使用的资源。不可重复使用的资源是指一旦投入某项活动,就永远不能再用于另外一个活动。常用的不可重复使用资源有资金、原材料等,时间也可以视为一种不可重复使用的资源,因为时间一旦流失了,就永远不能再回来,它既不能存储也不能更新,需要精心、细致地予以计划和安排。不可重复使用的资源通常会对项目的总成本产生重大的影响,所以,在制定项目进度计划时,不仅要尽可能地节约这种资源的投入量,而且要使得这些资源投入的时间分布尽可能地合理,以避免产生缺口而影响项目的正常进行。

在制定项目进度计划时,可重复使用资源的可用量通常基于在项目实施过程的每个时期进行定义;而不可重复使用资源的可用量通常基于在项目实施的整个周期进行定义。例如,某项目团队有10个人(可重复使用资源)可用,是指每天都有10个人可用于完成项目的相关活动。再如,某个项目的预算100万元、工期2个月,是指在该项目实施的2个月期间,项目团队总共可以投入的资金是100万元。在现实项目管理中,以上两种资源还有可能复合到一起,形成所谓的双重约束资源(doubly constrained resources),双重约束资源是指在项目实施过程中的每个时期和总工期上都受到限制的资源。例如,当项目的预算为100万元且每天投入的资金总量不能超过10万元,那么资金变成了一种双重约束资源,在制定项目进度计划时,必须对其进行更为仔细的权衡和优化。

除了上述分类方式外,项目资源也常按照会计学原理进行分类,即根据会计学原理对项目所需要的资源进行分类,例如,将项目实施所需要的资源分为劳动力成本(人力资源)、材料成本及诸如分包、借款等其他"生产成本"。这是一种最常见的划分项目资源的方法。其优点是通用性强,操作简便,易于为人们所接受,对于企业的项目预算和会计工作非常适用。缺点主要有以下两方面:一是这种划分资源的方法,没有明确地说明诸如信息、知识产权等无形资源的成本;二是这种划分方法没有体现项目资源管理的主要方面,例如,资源的可获得性。

项目是一种特殊的一次性努力,这使得项目资源具有如下四方面特点:

(1)有限性。资源的有限性亦称稀缺性,是资源最重要的特征。大量的资源在数量上总是有限的,不是取之不尽、用之不竭的;而且可代替资源的品种也是有限的。而具体到项目,一般在项目建议书、项目论证与评估书、可行性研究报告或者批准书中都对可供项目调用的资源具有十分明确的说明和规定,最明显的就是有限的人力资源(主体是项目团队)以及项目预算。因此在做项目时,资源的有限性必须引起人们的重视。在项目开展以后,项目经理不宜而且不易再从外部不断要求追加资源。

(2)即时消耗性。项目是一次性努力,项目组织也是临时性机构,就项目来说,不可能设立庞大的库存系统和永久性地保留项目资源。各种资源必须只在需要的时候按照需要的数量提供给项目使用,因此在考虑项目的资源使用时,必须确保在正确的时候、正确的地点向正确的人交付正确数量的资源,项目可以防范资源不到位的风险而采取应对措施,但不会过早存储也不会过量储存,尤其是那些比较昂贵的资源。

(3)专有性。相比于日常的运作型活动而言,项目是对时间进度要求非常强的一种活动,而且不可预见性也比较大,出现各种各样的变更是常有的事。为使这种变更不与资源使用计划产生过多的矛盾,项目最好是拥有一些能够自己决定的、相对固定的资源,不和其他项目或者日常运作交叉使用,以免在资源使用上过多地受到外部因素的影响。

(4) 多用性。资源一般都有多种功能和用途,可满足多方面的需要,同一种资源可以作为不同活动的投入物;不同的项目活动对某一种资源也可能存在着共同的需求。所以,在考虑项目的资源使用时应尽可能使有限的资源满足不同项目活动的需要,使资源得到最有效的利用,并增加调配资源的灵活性,应付突发事件。资源的不断进出和调配本身就是一件很麻烦的事情,也会耗用时间和金钱,因此在资源使用上,项目应该避免出现频繁调进调出资源的情况,这尤其适用于人力资源的使用。新手的加入和一名老团队成员的退出,不仅要办理必要的手续,还有培训、融合以及退出安置等一大堆事情要做,千万不可小视其对项目实施的影响。

4.1.2 项目资源对进度计划的影响

关于项目资源对进度计划的影响,可以从如下四方面进行分析。

1. 资源数量对进度计划的影响

一项活动工期的长短显然会受到能够分配给多少资源量的影响,但二者之间不一定存在直接的线性关系,也不一定是正相关或者负相关关系。例如,一个每天只工作半天的人完成一项活动所需时间,可能正好是全天都工作人员所需工时的两倍;而两个人共同工作时,完成一项活动所需时间可能恰好是单独一个人工作时所需时间的一半。但是,并非投入工作人力的增多一定伴随着所需时间的减少。随着过多人力的增加,项目反而会出现沟通和协调问题,影响劳动生产率。也就是说,随着资源的增加而效益增长递减。

一味求助于追加更多的资源可能得不到预期的回报。为了使活动工期满足要求,分配给任务的资源要适度,过多增加资源,不仅耗费了金钱,也可能达不到缩短工期的目的。这里还有一个术语叫"压缩点"(crash point),就是从这一点开始再增加更多的资源只会延长活动的工期。因此当下属反映说再不增加资源就要耽误事的时候,项目经理要保持冷静,不要随意附和下属的观点,轻易地增加资源的投入,而应该进行深入且仔细的分析之后再做出决定。这是因为,第一,可能你已经没有多余的资源可派;第二,追加人手可能使项目延期得更厉害。另外,项目经理还要考虑增加资源到底能缩短多少工期,缩短谁的工期。这个关系不是线性的,也不是必然的。向活动增加资源后,会出现新的工作,例如每增加一个人就增加了培训、协调、沟通的工作量。再有,如果将资源投入到非关键活动上,对缩短整个项目工期便毫无用处。

从上面的讨论可以看出,资源数量和项目活动的工期之间主要有三种关系:

(1)资源投入增加,工期减少。通常这种变化不一定总是同比例变化的。

(2)资源投入增加,工期不变。当投入在活动上的资源超过一定的水平后,继续投入资源对项目的工期没有影响。

(3)资源投入增加,工期增加。当投入在活动上的资源超过一定的水平后,继续投入资源反而会使工期延长。

2.资源的质量(能力)对进度计划的影响

大多数活动所需时间都受到分配的人力与物质资源能力的直接影响。例如,如果两个人都全力以赴投入工作,则通常资深人员完成指定活动所用时间要比初级人员少;一项翻译活动需要两个专业翻译人员工作两天,而如果使用一般大学生来完成这项活动就可能需要很长的时间了。一般而言,资源质量越好,项目活动所需时间就越短,但是到达一定的极限之后,再提高资源质量也不会再减少活动时间。另外,过高的资源质量还可能意味着使用成本的增加。所以,类似于项目活动所需的资源的数量分析,资源质量也是以适用、好用、易用为首要原则。

另外,在探讨项目资源质量时还要注意区分物质资源和非物质资源的质量问题。对于物质资源,主要借用客观的检验指标,比如水泥的质量、设备的质量等。但对于非物质资源,除了客观判断以外,还要有主观的判断。最明显的就是人力资源,除了要求具有一定的知识和技能以外,对项目的投入和热情也是判断这种资源质量好坏的重要依据。

3.资源的需求节奏对进度计划的影响

一般来说,项目活动资源需求节奏确定了项目活动资源的投入时机和数量,它反映了在任何给定的一个时点上活动所需各种资源的水平。对于项目活动来说,整个项目生命周期对资源需求的水平是有差异的。从总体上说,在生命周期的第一个阶段和最后一个阶段,资源总体需求水平是最低的;而在第二个计划阶段,资源总体需求水平是相对较高的;在第三个执行阶段,资源总体需求水平是最高的。在估计和确定资源需求时,这是一个总体上的估计。

至于资源需求节奏,可用图4-1来加以说明。假设存在三种类型的资源需求节奏,而且资源过剩时并不会缩短工

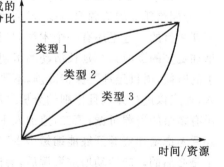

图4-1 活动生命周期内资源需求

期,但资源不足时会延误工期。那么,当资源均匀投入活动时,对于类型1而言,活动开始时资源不够使用,而后期则资源过剩,势必导致活动延期;而对于类型3而言,活动开始资源过剩,而后期资源不足,也会导致活动延期;只有类型2的资源提供与资源需求匹配一致,活动工期可以满足预算工期。

显然,图4-1中的3项活动的资源供应总量都满足了活动对资源的需求,但是类型1和类型3仍然导致了项目活动的延期,而只有类型2顺利按时完成活动。由此可见,资源的需求节奏也是项目的时间管理的影响因素。识别项目活动的资源需求节奏,并按照这种节奏供应资源,才会为项目的进度按计划进行提供保证。

4. 资源类型对进度计划的影响

完成项目活动所需的资源有多种类型,因此也就存在多种形式的资源组合。有不同能力或技能水平的人力,不同大小或类型的机器,不同的工具,以及不同的原材料等。不同形式的组合都可以完成项目活动,但是在项目进度、成本、质量、风险等方面上肯定存在差异。比如工程项目中的土方运输,可以采用汽车和手推车两种资源。显然两种资源都可以完成项目活动,但是在时间上的差异显而易见,这是因为不同资源的额定能力和有效能力是不同的。因此,资源类型是在进行项目活动历时估计的时候必须考虑的因素之一。改变资源类型配比与改变资源数量都可以带来项目所用时间上的变化,因此确定资源类型对于项目时间管理也具有重大的意义。

需要指出的是,通过增加资源数量、提高资源质量或者改变资源类型,都可以减少项目活动所需的时间,但这种减少都不是无限度的,也不一定都是有效的。一方面,这和资源的使用特性有关,即资源的能力是有限度的;另一方面,和项目的特性有关,项目活动都是互相关联的,影响项目活动时间的因素很多。此外,项目活动时间的减少经常是以成本的增加为代价的,比如在上面提到的土方运输的例子中,以机械设备代替人工,当人工成本很低时,活动成本的增加是显而易见的;而当增加人力资源投入时,人工成本也会上升。所以,在确定采用调整资源的方式来提高进度的时候应当综合考虑各方面因素。

4.2 项目资源需求及其均衡

4.2.1 项目资源需求的计算

在对项目进行工作结构分解之后,需要针对分解出来的每个活动,估算它们的持续时间及资源费用消耗。所以,当项目进度计划确定之后,基于各活动的开始和完成时间,便可汇总计算出整个项目在执行过程中的资源需求情况,进而编制出资源需求计划并绘制出资源需求曲线。然后,根据项目组织本身所拥有的资源情况,借助于对项目进度计划的调整,实现资源的均衡及优化。同时,在某些情况下,通过从组织外部获取资源(即采购),满足项目实施的需要。具体说来,项目资源需求的计算分析可通过如下几步实现:

(1)基本参数输入。输入项目活动的逻辑关系、持续时间、资源消耗等基本参数。

(2)进度计划编制。利用甘特图、关键路径法等技术,编制项目的进度计划。

(3)资源需求汇总。根据各活动开始及完成时间的安排,对项目执行过程中每个时期的资源消耗进行汇总,得到资源需求计划及资源需求曲线。

(4)资源需求优化。以项目组织所拥有的资源为基准,通过调整进度计划的安排,对资源需求进行调整和优化。

(5)资源采购计划生成。在组织内部资源无法满足项目实施需要时,基于资源需求计划编制项目资源的采购计划。

以第二章中所给出的现浇混凝土水池项目为例,对上述计算过程进行说明。为了简化分析过程,假定每个活动的执行仅需投入人力资源(注:对于其他资源也可以采用相同的方法进行分析)。而且,项目组织所拥有的人力资源具有通用性,亦即他们可以胜任项目实施过程中的任何一个活动。表 4-1 给出了该项目的基本输入参数。整个项目的截止时间设定为第 23 天的结束时刻,项目拥有的人力资源总数为 12 人。

表 4-1 现浇混凝土水池项目基本输入参数

活动序号	活动名称	活动代号	紧后活动	活动工期(天)	资源消耗(人)
1	挖土	A	B	3	4
2	垫层	B	E、F	2	4
3	材料准备	C	D	4	8
4	构件加工	D	F	4	2
5	仓面准备	E	G	7	2
6	模板钢筋安装	F	G	10	6
7	浇注混凝土	G		3	8

基于表 4-1 所给出的项目基本输入数据,利用第三章中所给出的关键路径法,可以方便地计算出该项目各个活动的最早开始时间、最晚开始时间、总时差和自由时差如表 4-2 所示。现基于表 4-2 中的计算结果,将各活动的开始时间安排为其最早开始时间,由此得到一种所谓的"最早开始时间进度计划"安排。

表 4-2 现浇混凝土水池项目的关键路径法计算结果

活动序号	活动名称	活动代号	最早开始时间	最晚开始时间	总时差	自由时差
1	挖土	A	0	5	5	0
2	垫层	B	3	8	5	0
3	材料准备	C	0	2	2	0
4	构件加工	D	4	6	2	0
5	仓面准备	E	5	13	8	6
6	模板钢筋安装	F	8	10	2	0
7	浇注混凝土	G	18	20	2	0

下面,就针对最早开始时间进度计划安排,对项目的资源需求情况进行计算分析。为了使分析更为直观易懂,首先给出该进度计划安排的甘特图,见图 4-2。根据图 4-2 可以清楚地看出从第 1 天开始到第 21 天结束,每一天所要进行的活动。然后,基于表 4-1 所给出的每个活动对资源的需求情况,即可计算出在项目执行过程中每一天的人力资源需求情况,由此获得对应于最早开始时间进度计划的资源需求计划如表 4-3 所示。进一步地,根据表 4-3 中的结果,绘制的资源需求曲线见图 4-3。

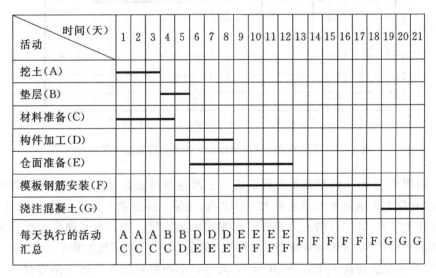

图 4-2 现浇混凝土水池项目最早开始时间进度计划甘特图

表4-3 最早开始时间进度计划下的人力资源需求计划

时间	需求数量	时间	需求数量	时间	需求数量
1	12	8	4	15	6
2	12	9	8	16	6
3	12	10	8	17	6
4	12	11	8	18	6
5	6	12	8	19	8
6	4	13	6	20	8
7	4	14	6	21	8

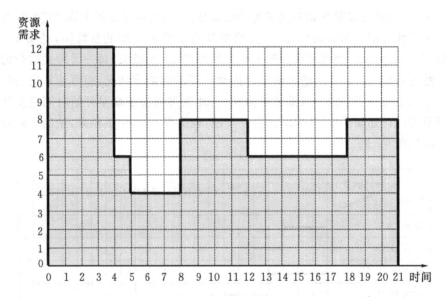

图4-3 最早开始时间进度计划下的人力资源需求变化曲线

由图4-3可以清楚地看出现浇混凝土水池项目实施过程中的人力资源变化情况,在第1天到第4天需求最大,为12人;在第6天到第8天需求最小,为4人。从总体上来看,该项目的人力资源需求波动还是比较大的。为了确保该项目进度计划的实施,需要为该项目配备12个人。但是,在项目的实施过程中,除了前4天这12个人是满负荷工作之外,其余17天均有不同数目的人员处于闲置状态。如果这些人员不能动态地抽调到其他项目上的话,那么就必然会造成人力资源的浪费。

图4-3中阴影部分的面积反映了人力资源的总体耗用情况,为158人·天。

如果一个人工作一天按 8 个小时计算,则该项目的人工总消耗为 158×8＝1264 个工时。现假定投入到该项目上的人力资源在项目执行过程中不能抽调到其他项目上去,则阴影上部的虚线网格的总面积则反映了人力资源的闲置情况,为 94 人·天,94×8＝752 个工时。也就是说,如果现浇混凝土水池项目按照最早开始时间进度计划实施的话,那么人力资源需求的不均衡,其有效使用率仅为 62.7％,闲置率将达到 37.3％。

4.2.2 项目资源需求的均衡

从上述对现浇混凝土水池项目实施过程的人力资源需求情况的计算与分析可以清楚地看出,如果按照最早开始时间进度计划实施项目,尽管项目在 12 个人员的资源供给下,能够在其最早可能时间即第 21 天的结束时刻完工,但是由于资源使用的不均衡造成了高达 37.3％的资源闲置率,给项目的实施成本的增加埋下隐患。此外,资源使用的波动也容易引发资源供给的瓶颈,给项目实施的组织和协调带来额外的困难。所以,对项目资源需求进行均衡具有极为重要的现实意义。

项目资源需求的均衡,就是指在制定进度计划时充分考虑资源使用在时间上的平衡问题,在项目截止时间的约束下,通过利用各活动的总时差或自由时差对其开始时间进行合理的调整,以实现资源需求随时间波动的最小化。项目资源需求均衡的一般步骤如下:

步骤 1 基本参数输入。输入项目活动的逻辑关系、持续时间、资源消耗等基本参数。

步骤 2 初始进度计划编制。利用关键路径法编制一个初始项目进度计划,通常可以取为项目的最早开始时间进度计划。

步骤 3 资源需求曲线绘制。通过对资源消耗的汇总,得到资源需求计划并绘制资源需求曲线。

步骤 4 资源需求的均衡。根据各活动所拥有的总时差或自由时差,调整其开始时间以削去资源需求曲线上的波峰或波谷,使曲线尽可能地趋于平缓。

步骤 5 资源均衡进度计划的生成。重复第 4 步的操作,直至活动的开始时间无法调整为止,此时,便获得一个资源均衡的项目进度计划。

现仍以现浇混凝土水池项目为例,对资源需求的均衡过程进行说明。在此,将项目的最早开始时间进度作为初始进度计划,因此,表 4-3 给出的便是初始的资源需求计划,而图 4-3 则为初始的资源需求曲线,以此为基准对资源需求进行均衡,具体实施过程如下:

(1)确定资源需求曲线上的波峰与波谷的位置。在初始资源需求曲线上,波峰出现在第 1 天到第 4 天,人力资源需求为 12 人;波谷出现在第 6 天到第 8 天,人力资源需求为 4 人。

(2)削去资源需求曲线上的波峰。在第 1 天到第 3 天,有两个活动在同时实施,分别为活动 A"挖土"和活动 C"材料准备",在第 3 天到第 4 天,也有两个活动在同时实施,分别为活动 B"垫层"和活动 C"材料准备"。活动 A 和 B 拥有 5 天的总时差,而活动 C 仅有 2 天总时差。所以,将活动 A 和 B 的开始时间向后延迟 4 天,以削去资源需求曲线上的波峰。

(3)调整其他活动的开始时间。由于活动 E"仓面准备"和活动 F"模板钢筋安装"均为活动 B 的紧后活动,而且活动 E 拥有 6 天的自由时差和 8 天的总时差,活动 F 拥有 2 天的总时差。所以,将活动 E 的开始时间向后延迟 4 天,活动 F 的开始时间向后延迟 1 天,以使它们与活动 B 之间的逻辑关系得到满足。活动 G"浇注混凝土"为活动 E 和活动 F 共同的紧后活动且拥有 2 天的总时差,因此,将活动 G 的开始时间延迟 1 天,以使它和活动 F 之间的逻辑关系得到满足。最终,得到一个调整后的项目进度计划安排,其甘特图如图 4-4 所示。

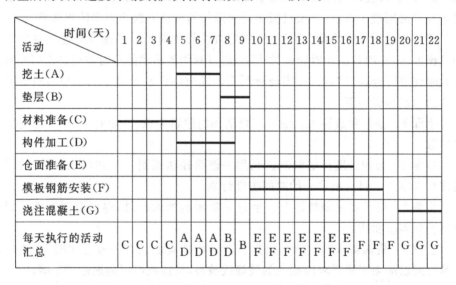

图 4-4 现浇混凝土项目资源均衡进度计划甘特图

(4)绘制调整后的进度计划的资源需求曲线。对调整后的项目进度计划执行过程中每天的资源需求情况进行汇总,得到其资源需求计划见表 4-4,依据表中的数据进一步绘制资源需求变化曲线见图 4-5。

(5)审查调整后的进度计划。对调整后的进度计划进行审查,看看是否可以按照上述步骤对资源需求做进一步的均衡。仔细对该项目调整后的进度计划进行观察研究,可以发现,对于现浇混凝土水池项目来说,已经无法通过开始时间的调整,对资源需求进行进一步的均衡。因此,该调整后的进度计划即为最终的资源均衡进度计划。

表4-4 资源均衡进度计划下的人力资源需求计划

时间	需求数量	时间	需求数量	时间	需求数量
1	8	9	4	17	6
2	8	10	8	18	6
3	8	11	8	19	6
4	8	12	8	20	8
5	6	13	8	21	8
6	6	14	8	22	8
7	6	15	8		
8	6	16	8		

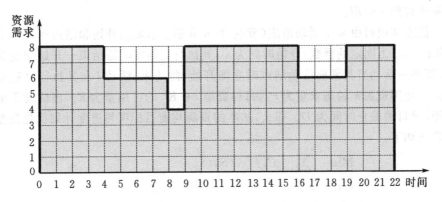

图4-5 资源均衡进度计划下的人力资源需求变化曲线

从图4-5可以直观地看出,在资源均衡进度计划下,项目资源需求的波动性问题已经得到了较好的解决。在项目实施过程中,对人力资源的最大需求为8人。也就是说,有8个人便足以完成该项目,其余4个人完全可以抽调到其他项目上去。在这种进度计划安排下,通过计算阴影部分的总面积,可以得到该项目的人工总消耗仍为158人·天,158×8=1264个工时。但非阴影部分的总面积却减少至18人·天,18×8=144个工时。人力资源的有效使用率从原来的62.7%提高至89.8%,闲置率由37.3%下降至10.2%,从而可以大大减少由于人力资源闲置所造成的浪费。

最后,特别需要说明的是,在资源均衡进度计划下,项目的完工时间为第22天的结束时刻,比最早开始时间进度计划晚了 1 天,但仍没有超过项目的截止日期。事实上,项目的工期越宽松,则活动拥有的总时差会越大,那么在进行资源需求均衡时,活动开始时间的调整余地会越大,最终资源均衡的效果会越好;反之,当项目的工期设置得非常紧的时候,由于活动的机动时间很小,资源均衡的效果往往不会太好。

4.2.3 基于资源均衡目标的项目进度计划优化【研究性学习内容】

对于像现浇混凝土水池这种比较简单的项目,可以通过人工的方式完成对资源需求进行均衡的工作。然而,对于规模较大、资源需求种类较多、活动逻辑关系较为复杂的项目来说,利用人工的方式对项目资源需求进行均衡,便不是一个明智的选择,有时,它几乎是一个不可能完成的任务。关于资源需求均衡问题,理论上被称为资源均衡项目进度问题(resource leveling project scheduling problem),目前国内外已经有不少学者对其进行了研究,并产生了适用于不同情形下的资源均衡项目进度计划优化模型。而且,其中的部分成果已经通过项目计划商用软件在实际中得到了应用。

假定某项目由 n 个活动组成(节点 和 n 分别表示虚的开始和结束活动),活动 i 的工期 d_i 为固定的整数,开始时间为 s_i,其执行受到零时滞结束—开始型优先关系(即某一活动当其紧前活动结束时立即开始)的约束,活动 i 在其执行过程中对可重复使用资源 k 的需求量为 r_{ik}^ρ,每种资源 $k \in K^\rho$ 的可用量为 R_k^ρ,虚活动不消耗资源,项目的截止时间为 D。那么,基本的资源均衡目标项目进度计划优化模型可以表述如下:

$$\text{Min} \quad \sum_{k \in R} C_k f[r_k(S,t)] \quad (4-1)$$

$$\text{s.t.} \quad s_1 = 0 \quad (4-2)$$

$$s_j - d_i \leqslant s_i \quad \forall (i,j) \in H \quad (4-3)$$

$$\sum_{i \in S_t} r_{ik}^\rho \leqslant R_k^\rho \quad t=0,1,\cdots,D; k \in K^\rho \quad (4-4)$$

$$s_n \leqslant D \quad (4-5)$$

其中:R 为资源的集合,C_k 为资源 $k \in R$ 的单位成本,$r_k(S,t)$ 为当进度为 $S=(s_1,s_2,\cdots,s_n)$ 时项目在 t 时期对资源 k 的需求量,H 为存在紧前关系的活动对集。

在上述优化模型中,目标函数式(4-1)最小化项目实施过程中的资源波动幅度,其中的函数 $f(\cdot)$ 可以有多种形式,如:

$$f[r_k(S,t)] = \sum_{t=0}^{D}[r_k(t)-Y_k]^+ \quad \text{或} \quad \sum_{t=0}^{D}[r_k(t)-r_k(t-1)]^+$$

在上式中:D 为项目截止时间,$r_k(t)$ 为在 t 时期资源 的使用量,Y_k 为资源 k 在整个项目周期的平均使用量。约束条件式(4-2)将项目虚开始活动的开始时间

(亦即整个项目的开始时间)安排为 0 时刻;式(4-3)为活动逻辑关系约束,保证活动只有在其紧前活动完成之后才能开始;式(4-4)为可重复使用资源约束,表示每个时期资源 k 的使用量总和不能超过其可用量,S_t 表示时期 $[t-1,t]$ 上在进行活动的集合;式(4-5)为项目截止时间约束,使得整个项目的完成时间不超过其截止日期 D。

借助于上述优化模型,便可以方便地对项目的资源需求进行均衡,而无需实施前述繁琐的手工均衡过程。例如,对于现浇混凝土水池项目来说,基于其图 2-16 所示的 AoN 网络,将其基本参数输入到该模型中,便可以得到如下带有项目参数的优化模型:

$$\text{Min} \quad \sum_{t=0}^{23} [r(t) - \frac{158}{23}]^+$$

$$\text{s.t.} \quad s_1 = 0$$

$$s_j - d_i \leqslant s_i \quad \forall (i,j) \in H$$

$$\sum_{i \in S_t} r_i \leqslant 12 \quad t = 1,2,\cdots,23$$

$$s_7 + d_7 \leqslant 23$$

对于该优化模型,利用现有的商用优化软件,即可方便地得到它的最优解。

4.3 考虑资源约束的项目进度计划

在经典的项目进度计划方法中,均没有考虑资源约束对活动开始时间安排的限制,因此在现实中,由这些方法制定的进度计划有时会因资源的冲突而变得不可行。所以,要使得项目进度计划在实际中切实可行,在项目进度计划的编制中就必须将资源的可用性考虑在内,生成满足资源约束的合理的项目进度计划。

4.3.1 资源约束工期最小化项目进度计划编制

在编制项目进度计划时,如果目标是尽可能早地完成项目,那么生成的进度计划便称为工期最小化项目进度计划。例如,在关键路径法中,在完成了项目活动的时间参数计算后,如果将活动的开始时间安排为其最早开始时间,则得到的进度计划便是一种工期最小化进度计划。当考虑资源约束之后,由于要解决资源冲突问题,工期最小化进度计划的编制便变得复杂起来。

一般说来,工期最小化进度计划可按照下述步骤编制完成:

步骤 1　基本参数输入。输入项目活动的逻辑关系、持续时间、资源消耗等基本参数。

步骤 2　初始进度计划编制。在不考虑资源约束的条件下,利用关键路径法编制一个初始项目进度计划,通常可以取为项目的最早开始时间进度计划。

步骤3 资源冲突检查。通过对资源消耗的汇总,得到资源需求计划并绘制资源需求曲线,判断资源的最大需求量是否超过资源可用量,若没有超过,则计划编制过程结束,已经获得了一个满足资源约束的工期最小化项目进度计划;若超过,则表明在初始进度计划中存在着资源冲突,必须予以解决。

步骤4 资源冲突解决。找出资源冲突发生正在执行的所有活动,然后有选择地延迟其中的部分活动,以使其对资源的需求量不超过资源的可用量。

步骤5 活动开始时间调整。当部分活动开始时间延迟后,活动之间的逻辑关系有可能被破坏,调整其他活动的开始时间,以使得活动之间的逻辑关系得到满足。

步骤6 工期最小化进度计划生成。重复上述步骤4和5,直至所有的资源冲突被解决,以及所有的活动延迟方案都被尝试过为止,从这些延迟方案中选择一个项目工期最小的方案,作为工期最小化项目进度计划。

下面用一个示例项目对上述步骤进行说明。该示例项目活动的相关参数见表4-5,其资源可用量为12,项目的截止时间为1。根据表4-5绘制的项目AoA网络图见图4-6。利用关键路径法,可以很快计算出该项目各活动的最早开始时间、

表4-5 示例项目活动的相关参数

活动代号	紧后活动	持续时间	资源消耗
A	C、D	3	4
B	E	4	4
C	F	4	8
D	G	7	2
E	G	2	2
F	—	4	4
G	—	6	8

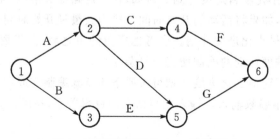

图4-6 示例项目的AoA网络图

最晚开始时间及总时差,列于表4-6中。令各活动在其最早开始时间开始,则可以获得一个最早开始时间进度安排如图4-7所示,该进度安排的资源需求曲线见图4-8。

表4-6 示例项目各活动的最早、最晚开始时间及总时差

活动代号	最早开始时间	最晚开始时间	总时差
A	0	2	2
B	0	6	6
C	3	10	7
D	3	5	2
E	4	10	6
F	7	14	7
G	10	12	2

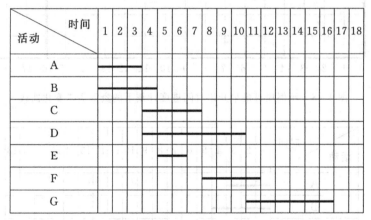

图4-7 示例项目最早开始时间进度计划甘特图

从图4-8可以看出,在最早开始时间进度计划下,项目执行到第4个时期时,资源的需求量为14,超过了资源可用量12,因而会发生资源冲突。由图4-7可见,在第4个时期执行的活动有三个,分别是B、C和D。检查这三个活动可以发现,活动B已无法提前,而将它的延迟满总时差也仍然会产生资源冲突,而且会导致项目完成时间的延迟;将活动D延迟1个时期可以解决资源冲突,但这将会导致活动G的同步延迟,进而导致项目完成时间的延迟;将活动C延迟1个时期也可以解决资源冲突,活动C的延迟会导致活动F的同步延迟,但不会导致项目完成时间的延迟。所以,最终选择将活动C和活动F同步地向后延迟1个时期,从

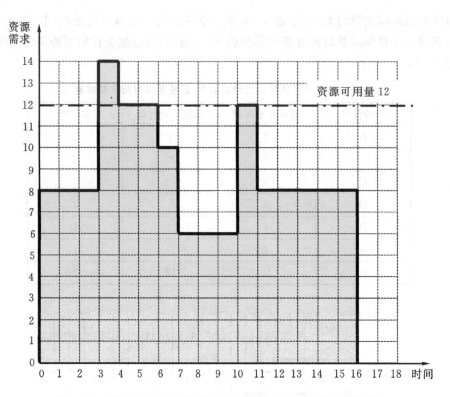

图 4-8 示例项目最早开始时间进度计划下的资源需求变化曲线

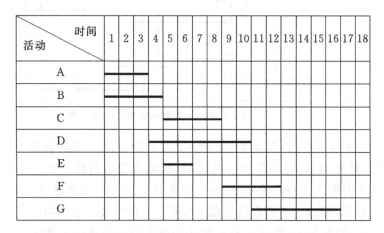

图 4-9 满足资源约束的示例项目工期最小化进度计划甘特图

而使资源冲突得到解决,生成一个满足资源约束的工期最小化进度计划如图 4-9 所示。该进度计划的资源需求曲线见图 4-10。从图 4-10 可见,通过延迟部分活

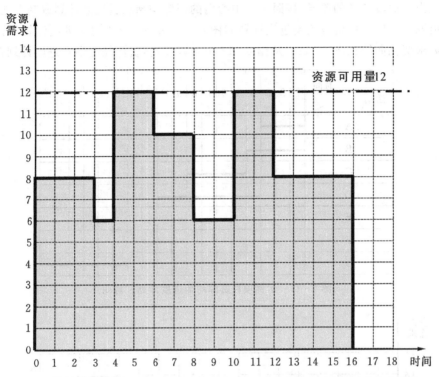

图 4-10 满足资源约束的示例项目工期最小化进度计划下的资源需求变化曲线

动的开始时间,资源冲突得到了较好的解决,在整个项目的实施过程中,没有一个时期的资源需求量超过资源的可用量,因而,调整后的进度计划是一个资源可行的进度计划,而之前的最早开始时间进度计划则是一个资源不可行进度计划。

4.3.2 资源约束工期最小化进度计划与资源均衡项目进度计划的比较

资源约束工期最小化进度计划与资源均衡项目进度计划有一定的相似之处。在二者的编制过程中,都要通过对活动开始时间的调整,削去资源需求变化曲线的波峰,以使在项目执行过程中对资源需求的变化尽可能地平缓。但是,二者又有着本质的区别:在资源约束工期最小化进度计划中,削去资源需求的波峰是为了解决资源冲突,使资源的需求不超过资源的可用量,其目标不是使资源需求尽可能地均衡,而是项目完工时间的最早化;在资源均衡进度计划中,削去波峰处理的目的是平缓资源需求的波动,减少资源闲置而引起的浪费,而项目完工时间仅仅是一种约束条件,亦即只要资源均衡处理不使项目的完工时间超过截止日期即可,不必追求项目完工时间的最早化。

为了比较二者的差异,按照 4.3 中给出的资源均衡项目进度计划编制方法,计算出该示例项目的资源均衡进度计划如图 4-11 所示,资源均衡进度计划下的资源需求变化曲线见图 4-12。从图 4-12 中可以发现,资源均衡项目进度计划对资

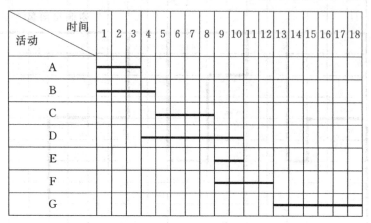

图 4-11 示例项目资源均衡进度计划甘特图

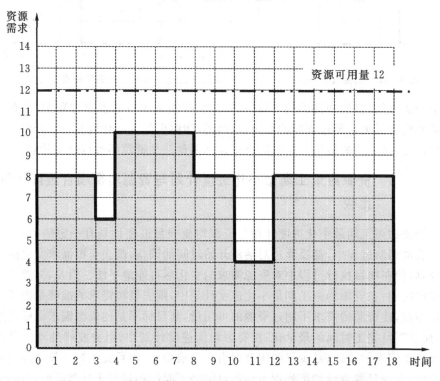

图 4-12 示例项目资源均衡进度计划下的资源需求变化曲线

源的需求量为10,比满足资源约束的工期最小化进度计划又下降了2个单位,即仅需10个人即可完成该项目,多余的2个人可以抽调到其他项目上去。

对比图4-8、图4-10和图4-12,可以直观地看出,资源需求曲线的变化性在逐步得到减小,进一步计算在这三种进度计划下的资源有效使用率和资源闲置率,可以得到如下结果:

(1)最早开始时间进度计划:资源有效使用率63.4%、资源闲置率36.6%、项目完成时间16(由于资源冲突的存在,使得该进度计划无法实施)。

(2)满足资源约束的工期最小化进度计划:资源有效使用率74.0%、资源闲置率26.0%、项目完成时间16。

(3)资源均衡项目进度计划:资源有效使用率78.9%、资源闲置率21.1%、项目完成时间18。

从上述计算结果可以清楚地看出,最早开始时间下的资源有效使用率最低、闲置率最高,而且由于资源需求的波动性太大,导致资源冲突的发生而使得进度计划无法实施。在工期最小化进度计划安排下,通过活动开始时间的调整,有效地解决了资源的冲突问题,使得项目能够在其最早可能的时间16(等于关键路径的长度)完成;同时,由于削去了资源需求变化曲线上的波峰,资源的有效使用率从最早开始时间进度计划的63.4%提高至74.0%,而资源的闲置率则相应地从36.6%下降到26.0%。在资源均衡进度计划安排下,通过活动开始时间的调整,资源需求变化曲线的波动性得到了进一步的平缓,这使得资源有效使用率上升至最大的78.9%、资源闲置率下降至最小的21.1%,但是资源使用的这种改进是以项目完成时间的延后为代价的,与工期最小化进度计划相比,项目的完成时间从16延迟至其截止时间18。

4.3.3 其他资源约束项目进度计划优化问题[研究性学习内容]

资源约束项目进度计划优化问题,在理论上被称为资源约束型项目进度问题RCPSP(resource-constrained project scheduling problem),它研究在资源及网络优先关系约束下,安排活动的进度计划以实现特定的目标要求,如工期最小化、净现值最大化、费用最小化、资源均衡等等。由于资源的稀缺性,实际中任何项目的实施都会受到资源(如人力、机械、场地等)使用上的限制,所以,与不受资源约束型项目进度问题相比,资源约束型项目进度问题更加贴近于现实情况。该问题不仅涉及项目活动在时间上的合理安排,还涉及项目各类资源的有效调配与利用,因而更具实用价值。正是由于上述原因,资源约束型项目进度问题自其出现伊始便受到了众多学者的广泛关注,成为项目进度问题中研究成果最为丰富的一个领域。

1. 基本资源约束型项目进度问题

假定某项目由 n 个活动组成（节点 1 和 n 分别表示虚的开始和结束活动），活动 i 的工期 d_i 为固定的整数，开始和完成时间分别为 s_i 和 f_i；活动仅有一种执行模式且没有抢先权，其执行受到零时滞结束—开始型逻辑关系的约束；活动 i 在其执行过程中对资源 k 的需求量为 r_{ik}^{ρ}，每种资源 $k \in K^{\rho}$ 的可用量为 R_k^{ρ}，虚活动不消耗资源；目标是为每项活动安排一个开始时间以使项目工期最小化。上述问题便称为基本的资源约束项目进度问题，该问题的数学模型可以表述如下：

$$\text{Min} \quad f_n \tag{4-6}$$

$$\text{s.t.} \quad f_1 = 0 \tag{4-7}$$

$$f_j - d_j \geqslant f_i \quad \forall (i,j) \in H \tag{4-8}$$

$$\sum_{i \in S_t} r_{ik}^{\rho} \leqslant R_k^{\rho} \quad t = 1,2,\cdots,f_n; k \in K^{\rho} \tag{4-9}$$

其中：H 为存在紧前关系的活动对集。式(4-6)表示最小化虚结束节点 n 的完成时间，亦即最小化项目的完成时间；式(4-7)安排一个完成时间 0 给虚开始活动；式(4-8)为逻辑关系约束，表示活动 j 只有在其紧前活动 i 完成之后才能开始；式(4-9)为可重复使用资源约束，表示每个时期资源 k 的使用量总和不能超过其可用量，S_t 表示时期 $[t-1,t]$ 上在进行活动的集合。

上述优化模型即被称之为基本的资源约束项目进度优化模型。4.1.1 中的示例项目便可以用上述模型进行表述，然后利用商用优化软件方便地求解。在基本资源约束项目进度优化模型中，如果去掉可重复使用资源约束式(4-9)，便成了不受资源约束型项目进度问题，而不受资源约束型项目进度问题即为经典的关键路径法。由此看来，基本资源约束型项目进度问题实质上是关键路径法在考虑资源约束后的一种扩展，而关键路径法则是基本资源约束型项目进度问题在忽略资源约束后的一个特例。

2. 基本资源约束型项目进度问题在资源约束上的扩展

在基本资源约束型项目进度问题中，资源的约束为可重复使用资源约束，可以进一步将资源扩展为不可重复使用资源和双重约束资源。可重复使用资源是可用性在项目实施过程中每个时期（如天、周、月等）的基础上受到限制的资源，如人力、机器、场地等；不可重复使用资源是可用性在整个项目工期上受到限制的资源，如资金、原材料等；双重约束资源是可用性在每个时期和整个项目工期上同时受到限制的资源，资金有时便被视为一种双重约束资源。假定不可重复使用资源的集合为 K^v，对于每种不可重复使用资源 $l \in K^v$，其在整个项目上的可用量为 R_l^v，完成活动 需要 r_{il}^v 单位的 l 种不可重复使用资源。则不可重复使用资源约束可以表示为：

$$\sum_{l=1}^{n} r_{il}^v \leqslant R_l^v \quad l \in K^v \tag{4-10}$$

当资源约束为不可重复使用资源时,需要用式(4-10)替换 RCPSP 基本数学模型中的式(4-9)。双重约束资源实质上是可重复使用资源和不可重复使用资源的一种复合。所以,当存在双重约束资源时,需要同时加入式(4-9)和式(4-10)。

目前,已有学者提出了一种可用性定义在时期子集上的更为一般的资源概念——部分可重复使用资源。关于每一种部分可重复使用资源 $m \in K^{\pi}$,定义一个时期子集的集合 Π_m,对于每个时期子集 $P_{mh} \in \Pi_m$,部分可重复使用资源的可用量为 $R^{\pi}_m(P_{mh})$,活动 i 在时期子集对部分可重复使用资源 m 的需求量为 r^{π}_{im}。部分可重复使用资源约束可以用下式表述:

$$\sum_{i \in S_{P_{mh}}} r^{\pi}_{im} \leqslant R^{\pi}_m(P_{km}) \quad m \in K^{\pi}, P_{mh} \in \Pi_m \qquad (4-11)$$

其中:$S_{P_{mh}}$ 表示在时期子集 P_{mh} 上的在进行活动集合。部分可重复使用资源为可重复使用和不可重复使用资源的一般化形式。可重复使用资源可以视为一种每一时期都构成一个分离时期子集的部分可重复使用资源,而不可重复使用资源则是一种可用性定义在包含整个项目工期的时期子集上的部分可重复使用资源。部分可重复使用资源具有更强的表达能力,它可以表述前述两种资源类型所无法表述的资源约束,如存在节假日的人力资源约束。

3. 基本资源约束型项目进度问题在活动逻辑关系上的扩展

基本 RCPSP 中的零时滞结束—开始型约束可以扩展到更为一般的最小最大时滞一般逻辑关系约束。最小时滞是指两项活动之间的执行时间间隔必须大于一个最小值,最大时滞是指两项活动之间的执行时间间隔不能超过一个最大值。同时规定最小最大时滞,便为两项活动之间的执行时间间隔规定了一个时间窗。一般逻辑关系约束除了结束—开始型之外,还包括结束—结束型、开始—结束型或开始—开始型。结束—结束型表示某项活动在另一相关活动结束时也必须结束;开始—结束型表示某项活动在另一相关活动开始时必须结束;开始—开始型表示某项活动在另一相关活动开始时也必须开始。具有最小最大时滞的上述四种逻辑关系约束可以表述如下:

$$s_i + SS^{\min}_{ij} \leqslant s_j \leqslant s_i + SS^{\max}_{ij}$$

$$s_i + SF^{\min}_{ij} \leqslant f_j \leqslant s_i + SF^{\max}_{ij}$$

$$f_i + FS^{\min}_{ij} \leqslant s_j \leqslant f_i + FS^{\max}_{ij}$$

$$f_i + FF^{\min}_{ij} \leqslant f_j \leqslant f_i + FF^{\max}_{ij}$$

其中:s_i、s_j、f_i 和 f_j 分别表示活动 i、j 的开始和结束时间;$SS^{\min}_{ij}$、$SF^{\min}_{ij}$、$FS^{\min}_{ij}$、$FF^{\min}_{ij}$、$SS^{\max}_{ij}$、$SF^{\max}_{ij}$、$FS^{\max}_{ij}$ 和 $FF^{\max}_{ij}$ 分别表示开始—开始型、开始—结束型、结束—开始型和结束—结束型的最小时间滞后和最大时间滞后。

4. 基本资源约束型项目进度问题在活动执行方式上的扩展

首先,在活动执行方式上,可以由单模式扩展为多模式。活动具有多种执行模式的资源约束型项目进度问题 MRCPSP(multi-mode RCPSP)允许通过改变资源的使用量来调整活动的工期。假定具有 Q_i 种执行模式的活动 $i(i=1,\cdots,n)$ 以模式 $q(q=1,\cdots,Q_i)$ 执行时的工期和资源使用量分别为 d_{iq} 和 r_{iq},每个活动的执行模式以一个非降工期顺序排列,资源在每个时期的可用量为 a。MRCPSP 可以表述如下:

$$\text{Min} \quad \sum_{t=e_n}^{l_n} t \cdot x_{n1t} \tag{4-12}$$

$$\text{s.t.} \quad \sum_{q=1}^{Q_i} \sum_{t=e_i}^{l_i} x_{iqt} = 1 \quad i=1,2,\cdots,n \tag{4-13}$$

$$\sum_{q=1}^{Q_i} \sum_{t=e_i}^{l_i} (t+d_{iq}) \cdot x_{iqt} \leqslant \sum_{q=1}^{Q_j} \sum_{t=e_j}^{l_j} t \cdot x_{jqt} \quad (i,j) \in H \tag{4-14}$$

$$\sum_{i=1}^{n} \sum_{q=1}^{Q_i} \sum_{s=\max\{t-d_{iq},e_i\}}^{\min\{t-1,l_i\}} x_{iqs} \leqslant a \quad t=1,2,\cdots,T \tag{4-15}$$

$$x_{iqt} \in \{0,1\} \quad i=1,2,\cdots,n; q=1,2,\cdots,Q_i; t=1,2,\cdots,T \tag{4-16}$$

其中:e_i 和 l_i 分别是活动 i 的最早和最晚开始时间,T 是项目的截止日期,x_{iqt} 为 0—1 决策变量,当活动 i 以模式 q 执行并在时刻 t 开始时取值为 1。式(4-12)最小化项目工期,(4-13)确保为每项活动安排一个执行模式和一个开始时间,式(4-14)和(4-15)分别为逻辑关系和可重复使用资源约束,(4-16)将决策变量限定为 0—1 值。

其次,在活动执行方式上,还可以允许活动具有抢先权,亦即优先级别较低的活动可以被优先级别高的活动中断,当后者完成后再继续执行前者。对于活动具有抢先权的资源约束型项目进度问题 PRCPSP(preemptive RCPSP),假定活动 i 可以在一个整数时点上被抢先,其整数工期 d_i 被分割为 $u=1,2,\cdots,d_i$ 的工期单位,每个工期单位 u 安排一个整数完成时间 f_{iu},f_{i0} 表示其最早开始时间;逻辑关系约束为零时滞结束—开始型;活动 i 在其执行过程中对可重复使用资源 $k(k=1,2,\cdots,K)$ 的需求量为 r_{ik},可重复使用资源 $k(k=1,2,\cdots,K)$ 的可用量为 a_k。PRCPSP 可以表述如下:

$$\text{Min} \quad f_{n,0} \tag{4-17}$$

$$\text{s.t.} \quad f_{1,0} = 0 \tag{4-18}$$

$$f_{j,0} \geqslant f_{i,d_i} \quad \forall (i,j) \in H \tag{4-19}$$

$$f_{i,u-1} \leqslant f_{i,u} \quad i=1,2,\cdots,n; u=1,2,\cdots,d_i \tag{4-20}$$

$$\sum_{i \in S_t} r_{ik} \leqslant a_k \quad t=1,2,\cdots,f_{n,0}; k=1,2,\cdots,K \tag{4-21}$$

其中:式(4-17)通过最小化虚结束活动的最早开始时间来最小化项目工期;活动1通过式(4-18)安排一个最早的开始时间0;式(4-19)为逻辑关系约束,保证活动j的最早开始时间不能小于它的紧前活动i的最后一个工期单位的完成时间;式(4-20)确保活动的每个单位完成时间必须比前一个单位完成时间至少大一个时间单位;式(4-21)为可重复使用资源约束。

5. 基本资源约束型项目进度问题在目标函数上的扩展

首先,在实际中,项目管理者的主要目的是追求收益的最大化,所以,在许多情形中,以净现值 NPV(net present value)最大化作为活动进度安排的目标是合理的。净现值最大化目标函数可以表述如下:

$$\text{Max} \sum_{i=1}^{n} C_i \beta^{T_i}$$

其中:C_i 为与在 T_i 发生的活动 i 相联系的现金流,$\beta = e^{-\alpha}$ 为折现因子(α 为折现率)。

其次,在许多实际项目中,需要使用费用最小化作为项目活动进度安排的目标。假定可重复使用资源 $k \in K^\rho$ 的单位成本为 C_k^ρ,不可重复使用资源 $l \in K^v$ 的单位成本为 C_l^v,对它们的需求量分别为 R_k^ρ 和 R_l^v,则费用最小化目标可以用下式表述:

$$\text{Min} \sum_{k \in K^\rho} C_k^\rho \cdot R_k^\rho + \sum_{i \in K^v} C_l^v \cdot R_l^v$$

再次,还可以同时考虑时间和费用两个目标,亦即时间—费用权衡问题。时间—费用权衡问题可以视为一种多目标的资源约束型项目进度问题。一个正式的时间—费用权衡问题由活动集合 $V = \{0, 1, \cdots, n, n+1, \}$、逻辑关系约束的有向图 $G = (V, E)$、活动 j 的可能处理时间 p_j 的集合 U_j 以及一个反映 p_j 和处理费用 $c_j(P_j)$ 之间关系的非降函数 $c_j: U_j \to R_+$ 构成。对集合 U_j 和成本函数 c_j 的不同假设导致了不同的时间—费用权衡问题。如果每个 U_j 是封闭区间 $U_j = [a_j, b_j]$,且 c_j 是在 U_j 上仿射线性(affine linear)和下降的,那么便有线性时间—费用权衡问题;如果每个 U_j 是离散集合且 c_j 在 U_j 上是降的,则有离散时间—费用权衡问题。此外,前面在 4.3.3 中所介绍的资源均衡项目进度问题,也视为基本资源约束型项目进度问题在目标函数上的一种扩展。

6. 具有随机活动工期的资源约束型项目进度问题

现实中的项目都是在不确定条件下进行的,因而项目活动的工期不可能是固定不变的。把活动工期服从某一给定随机分布的 RCPSP 称为具有随机活动工期的 RCPSP。在随机活动工期的 RCPSP 中,资源约束需要与活动的随机处理时间一起被考虑,这种组合形式在机器调度问题中已经被广泛研究,但在项目进度问题中则研究得较少。随机活动工期的 RCPSP 通常需要使用随机动态规划来处理，项目活动进度通过各种不同的策略来安排。

4.4 项目资源采购及采购计划编制

当项目资源需求计划确定后，项目组织就必须考虑资源供给的落实问题。一般情况下，多数项目组织都不拥有完成项目所需的所有资源。也就是说，为完成项目，项目组织通常需要从外部采购资源。项目采购的根本目标就是，通过采购从外部获取资源以使项目的实施能够顺利进行，达到预期的目标。由此可见，项目的采购计划源来自项目的资源需求计划，而项目的资源需求计划又由项目的进度计划所决定。在实践中，项目采购的主要工作就是编制并实施资源采购计划，有条理地完成项目资源的采办工作。

项目采购要求项目组织及其代理人在遵循一定采购程序的同时，在实施采购前必须清楚地知道所需采购的货物或服务的各种类目、性能规格、质量要求、数量等，必须了解并熟悉国内、国际市场的价格和供求情况、所需货物或服务的供求来源、外汇市场情况、国际贸易支付方法、保险、损失赔偿惯例等有关国内、国际贸易知识和商务方面的情报和知识。上述几个方面，都必须在采购准备及实施采购过程中细致而妥善地做好。其中，项目采购计划（procurement planning）的制定就是这些信息处理的集中体现。项目采购计划是确定哪一项目需求可通过采购项目组织之外的商品和劳务来满足的过程，包括是否采购、怎样采购、采购什么、采购多少、什么时候采购等过程。

4.4.1 项目采购的内涵及方式

采购是指从系统外部获得货物、工程或服务的采办过程。货物采购是指购买项目建设所需的投入物（如机械、设备、材料等）及与之相关的服务；工程采购是指选择工程承包单位及其相关服务；咨询服务采购主要指聘请咨询公司或咨询专家。

项目采购的方式可以分为招标采购和非招标采购。

1. 招标采购

招标采购是由采购方提出招标条件和合同条件，由多个供应商同时投标报价进行竞争，使采购方能够获得更为合理的价格，以及条件更为优厚的供应。招标采购又可分为无限竞争性的公开招标和有限竞争性的邀请招标。

（1）公开竞争性招标：指招标单位公开发布招标公告，邀请所有符合要求的供应商参加投标的招标采购方式。根据涉及范围的大小，公开竞争性招标又可分为国际竞争性招标和国内竞争性招标。

（2）有限竞争性招标：又称为邀请招标或选择招标，指招标单位根据自己积累的资料,或根据权威咨询机构提供的信息,选择一些合格的单位(必须有3家以上)发出邀请,应邀单位在规定的时间内向招标单位提出投标意向,购买招标文件进行投标。

2. 非招标采购

非招标采购指受客观条件限制和不易形成竞争时,采取的非招标形式的采购方式。非招标采购可分为询价采购、直接采购、定向采购等。

(1)询价采购:即"货比三家",根据来自几家供应商(至少3家)所提供的报价,将各个报价进行比较后进行采购决策的一种采购方式。它适用于采购时能够直接取得现货的采购,或价值较小、属于标准规格的产品采购。

(2)直接采购:指在特定的采购环境下,不进行竞争而直接签订合同的采购方法。直接采购主要适应于不能或不便进行竞争性招标的情况下。例如,有些货物或服务具有专卖性质,只能从一家供应商获得,或在重新招标时没有一家承包商愿意投标等。

(3)定向采购:指采购单位通过某种法定选择方式确定供应商,在一定时期内对相同采购内容的货物、工程或服务向这些特定的供应商进行连续采购的一种采购方法。

4.4.2 项目采购规划

项目采购规划就是识别项目的哪些需要必须通过从项目组织外部采购得到满足,采购规划应当考虑合同和分包合同。项目采购规划一般要对以下事项作出决策:

(1)通过一家总承包商采购所有或大部分所需要的货物和服务。在这种情况下,从询价到合同终止的各个过程都只要实施一次。需要订货和采购咨询专家的帮助和支持。

(2)向多家承包商采购大部分需要的货物和服务。在这种情况下,从询价直至合同终止的各个采购环节都要在采购进行过程中的某个时候,为每个采购活动实施一次。通常也需要订货和采购咨询专家的帮助和支持。

(3)采购小部分需要的货物和服务。这时,从询价到合同终止的各个采购环节也要在采购进行过程中为每个采购活动实施一次。一般不需要采购专家的支持。

(4)不采购货物和服务。常见于研究和科技开发项目及许多小型的、机构内部的项目,这时从询价到合同终止的各个过程都不必实施。

在进行采购规划时,经常使用的技术和工具有:

(1)自制或外购分析:利用平衡点分析法进行自制或外购分析,以确定某种具体的产品是否可由实施组织自己生产,而且成本很节省。自制或外购分析还必须反映实施组织的发展前景和项目目前需要的关系。

(2) 短期租赁或长期租赁分析:即根据项目对某种租赁品的预计使用时间、租金结构和大小,分析短期租赁与长期租赁的成本平衡点。现假定某项目因施工需要一台特殊设备,若短期租赁该设备,租金按天计算,每天 160 元,不需缴纳固定手续费;若长期租用,租金每天 100 元,但必须缴纳固定手续费 5400 元。应如何选择?设当租期为 x 天时,长短期租赁费用相等,则有 $160x = 5400 + 100x$,解该方程得:$x = 90$,即:若预计租用设备不超过 90 天时,选择短期租赁,否则,选择长期租赁。

(3) 经济采购批量分析:即按照采购管理的目的,通过合理的进货批量和进货时间,使存货的总成本最低,这个批量叫做经济采购量或经济批量,最适宜的进货时间为最优订货时间。最优订货量和订货时间的确定:设某种货物的需求速度(单位时间的需求量)为 R,每次订货时发生的费用为 C,该货物单位存储费用为 D,则最优订货时间间隔 t^* 及每次订货的最优订货量(即经济批量)Q^* 分别为:

$$t^* = \sqrt{2C/DR} \quad Q^* = t^*R = \sqrt{2CR/D}$$

上述最优订货时间间隔及最优订货批量,是通过权衡货物的库存费用和采购费用之后得到的。如图 4-13 所示,货物的库存费用一般随着采购量的增大而线性增大,而货物平均到每次的订货费用却随着采购量的增大而减小,将二者加总到一起,便可获得总费用曲线,使得总费用曲线取得最小值的订货时间点,即为最优订货时间,此时所采购的批量即为最优订货量。如果按照最优订货时间间隔和最优订货量去采购货物,那么,货物的库存量变化曲线便如图 4-14 所示。该库存量变化曲线呈锯齿线变化规律,每过一个最优订货时间间隔 t^*,库存量下降到 0,然后从外部补充一个总量为 Q^* 货物进来,如此不断重复进行。在现实中,由于项目的实施存在不确定性,为避免库存不足造成项目停工的风险,通常不允许库存量下降到 0,而是设定一个安全库存线 Q^s,只要库存量下降到该安全库存线,即需要从外进行采购。在这种情形下,库存量的变化曲线则如图 4-15 所示。

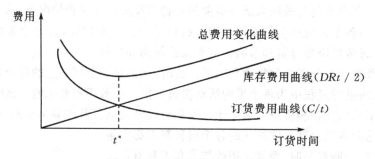

图 4-13 最优订货时间的确定

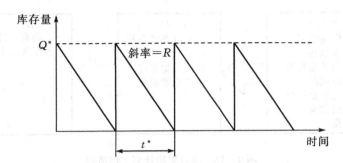

图 4-14　无安全库存的库存量随时间变化曲线

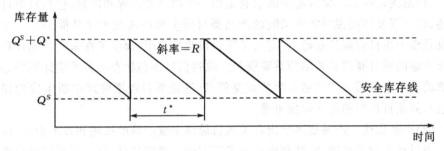

图 4-15　有安全库存的库存量随时间变化曲线

4.4.3　项目采购计划

项目采购计划工作流程如图 4-16 所示。总的来说,编制采购计划应考虑如下 6 个方面的问题:

(1)采购的设备、货物或服务的数量、技术规格、参数和要求。

(2)所采购的设备、货物或服务在整个项目实施过程中的哪一阶段投入使用。

(3)所采购的每一种产品间彼此的联系。

(4)全部产品采购如何分别打包,每个打包应包括哪些类目。

(5)每个打包从开始采购到到货需要多少时间,从而制定出每个打包采购过程各阶段的时间表,并根据每个打包采购时间表制定出项目全部采购的时间表。

(6)对整个采购工作协调管理。

为了保证项目采购计划的合理性、科学性和可行性,项目组织必须获得大量且足够的信息才能确定项目的采购计划。在制定项目采购计划时所需的主要信息包括如下几类:范围说明书、产品描述、采购所需资源、市场状况、其他规划产出、制约因素和假设。对这些信息收集、分类的过程被称为项目采购计划的输入过程。通常,项目采购计划制定的依据包括如下几个方面:

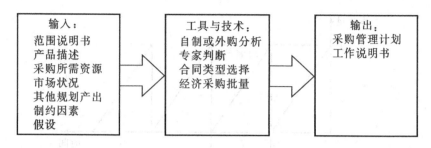

图 4-16 项目采购计划工作流程

(1)范围说明书。项目范围的信息是指一个项目的边界和内容,包括对项目的描述、定义以及详细说明需要采购的产品类目的参考图或图表及其他信息。这些信息是整个项目管理的基础,它定义了项目目前的界限,提供了在采购计划过程中必须考虑的项目要求和策略的重要资料。项目信息还包括在项目采购计划中必须考虑的有关项目需求和战略方面的重要信息(这是项目范围管理中所生成的相关信息),如项目目标和可交付成果等。

(2)产品描述。产品描述是指有关项目最终生成产品的描述和技术说明,这既包括项目产出物的功能、特性和质量要求等方面的说明信息,也包括项目产出物的各种技术说明书、图纸等的文献和资料。这些信息为项目采购计划的制定提供了需要考虑的有关技术方面的资料和信息。项目产品说明在早期阶段一般较为粗略,随着成果特性的逐步深入,了解将会越来越详细。即使成果说明的形式和内容发生改变,在任何时候其详细程度都应该保持以后的项目计划的进行。

(3)采购所需资源。项目采购资源的信息一般包括各类人力资源、财力资源和物力资源的需求依据,说明一个项目组织必须清楚需要从外部获得哪些资源,以支持项目的工作并实现项目目标。

(4)市场状况。采购计划过程必须考虑外部资源的市场条件、分布状态,具体到采购品种、采购方式、采购条款、采购条件等信息。

(5)其他规划产出。在制定项目采购计划时必须兼顾其他项目管理计划。这些项目管理计划对于项目的采购计划具有指导和约束作用。这些管理计划包括项目成本预算计划、项目进度计划、项目质量管理计划、项目资源管理计划以及项目工作分解结构等。

(6)约束条件。约束条件是限制项目组织选择所需资源的各种因素,对于许多项目而言,最普遍的约束条件就是资金的可获得性。在制定项目采购计划时,一定要考虑项目资金的限制。例如,装修项目的灯具,如果资金不足,就必须选择一些便宜的但同样能满足项目需求的灯具来解决这类约束问题。

(7)假设。在项目采购过程中,面对变化不定的社会经济环境所做出的一些合理推断就是假设。例如,当不知道未来实际采购的某项资源的价格时,就需要通过各种已知信息假设一个价格。

项目采购计划的编制过程就是根据上述有关项目采购计划所需的信息,结合项目组织自身条件和项目各项计划的要求,对整个项目实现过程中的资源供应情况做出具体的安排,并最后按照有关规定的标准或规范,编写出项目采购计划文件的工作过程。项目采购计划的主要文件包括项目采购计划、项目采购工作计划、项目采购标书、供应商评价标准等。这些项目采购计划工作文件将用于指导后续的项目采购计划实施活动和具体的采购工作。具体说明如下:

(1)项目采购计划。项目采购计划编制工作最重要的文件是项目采购计划。项目采购计划全面地描述了项目组织未来所需开展的采购工作的计划和安排,这包括从项目采购的具体工作计划到招投标活动的计划安排,以及有关供应商的选择、采购合同的签订、实施、合同完结等各项工作的计划安排。在项目采购计划中,应该回答以下问题:①采购工作的整体安排。在项目采购计划中,项目组织要明确项目采购的总目标,规定项目所需采购的总的资源数量、品种和费用,以及在资源采购中应该开展的各种采购工作及其管理活动的计划与安排。②采用什么类型的合同。项目组织要明确规定在资源采购中,何时采用一般供应合同,何时采用固定价格合同,何时采用成本补偿合同,以及何时采用单位价格合同。③项目采购工作责任的确定。这是指项目组织的资源采购部门应该承担的责任和执行的过程。要明确项目组织的上级单位、项目组织甚至资源供应商的工作责任。④项目采购计划文件的标准化。一般而言,项目采购计划文件必须标准化,尤其是大量采购项目的标准文本包括标准合同文件、采购标的描述的标准文本、招投标的标准文本等。⑤如何管理资源供应商。如果项目组织需要很多资源供应商或分包商,如何管理好这些供应商或分包商也是项目采购管理中一个很重要的问题。这包括如何选择、如何控制和如何影响他们,以及如何确定他们履行采购合同规定的责任和义务等。⑥如何协调采购工作与其他工作。项目采购是项目及时获取外部资源的过程,如何将采购工作与项目其他方面的工作合理地协调,一起推动项目的发展,实现项目的目标是项目采购计划的重要内容。

(2)项目采购作业计划。项目采购计划编制工作的第二份文件是项目采购作业计划。项目采购作业计划是指根据项目采购计划与各种资源需求信息,通过采用专家评判法和经济批量标准、经济订货点模型等方法和工具,制定出项目采购工作的具体作业计划。项目采购作业计划规定和安排了一个项目采购计划实施中各项具体工作的日程、方法、责任和应急措施等内容。例如,对以一种大量使用的外购零配件,何时需要开始对外询价,何时获得各种报价,何时选择向标的供应商开始发盘、还盘、谈判、签约等各项工作;而对于项目所需劳务的承发包,何时开始发布招标、何时发放标书、何时开标、中标、谈判签约等,都需要在项目采购作业计划中安排和确定。

(3)采购要求说明文件。项目采购计划编制工作的另一个重要文件是采购要求说明文件。在采购要求说明文件中,应该充分详细地描述采购要求的细节,包括需要考虑的技术问题和注意事项的重要资料,以便让供应商确认自己是否能够提供这些产品或劳务。这里的"充分详细"要求可以根据产品或劳务的特性、项目组织的需求、采购适用的合同格式而有所不同。但是无论怎样,项目组织都必须在采购要求说明文件中清晰地描述所需采购的具体产品或劳务。采购要求说明文件在任何时候,其详细程度都应该保证以后项目的顺利进行。例如,项目采购的产品在其使用过程中所需的技术支持服务,项目采购的设备在未来项目实现并投入运营以后所需的技术服务等。这些必要的服务要求在采购要求说明文件中明确地做出规定和说明。在一些具体应用领域,对于项目采购要求说明文件还有特定的格式和内容要求。在项目采购工作过程的后续阶段,采购要求说明文件在传递和转移中,可能会被重新评估、定义、更新或改写;或者说采购要求说明文件在转移中会由于发现了新的问题而特别修订和更新。例如,某个供应商可能会提出比原订采购方法更为有效的解决方法,或者有的供应商能够提供比原本预计产品成品价格更低的产品,此时必须修订或者重新编写采购要求说明文件。每项独立的采购工作都需要有各自的采购要求说明文件。同样,当有多个劳务或产品构成一个整体时,也可以用一份采购要求文件来说明。

(4)采购工作文件。这是项目组织在采购工作过程中所使用的一系列工作文件,主要是为了项目组织顺利地开展工作和所传达的信息能被迅速地传递和反馈。例如,项目组织借助这些采购工作文件向供应商寻找报价和发包。采购工作文件有不同的类型,常采用的类型有询价书、谈判邀请书、投标书、初步意向书等。一般采购工作文件都有标准格式并按规范化编制。这些采购工作文件的内容包括相关的采购要求说明,采购者期望反馈的信息说明,以及各种合同条款的说明等。编制采购工作文件要求足够的灵活性,既要保证项目组织准确完整地理解来自供应商持续、可比较的信息,也要有利于供应商执行并完成采购合同。

(5)采购评价标准。采购计划编制的科学性和可行性应依据能否顺利完成项目目标来确定,同时必须选择一个评价标准,来帮助项目组织顺利地执行计划。项目的采购评价标准要包括客观评价和主观评价两个方面的指标。采购评价标准是项目采购文件的一个重要组成部分。

思考题

1. 什么是项目资源?项目资源有何特点、如何分类?

2. 项目资源与项目进度计划有何关系？
3. 如何生成项目的资源需求计划并绘制资源需求变化曲线？
4. 在制定项目进度计划时，资源均衡是如何实现的？
5. 在资源约束下，如何编制工期最小化项目进度计划？
6. 资源约束工期最小化进度计划与资源均衡项目进度计划有何异同？
7. 项目资源的最优订货时间及最优订货量是如何确定的？库存量如何变化？
8. 何谓项目资源采购？资源采购计划编制的输入和输出各包括哪些内容？

案例：XW 公司多项目资源配置及进度计划优化

XW 公司是一家中日合资企业，主要从事摩托车专用检测设备仪器的研制和开发。产品主要分为四大类，分别是 ACD 系列整车底盘测功机、MST 系列整车检验台、MCD 系列发动机测功机和车辆零部件检验台系列。XW 公司所在的集团公司每年会下派相当数量的任务额度，近些年公司都在为完成这些额度疲于奔命，导致项目经常扎堆的现象。另外由于车辆检测设备多为定制产品，每个订单的要求不尽相同，就会出现同类型产品会有多种规格同时生产，这势必会增加项目管理的难度。同时由于 XW 公司的人员不足，也经常会出现当产品需要安装时无人可派的状况。

根据公司近期的合同签订情况，有 A、B、C 三个合同订购了 MST 系列试验台，各合同相应的技术要求存在差异，但均为功能细节上的差异，总体机械结构和电气控制系统架构基本相同。也就是说，三个合同都是在定型产品上的改进项目，且改动非常有限，所以在项目的计划和资源使用上没有很大差别。但是由于公司能够完成各任务的资源有限，并且对已经执行完成的类似项目进行总结后发现，由于资源的限制造成的工期延误是普遍现象。而且在某些项目合同中，客户明确提出要对项目里程碑的节点完成情况进行考核，如果没有完成预定计划就会对公司进行索赔，这会造成项目成本的上升，使项目利润减少，并且会危害到公司的信誉。所以，公司完成这三个项目的压力非常大。

1. 项目 A

项目 A 于 2010 年 3 月 21 日签订，合同包含 1 套全新车辆出厂检测产品，客户要求合同产品于 2010 年 7 月 20 日前安装完毕并交付客户使用。该客户与 XW 公司具有良好的合作关系，在项目 A 的合同签订之前，双方已对于该类型的产品进行了多次合作，客户非常满意。在此次合同中客户根据该类型产品的使用情况提出了一些新的改进要求，包括机械结构维护、检测功能升级等，所以项目 A 在设计阶段就必须要考虑到这些需求，这样就会使设计任务的工期加长。另外合同还规定,合同生效10日后,也就是3月31日,客户支付合同总额的30%作为定金。XW公司必须在4月20日前提供客户需要的设备安装配套图纸,以便客户进行前期施工,由于图纸提供滞后造成的损失全部由XW公司承担。客户将于5月21日前在XW公司对设备电气部分进行检查,检查通过后客户支付合同总额的20%。客户将于6月17日在XW公司对设备进行预验收,预验收通过后客户支付合同总额的20%。产品必须在7月13日前安装完毕,届时客户支付合同总额的25%。所有客户支付款项的节点如果存在工期延误的现象,客户将根据2100元/天的标准扣除罚款。余下的合同总额的5%作为质量保证金,客户于产品交付使用后1年内支付。

2. 项目B

项目B于2010年3月28日签订,合同包含1套全新车辆出厂检测产品,在接收到客户的预付款时开始执行。客户在4月1日支付了合同总额30%的预付款,合同正式生效。合同规定2010年5月30日前将产品安装完毕并交付客户使用。项目B的产品为XW公司的老产品,设计资料和加工工艺已经非常成熟,绝大多数都可以借用,所以减少了相当多的设计工作。XW公司必须在4月5日前提供客户需要的设备安装配套图纸,以便客户进行前期施工。客户将于4月15日在XW公司对设备电气部分进行检查,检查通过后客户支付合同总额的10%。客户将于5月18日在XW公司对设备进行预验收,预验收通过后客户支付合同总额的10%。产品必须在5月28日前安装完毕,届时客户支付合同总额的30%。所有客户支付款项的节点如果存在工期延误的现象,客户将根据900元/天的标准扣除罚款。余下的合同总额的20%作为质量保证金,客户于产品交付使用后1年内支付。

3. 项目C

项目C于2010年4月20日签订,合同包含5套对客户原车辆出厂检测产品的改造,在接收到客户的预付款时开始执行。客户在4月26日支付了合同总额30%的预付款,合同正式生效。合同规定2010年10月1日前将产品安装完毕并交付客户使用。客户的原设备已经使用很长时间,系统老化比较严重,机械部分可以全部使用,但是必须进行翻新,电气部分全部更换以满足功能更多的控制方式。另外根据客户的要求,在原设备机械部分基础上增加检测工位,以满足更快的检测节拍,所以还需要重新设计并加工这些机械部件。由于产品最终实现的功能和项目A基本类似的,所以部分设计可以参考和借用项目A的技术资料,这可以减少设计任务的工期。但是由于需要5套这样的产品,在电气部分的加工周期、联机调试时间和现场安装时间也会多出很多。XW公司必须在5月13日前提供客户需要的设备安装配套图纸,以便客户进行前期施工,由于图纸提供滞后造成的损失全部由 XW 公司承担。客户将于 6 月 24 日前在 XW 公司对设备电气部分进行检查,检查通过后客户支付合同总额的 10%。客户将于 8 月 11 日前在 XW 公司对设备进行预验收,预验收通过后客户支付合同总额的 20%。产品必须在 9 月 15 日前安装完毕,届时客户支付合同总额的 35%。所有客户支付款项的节点如果存在工期延误的现象,客户将根据 1500 元/天的标准扣除罚款。余下的合同总额的 5% 作为质量保证金,客户于产品交付使用后 1 年内支付。

通过对各项目的调研与分析,基于项目 A、B、C 之间的逻辑关系,可以得到它们的任务流程图,见图 4-17、4-18 和 4-19。各项目单位资源成本包括每工作日的单位资源成本、假期中每日的单位资源成本、工作日的里程碑罚款,每个项目的上述成本不同,按照员工的工作成本和项目合同总额的百分比计算。资源分配的各项目组成员都是专职负责此类产品的人员,各资源能够提供的工时按照员工的日常工时确定,即每人每工作日 8 工时,如表 4-7 所示。各项目任务对资源的需求量见表 4-8,表中横向表示资源编号,纵向表示项目任务编号,表中数据表示资源需求量,单位为工时,根据任务的工期和相应资源每工作日的数量计算得到。各项目任务工期见表 4-9,其中工期的单位为工作日。表中数据是将各项目计划按照任务分解,归纳各任务的工作日工作时间,任务执行的工作日天数即为该项目任务的工期。

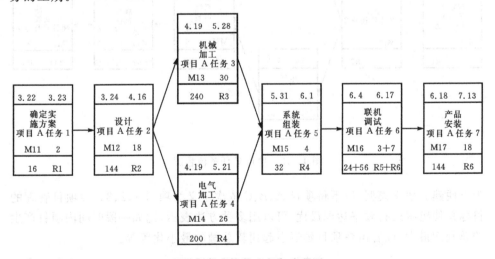

图 4-17 项目 A 任务流程图

根据对以上三个项目的说明和数据分析,结合多项目的环境特点,构建 XW 公司资源约束下的多项目调度优化模型。模型构建所使用的符号定义见表 4-10。

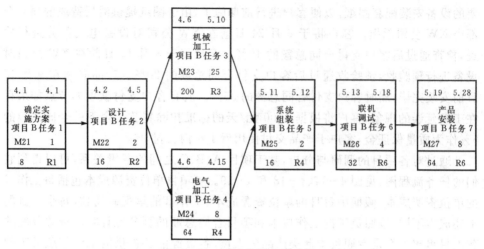

图4-18 项目B任务流程图

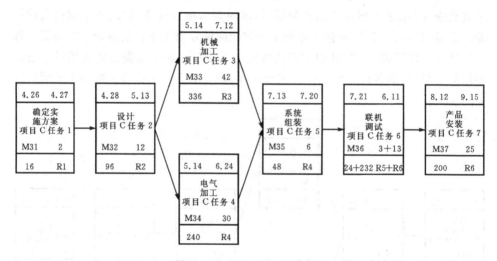

图4-19 项目C任务流程图

为方便建立数学模型,以下将项目A、B、C依次定义为项目1、2、3。多项目管理的目标是使组织运行效率达到最优,可以用多种方法表示,比如一段时间内项目产生的总利润最大,或者由各项目延迟引起罚款总额的最小化等等。

表4-7 项目资源情况表

资源编号	R1	R2	R3	R4	R5	R6
资源数量(工时/工作日)	8	8	∞	16	8	16

表 4-8　项目任务资源需求量

	R1	R2	R3	R4	R5	R6
M11	16					
M12		144				
M13			240			
M14				200		
M15				32		
M16					80	80
M17						144
M21	8					
M22		16				
M23			200			
M24				64		
M25				16		
M26						32
M27						64
M31	16					
M32		96				
M33			336			
M34				240		
M35				48		
M36					128	128
M37						200

表 4-9　项目任务工期

任务编号	M11	M12	M13	M14	M15	M16	M17
工期	2	18	30	25	4	10	18
任务编号	M21	M22	M23	M24	M25	M26	M27
工期	1	2	25	8	2	4	8
任务编号	M31	M32	M33	M34	M35	M36	M37
工期	2	12	42	30	6	16	25

表 4-10 符号定义表

符号	含义
i	项目编号
j	任务编号
m	里程碑任务编号
M_i	项目 i 的里程碑任务集合
r_{ij}	项目 i 的任务 j 延迟的单位费用
y_{ij}	项目 i 的任务 j 延迟时间
F	里程碑任务延期罚款
E	各项目延迟引起延迟费用总额
Min	最小化
k	资源编号
t	任意时刻
S_{ijk}	项目 i 的任务 j 对第 k 种资源的需求量
R_k	整个项目组中，对于第 k 种资源在公司中的可以使用的最大量
I_t	在时刻 t 处在运行状态的所有任务的集合
n	任务 j 的紧前任务编号
φ_{ij}	项目 i 中任务 j 的所有紧前任务的集合
x_{ij}	项目 i 的任务 j 的开始时间
x_{in}	项目 i 的任务 n 的开始时间
T_{in}	项目 i 中任务 n 所需的工作时间
T_{ij}	项目 i 任务 j 的工期
EFT_{ij}	项目 i 的任务 j 的预期结束时间

结合上述问题和公司项目运行一贯的状况，把目标定为保证各项目的延迟费用最少，且延迟总费用不得大于 10000 元，这样便于对公司有限的任务资源进行调配。按照各项目延迟引起延迟费用总额的最小化为目标，目标函数表示如下：

$$\min \quad E\left\{\sum_{i=1}^{3}\left[\sum_{j=1}^{7}(r_{ij}y_{ij})+\sum_{m\in M_i}\right]\right\}\leqslant 1000$$

需要说明的是，哪怕某任务在计划完成时间时还需要 1 个工时就可以结束，这 1 个工时也必须按照延迟 1 天处理。例如项目 A，单位资源成本为 320 元/工作日，假定任务延迟了 3 个工作日才完成，则项目 A 的延迟费用为 320×3＝960 元。

确定了项目进度计划要实现的目标之后，建立的数学模型还要考虑到如下约

束条件对决策变量的影响:

1. 项目任务的资源约束

公司运行项目可以使用的资源是有限的,项目进行任务分解后各任务对应的资源也是有限的,而且每类任务都是由专人负责的,该任务不是所有人员都可以完成。也就是说要完成一个任务,必须由指定的人员完成,这也是为了达到项目运行效率和目标的基本要求。资源约束条件表示如下:

$$\sum_i \sum_j \sum_k S_{ijk} \leqslant R_K \quad i \in I_t \quad \forall t$$

上述资源约束使得在任何时刻 t,对任意一种资源 k,正在运行的所有任务的对它的使用量不能超过其拥有量。比如,公司总共可以提供给这三个项目电气安装任务的资源 R4 为 16 工时/天,在某个工作日,项目 A 需要该资源 10 工时,项目 B 需要该资源 4 工时,项目 C 需要该资源 4 工时,三个项目一共需要 18 工时,这就超出了公司能够提供的资源总量,所以就必须有项目不能完成当日工作,造成项目延迟。

2. 项目任务的逻辑关系约束

在项目中某一个任务必然是和其他任务存在联系的,某些任务间也是存在必须遵循的次序关系,我们把这样的关系称作逻辑关系。在该问题中,某一个任务都有可能成为其他任务的紧前任务(或相对紧前任务)或紧后任务(或相对紧后任务),这就需要建立项目任务的逻辑约束。逻辑约束条件表示为如下:

$$x_{ij} - x_{in} \geqslant T_{in} \quad \text{for} \quad n \in \varphi_{ij} \quad \forall i$$

例如,开始执行任务 M35 的前提是任务 M33 和 M34 已经全部完成,如果任何一个任务没有完成,M35 就不能开始。相应的,如果 M35 没有结束,M36 也就不能开始。

3. 项目任务的工期约束

除了逻辑约束外,各任务都需要工期才能完成。当该任务的开始执行时间确定后,就可以根据任务开始执行时间和工期推算出任务的结束时间。结合所建立的目标函数,关注的焦点是该任务是否延迟开始或延迟结束,通过考察该任务的紧前任务就可以得到延迟的时间,进一步就可以得到这样的延迟时间对应多付出的费用。工期约束条件表示为如下:

$$y_{ij} = x_{ij} + T_{ij} - EFT_{ij} \quad j \in M_i$$

这个函数表示某任务开始后,在预定的结束时间内需要完成该任务,如果该任务在计划完成时间前结束,该项目能够节约资源成本;如果该任务的实际工期超出了计划完成时间,该项目就要付出延迟费用。例如,任务 M35 在 7 月 13 日开始实施,计划 7 月 20 日完成。如果任务实施到 7 月 19 日时就已经完成,公司就可以把任务 M35 在 7 月 20 日的资源用到其他任务和项目上。如果任务实施到 7 月 22 日才完成,就代表项目就要延迟 2 天才能完成。

上述目标函数和约束条件共同构成了一个完整的资源约束多项目进度计划优化模型:

$$\min \quad E\{\sum_{i=1}^{3}[\sum_{j=1}^{7}(r_{ij}y_{ij})+\sum_{m\in M_i}]\} \leqslant 1000$$

$$\text{s.t.} \quad \sum_{i}\sum_{j}\sum_{k}S_{ijk} \leqslant R_K \quad i\in I_t \quad \forall t$$

$$x_{ij}-x_{in} \geqslant T_{in} \quad \text{for} \quad n\in\varphi_{ij} \quad \forall i$$

$$y_{ij}=x_{ij}+T_{ij}-EFT_{ij} \quad j\in M_i$$

针对该优化模型,使用 Excel 表格进行递推求解,最终得到的三个项目在资源约束下的项目进度计划如表 4-11 所示。

表 4-11 资源约束下的三个项目进度计划

序号	任务	工期(包含假期)	开始日期	结束日期	备注
0	项目 A	82	2010/3/22	2010/7/13	
1	确定实施方案	2	2010/3/22	2010/3/23	
2	设计	18	2010/3/24	2010/4/16	
3	机械加工	30	2010/4/19	2010/5/28	
4	电气加工	25	2010/4/19	2010/5/21	
5	系统组装	4	2010/5/31	2010/6/3	
6	联机调试	10	2010/6/4	2010/6/17	
7	产品安装	18	2010/6/18	2010/7/13	
0	项目 B	45	2010/4/1	2010/5/28	
1	确定实施方案	1	2010/4/1	2010/4/1	
2	设计	4	2010/4/2	2010/4/5	4 月 3、4 日假期赶工
3	机械加工	25	2010/4/6	2010/5/10	
4	电气加工	8	2010/4/6	2010/4/15	
5	系统组装	3	2010/5/11	2010/5/12	5 月 9 日假期赶工
6	联机调试	4	2010/5/13	2010/5/18	
7	产品安装	8	2010/5/19	2010/5/28	

续表 4-11

序号	任务	工期(包含假期)	开始日期	结束日期	备注
0	项目C	108	2010/4/26	2010/9/15	
1	确定实施方案	2	2010/4/26	2010/4/27	
2	设计	12	2010/4/28	2010/5/13	
3	机械加工	42	2010/5/14	2010/7/12	
4	电气加工	35	2010/5/14	2010/6/24	5月15、16、22、29日和6月6日假期赶工
5	系统组装	6	2010/7/13	2010/7/20	
6	联机调试	16	2010/7/21	2010/8/11	
7	产品安装	25	2010/8/12	2010/9/15	

表4-11明确给出了三个项目所包含的所有工作的开始日期和结束日期,同时,还给出了在节假日的赶工安排。按照该计划实施三个项目,能够较好地协调公司的资源分配,使三个项目都能够按期完成,达到了客户在合同中规定的要求,避免客户对公司的惩罚,使得公司获得了良好信誉形象和经营绩效。

问题讨论

1. XW 公司在经营中面临的主要问题有哪些?

2. XW 公司 A、B、C 三个项目有何特点?如何实现资源在它们之间的合理分配?

3. 试总结资源约束多项目进度计划编制与资源约束单项目进度计划编制的异同?

第5章 项目费用计划及时间—费用权衡

5.1 项目费用估算与费用计划

5.1.1 项目费用估算

项目费用估算就是估计完成项目的各个活动所必需的资源费用的近似值,包括要获得项目目标所需要的各种资源或需要支出的各种费用,诸如人力资源、原材料、管理费用、差旅费等。在进行费用估算时,要考虑经济环境(如通货膨胀、税率、利息率和汇率等)的影响,并以此为基准对估算结果进行适当的修正。当费用估算涉及重大的不确定因素时,应设法减小风险,并对余留的风险考虑适当的应急备用金。费用估算有时还要对各个备选方案的费用进行估算和比较,并将结果作为方案选择的依据。

项目费用估算框架如图5-1所示。在进行项目费用估算时,通常需要输入如下资料:

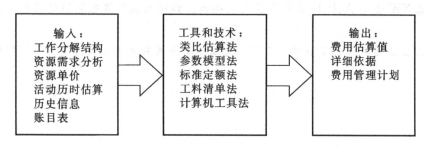

图5-1 项目费用估算框架

(1)工作分解结构。工作分解结构是项目管理的一项基础性工作,它可以将项目分解到最底层的操作层次上,从而为项目费用的估算提供了最基本的信息。

(2)资源需求分析。资源需求是项目估算的基础,项目估算的结果取决于项目的资源需求量和资源单价两个因素。资源需求的种类和数量及其单价,决定项目的费用估算值。资源需求是项目资源计划过程的输出结果。资源需求包括项目所需的资源种类(人力、设备、材料和资金等)和数量。

(3)资源单价。资源需求分析给出了项目的资源需求种类和数量,各类资源消耗量乘以相应的价格就可以得到相应的费用。对于资源单价的获得,可以通过市场调查,了解各类资源的单价(如人工工资率,各类设备的购买价格、折旧费率或租赁、使用费率,各种所需材料的价格,以及资金的利息率等)。

(4)活动持续时间估算。人工、设备和资金的使用费用都与时间相关,在估算项目各工作单位消耗的资源的费用时,要先估算与这些资源的使用或占用有关的活动持续时间。项目的人工费用等于人工的日(或小时)工资率乘以人工需求量。项目的设备使用费用通常等于设备的使用时间乘以相应的设备使用费率。资金的使用费用是利息,决定利息的有两个因素:本金和时间。显然,项目的执行过程中,资金占用的时间越长,则支付的利息就越多,相应的费用也就越高。由此看来,项目的活动历时时间是项目费用估算的要素之一。

(5)历史信息。项目团队和所在企业或其他组织已完成的类似项目的历史记录,以及资源市场价格的历史数据,都可以作为费用估算的参考信息。已完成类似项目的历史数据,为当前项目的工作分解结构、各工作单元的资源消耗估计、各工作单元的持续时间估计提供了参考依据。

(6)账目表。账目表表明了项目的费用构成框架,也是项目执行过程中进行费用记录和控制的框架。

在进行项目费用估算时,常用的方法有类比估算法、参数模型法、标准定额法、工料清单法等。

1. 类比估算法

类比估算法就是指利用以前已完成的类似项目的实际费用估算当前项目费用的方法。这种方法简便易行,是经常使用的进行粗略估算的方法之一,但不足之处就是精度取决于被估算的项目与以前项目的相似程度、相距时间和地点的远近,需要有较为详细的同类项目历史信息。在估算时要求有经验的专家针对类似项目和当前项目交付成果的差异、相距的时间和距离对估算费用加以修正和调整。

对于建设项目,项目交付成果的差异可能是建筑结构上的差异、建筑装饰材料的差异和建筑规模的差异等。这种差异对估算费用的影响可通过估算差异部分的费用来修正。类似项目和当前项目的时间、地点不同都会导致所需相同资源的价格由于时间、地点的不同而有所不同。这种价格不同对估算费用的影响可利用价格调整系数来修正。

[例] 某公司拟在其分公司甲地建办公楼一座。该公司3年前曾在公司总部乙地建成相似办公楼一座。乙地办公楼实际造价为4800万元。两座办公楼除室内地面装饰地砖不同外,建筑结构、面积和建筑材料均相同。甲地拟建办公楼的建筑面积为8000平方米,地面全部铺500×500mm豪华型防滑瓷砖,价格为每平方

米260元。乙地办公楼室内地面铺的是印度红大理石地面砖,价格为每平方米380元。另外,3年来人工平均工资率上涨15%,其他资源的价格和费率均未变。在乙地办公楼的全部实际造价中,人工费占20%。根据上述资料,用类比法估算甲地拟建办公楼的费用。

解:甲地拟建办公楼的费用为:

C =类似项目实际成本+价格调整修正值+交付成果差异修正值
  =4800+4800×20%×15%+8000×(0.026-0.038)
  =4848(万元)

2. 参数模型法

参数模型法就是指根据项目可交付成果的特征计量参数(如电力建设项目成果的"千伏安"、公路建设项目成果的"公里"、民用建筑项目成果的"平方米"等),通过估算模型来估算费用的方法。参数模型可能是简单模型,如每千伏安费用、每公里费用、每平方米费用等,也可能是相对复杂的理论或经验模型。参数模型法估算费用的精度取决于参数的计量精度、历史数据的准确程度以及估算模型的科学程度。

[**例**] 某化工企业二期扩建项目,根据经验得知,该类项目的费用估算参数模型为:

$$C = E(1 + f_1 a_1 + f_2 a_2) + I$$

式中:C——项目估算费用;

E——设备采购费用;

a_1——项目建筑施工费用占设备费的比例;

a_2——项目设备安装费用占设备费的比例;

I——项目其他费用估算值(包括管理费、不可预见费等);

f_1——项目建筑施工费的综合调整系数;

f_2——项目设备安装费的综合调整系数。

现经市场调研,已知该项目的设备采购费用为2000万元,建筑施工费用占设备费的20%,设备安装费用占设备费的15%,建筑施工费与设备安装费的综合调整系数均为1.1,该项目的其他费用估计为100万元。利用上述参数模型估计该扩建项目的估算费用。

解:该扩建项目的估算费用为:

C=2000(1+1.1×20%+1.1×15%)+100=2870(万元)

3. 标准定额法

标准定额法是以事先制定的产品定额费用为标准,在生产费用发生时,就及时提供实际发生的费用脱离定额耗费的差异额,让管理者及时采取措施,控制生产费用的发生额,并且根据定额和差异额计算产品实际费用的一种费用计算和控制的方法。标准定额法有如下几个主要特点:

(1)费用计算对象是企业的完工产品或半成品。根据企业管理的要求,只计算完工产品费用或者同时计算半成品费用与完工产品费用。

(2)费用计算期间是每月的会计报告期。标准定额法一般用于大批量生产企业,只能按月进行费用计算。

(3)产品实际费用是以定额费用为基础,由定额费用、定额差异和定额变动三部分相加而组成。

(4)每月的生产费用应分为定额费用、定额差异和定额变动三方面分配于完工产品和在产品。

标准定额法适用于已制定一整套完整的定额管理制度,产品定型,各项生产费用消耗定额稳定、准确,财会人员基本知识、基本技能较强的企业,主要是大批量生产的企业。由于标准定额法的费用计算对象既可以是最终完工产品,也可以是半成品,所以它既可以在整个企业运用,又可以只运用于企业中的某些车间。

标准定额法的优点表现在:由于采用定额费用计算法可以计算出定额与实际费用之间的差异额,并采取措施加以改进,所以,采用这种方法有利于加强费用的日常控制;由于采用定额费用计算法可计算出定额费用、定额差异、定额变动差异等项指标,有利于进行产品费用的定期分析;通过对定额差异的分析,可以对定额进行修改,从而提高定额的管理和计划管理水平;由于有了现成的定额费用资料,可采用定额资料对定额差异和定额变动差异在完工产品和在产品之间进行分配。

其缺点表现在:因它要分别核算定额费用、定额差异和定额变动差异,工作量较大,推行起来比较困难;不便于对各个责任部门的工作情况进行考核和分析;定额资料若不准确,则会影响费用计算的准确性。

4. 工料清单法

工料清单法(也称自下而上估算法)首先要给出项目顺序号用的人工物料清单,然后再对各项物料和工作的费用进行估算,最后向上滚动加总得到项目总费用的方法。这种方法就是指根据项目的工作分解结构,先估算工作分解结构底层各基本工作单元的费用,然后逐层汇总,最后得到项目总费用估算值的方法,在估算各工作单元的费用时,要先估算各工作单元的资源消耗量,再用各种资源的消耗量乘以相应的资源单位费用(或价格)得到各种资源消耗费用,然后再汇总得到工作单元的总费用,最后再按工作分解结构将各工作单元的费用逐层汇总得到项目层的总费用估算值。

自下而上的费用估算方法精度相对较高,但是当项目构成复杂、工作分解结构的基本工作单元划分较小时,估算过程的工作量会较大,相应的估算工作费用也较高。自下而上的费用估算法要求估算人员掌握较为详细的项目所消耗资源的单位费用(或价格)的信息。图 5-2 给出了一个建筑项目的自下而上费用的估算过程。

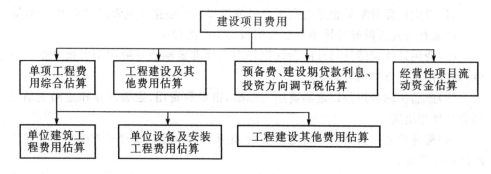

图 5-2 建设项目费用的三级估算示意图

总之,不论采用哪种方法估算项目费用,都是在项目前期对项目费用的预计。由于在项目前期对项目细节信息掌握不完整,项目本身的复杂性、生产执行过程的一次性,以及相关市场的多变性等原因,导致项目的可交付成果、项目所包含的工作内容、项目的资源需求和市场价格等都存在许多不确定因素,因此项目费用估算不可能非常准确。所以,在项目费用估算中要充分考虑到这些风险,采取相应的措施。例如,在建设项目中,通常通过在费用估算中加入项目预备费来降低这种风险。

项目费用估算的结果除了获得项目费用的估算值之外,还要有一系列的辅助文档,来补充说明项目费用估算的详细依据或采用的方法和模型,甚至结果的精度等。

(1)费用估算文件。费用估算过程的最主要成果就是项目的费用估算值。费用估算值一般用货币单位来表示,如人民币、美元、日元等。但有时为了便于比较,也用实物量单位来分别表示各类资源的估计消耗量,如人工消耗的工日数,设备消耗的台班数(一台设备一个班次为一个台班)或材料消耗的吨数、米数等。

(2)详细依据。在此要说明项目费用估算的依据,以便于与项目的利益相关者沟通。费用估算的详细依据通常包括:估算工作范围的描述,它常由 WBS 的参考资料中获得;估算依据和方法的说明,即估算是如何编制的;估算过程中所作假定的说明;估算结果的精度范围。

(3)项目费用管理计划。项目估算最后形成项目的费用管理计划,作为项目费用预算和费用控制的基本依据之一。

5.1.2 项目费用计划

项目费用计划也称项目预算,其任务就是在费用估算的基础上,将估算的项目费用基于工作分解结构分配到每一项具体的工作上,并确定整个项目的总预算,作为衡量项目执行情况和控制费用的基准之一。项目费用计划编制的过程包括两步:第一步,根据项目的费用估算将其分摊到项目工作分解结构中的各个工作包;第二步,在整个工作包期间进行每个工作包的预案分配,这样就可以在任何地点和时间准确地确定预算支出是多少。在此过程中,需要将以下内容考虑在内:

(1)项目费用估算。项目费用估算是进一步展开费用预算的前提工作,是作为项目各基本工作包费用分配的基础。

(2)工作结构分解。工作结构分解确定了费用分配的项目组成部分。

(3)进度计划安排。利用网络图计算得出的项目进度计划给出了项目各工作单元的起止时刻,从而确定了各工作单元需要各类资源的时间,进而可以得出项目费用在项目工期内发生的时间和费用的分布。

(4)项目风险水平。项目风险管理水平会影响项目预算的结果。

分摊总预算费用就是根据项目预算过程的输入信息,将项目总费用分摊到每个费用要素中去,如人工、原材料和分包商,再到工作分解结构中的适当的工作包,并为每一个工作包建立一个费用预算。为每一个工作包建立费用预算的方法有两种:一种就是自上而下法,即在总项目费用(包括人工、原材料等)之内按照每一工作包的相关工作范围来考察,以总项目费用的一定比例分摊到各个工作包中;另一种方法是自下而上法,它是依据与每一工作包有关的具体活动而进行费用估算的方法。由于在项目估算过程中,没有对项目的具体活动进行详细的说明,在项目开始后,就需要补充对每一项活动的详细说明并制订网络计划。一旦对项目的每一活动进行了详细具体的说明,就可以对每一个活动进行时间、资源和费用的估计了。每一个工作包的费用预算就是组成各工作包的所有费用的加总。

一旦为每一项工作包建立了总费用预算,项目预算过程的第二步就是分配每一项费用预算到各个工作包的整个工期中去,而每个工期的费用估计是根据该工作包的各个活动所完成的进度确定的。当每一个工作包的费用预算分摊到工期的各个区间后,就能确定在任何时候用去了多少预算。这个数字可以通过截止某一期的每期的预算费用加总而得到。这一合计数被称为累计预算费用,是直接到某期为止的项目预算。

费用预算的输出是项目费用基准计划。费用基准计划是按时间分段的预算,它是按项目进度计划将各工作单元的预算费用累加而得到的。费用基准计划一般以S型曲线表示。在项目的生命周期内,项目的各项工作根据项目进度计划开始、执行和完成,所发生的累积预算费用形成了一条S型曲线,如图5-3所示。图中的实线就是累积预算费用曲线。因为该曲线是在项目执行过程中基于预算来考核项目执行进度偏差和实际费用偏差的依据,所以也称为项目的费用基准计划或预算基线。

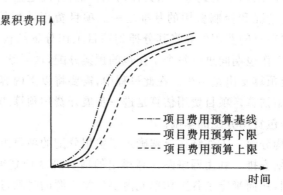

图5-3 项目费用预算基线

由于在项目的费用预算阶段存在许多不确定性因素,项目的实际发生费用与估算费用必定会存在一定的偏差,如图5-3中的虚线和点划线。显然,在项目预算基线之下的实际累计费用是期望的项目费用执行情况,而在项目预算基线之上的实际累计费用是不期望的项目费用执行情况。根据项目进度计划,如果所有的工作单元都按最早开始时间执行,或都按最晚开始时间执行,可得到两条在两端重合的S型曲线,称为香蕉图,如图5-4所示。香蕉图是项目进度控制的依据,它给出了项目进度允许偏差(调整)的范围。显然,按照计划进度,累积预算费用的发生应在两条S型曲线围成的香蕉图中。

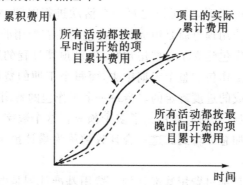

图5-4 累计预算费用的香蕉图

5.2 费用预算约束下的项目进度计划编制

5.2.1 费用预算与活动执行模式选择

活动的执行模式是指项目活动的完成方式,它依赖于资源的投入量,决定了活动的持续时间。显然,在实际项目的执行过程中,活动具有多种执行模式,亦即可以通过多种方式来完成。比如,某一给定工程量的挖土方工作,可以用 10 个人工手工挖掘的方式在 10 天完成,也可以采用 1 台挖掘机和 2 个人工配合的方式,在 2 天完成,还可以用 20 个人工手工挖掘的方式在 6 天完成;等等。

在项目实施过程中,到底采用何种方式完成某项活动,主要取决于项目组织所拥有的资源以及该项目活动的紧迫程度。由于项目组织所拥有的资源水平是由项目的费用预算所决定的,所以,从本质上讲,项目活动执行模式的选择依赖于项目费用预算的松紧程度。如果一个项目的预算比较宽松,那么,便可以筹备比较充足的资源来实施项目,通过选择资源投入大、持续时间短的活动执行模式,使得项目在较短的时间完成。反之,如果一个项目的预算比较紧张,那么,项目管理团队就不得不选择资源投入小、持续时间长的活动执行模式,以使项目费用控制在预算之内。

用图 5-5 所示的示例项目对费用预算与活动执行模式之间的关系进行说明。在该示例项目中,每项活动有两种执行模式:常规模式和加急模式。在常规执行模式下,由于资源的投入量相对较小,因而对应的费用较低,但活动的持续时间相对较长;在加急执行模式下,由于资源的投入量较大,因而对应的费用较高,但活动的持续时间相对较短。两种模式下的活动费用和持续时间见表 5-1。当所有活动都采用常规执行模式时,项目实施的总费用为 320 万元,项目的最早完成时间(即关键路径的路长)为 16 天;当所有活动都采用常规执行模式时,项目实施的总费用为 430 万元,项目的最早完成时间为 12 天。由此可见,随着项目费用投入的增大,

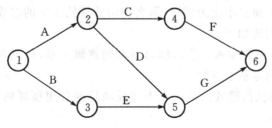

图 5-5 示例项目的 AoA 网络图

通过活动执行模式的调整，项目的完成时间可以有效地被提前。当项目的费用预算被设定在 320—430 万元时，项目管理者便需要合理地确定活动的执行模式，以便用尽可能低的费用尽可能早地完成项目。

表 5-1 两种执行模式下的项目活动持续时间和费用

活动代号	紧后活动	常规执行模式		加急执行模式	
		持续时间（天）	费用（万元）	持续时间（天）	费用（万元）
A	C、D	3	40	2	50
B	E	4	40	3	60
C	F	4	80	3	100
D	G	7	20	5	40
E	G	2	20	1	40
F	—	4	40	3	50
G	—	6	80	5	90

5.2.2　预算费用约束下的多模式项目进度计划编制

在经典的项目进度计划方法以及第 4 章的资源约束项目进度计划中，一般只需按要求合理地安排活动的开始时间即可。但是，预算费用约束下，通常还需要考虑活动的资源投入水平，亦即活动执行模式的选择问题。显然，预算费用约束下的多模式项目进度计划编制，要比之前所介绍的其他方法复杂。由于活动的持续时间只有在资源投入水平给定之后才能确定下来，所以，在预算费用约束下的多模式项目进度计划编制中，首先需要在预算费用约束下确定活动的执行模式，然后再进一步安排活动的开始时间。然而，由于二者之间的关联性和复杂性，往往要根据项目的具体要求，通过上述两步对项目进度计划进行反复的迭代调整，才能最终获得比较满意的进度计划安排。

如果以项目工期最小化为目标，那么费用预算约束下的多模式项目进度计划的实施步骤可以表述如下：

步骤 1　基本参数输入。输入项目活动的逻辑关系，以及在不同执行模式下的持续时间及费用等基本参数。

步骤 2　活动执行模式确定。在不违反项目的费用预算约束下，为每个活动选择一种执行模式。

步骤 3　活动开始时间安排。利用关键路径法计算活动的时间参数，将关键路径上的活动安排在其最早时间开始；对于非关键路径上的活动，根据项目的具体情况,在不违反逻辑关系的前提下,从其开始时间窗中选择一个适当的值。

步骤4　工期最小化进度计划生成。由于在不违反项目费用预算下,可能存在多种满足要求的活动模式组合,因此,对于上述(2)、(3)两步,需要反复重复比较,直至找到一个项目完成时间最早且费用较低的方案为止,该方案即为满意的、满足费用约束的工期最小化项目进度计划。

用5.2.1中的示例项目对上述实施步骤进行说明。现假定该示例项目的费用预算为380万元,要求以工期最小化为目标,编制其满足预算约束的多模式项目进度计划。对于该示例项目,首先能够想到的是,将关键路径上的活动选择为加急执行模式,非关键路径上的活动选择为常规模式,由此获得一种活动模式的安排。需要特别注意的是,项目关键路径会随着执行模式的选择发生变化,因此,在作出上述安排后,必须重新判断关键路径是否仍然是关键路径。基于上述思路,将活动A、D、G选择为加急执行模式,活动B、C、E、F选择为常规模式,这种安排下的项目总费用为360万元,不超过费用预算380万元。然后通过计算发现,在上述执行模式组合下,"A→D→G"仍然是项目网络的关键路径。由于该项目没有其他情况需要考虑,所以,即可将所有的活动安排为其最早开始时间,最终获得如表5-2所示的项目进度计划安排,使得项目可以在其最早可能时间12天完成。上述项目进度计划安排的甘特图见图5-6,项目累积费用变化曲线如图5-7所示。注意,在绘制项目累积费用变化曲线时,将活动的费用消耗平均地分配在其持续时间中的每一天上。

表5-2　预算费用约束下的示例项目工期最小化进度计划

活动代号	执行模式	开始时间	持续时间	费用消耗
A	加急	0	2	50
B	常规	0	4	40
C	常规	2	4	80
D	加急	2	5	40
E	常规	4	2	20
F	常规	6	4	40
G	加急	7	5	90

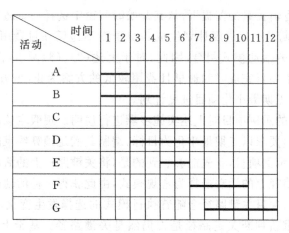

图 5-6 预算费用约束下的示例项目工期最小化进
度计划甘特图

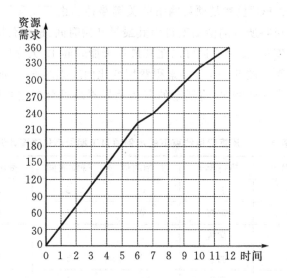

图 5-7 预算费用约束下的示例项目工期最小化
进度计划累计费用变化曲线

5.2.3 预算费用约束下的工期最小化项目进度计划优化【研究性学习内容】

对于上述示例,由于其项目规模小、活动执行模式少,因而可以较为轻松地获得其较为满意的进度计划。当项目规模变大及活动执行模式变多时,由于活动执行模式组合方式的急剧增长,上述问题在求解过程中的计算工作量将会迅速变大,用手工计算的方式获得较为满意的进度安排变得几乎不可能,必须从理论上给出一个可行的解决方案。从理论上讲,上述问题在实质上为一活动具有多种执行模式的、预算费用约束工期最小化项目进度优化问题,可以通过将其构建为如下的0—1规划优化模型,利用运筹学的方法进行求解。

现假定有一用 AoN 网络表示项目由 $N+2$ 个活动构成,活动 0 和活动 $N+1$ 分别为项目虚的开始和结束活动,其余 N 个活动均为实活动。活动 $n(n=0,1,\cdots,N+1)$ 具有 Q_n 种执行模式,以模式 $q(q=1,2,\cdots,Q_n)$ 执行时的持续时间和费用分别为 d_{nq} 和 c_{nq}。注意,虚活动无论以何种模式执行,其持续时间和费用均恒为 0,项目预算费用为 B。在预算费用下约束的工期最小化项目进度计划优化问题中,存在如下两组决策变量分别决定活动的执行模式和开始时间:

$$x_{nq} = \begin{cases} 1 & \text{活动 } n \text{ 采用执行模式 } q \\ 0 & \text{其他} \end{cases} \quad n=0,1,\cdots,N+1; q=1,2,\cdots,Q_n$$

$$y_{nt} = \begin{cases} 1 & \text{活动 } n \text{ 在 } t \text{ 时刻开始} \\ 0 & \text{其他} \end{cases} \quad n=0,1,\cdots,N+1; t=1,2,\cdots,L$$

其中:L 为所有活动都采取持续时间最长的执行模式时的项目网络关键路径的长度。

根据上述对问题的界定,可以构建预算费用下约束的工期最小化项目进度计划优化问题的优化模型如下所述:

$$\text{Min} \quad \sum_{t=ES_{N+1}}^{LS_{N+1}} [y_{(N+1),t}] \tag{5-1}$$

$$\text{s.t.} \quad \sum_{t=ES_0}^{LS_0} (y_{0t}t) = 0 \tag{5-2}$$

$$\sum_{q=1}^{Q_n} x_{nq} = 1 \quad n=0,1,\cdots,N+1 \tag{5-3}$$

$$\sum_{t=ES_n}^{LS_n} (y_{nt}t) + \sum_{q=1}^{Q_n} (d_{nq}x_{nq}) \leqslant \sum_{t=ES_m}^{LS_m} (y_{mt}t)$$

$$n=0,1,\cdots,N+1; m \in U_n \tag{5-4}$$

$$\sum_{n=1}^{N} \sum_{q=1}^{Q_n} (x_{nq}c_{nq}) \leqslant B \tag{5-5}$$

$$x_{nq}, y_{nt} \in \{0,1\} \tag{5-6}$$

其中:ES_n 和 LS_n 分别表示活动 n 的由关键路径法所决定的最早和最晚开始时间,U_n 为活动 n 的紧后活动的集合。

由于两组决策变量均为 0—1 变量,所以,上述优化模型为 0—1 规划优化模型。其中,目标要求式(5-1)最小化项目虚结束活动的完成时间,亦即最小化整个项目的完成时间;约束条件式(5-2)将项目的虚开始活动的开始时间定义为 0,这也是整个项目的开始时间;式(5-3)为每个活动选择一种执行模式;式(5-4)为活动的逻辑关系约束,确保紧后活动的开始时间不早于其对应紧前活动的完成时间;

式(5-5)为项目的费用预算约束,使得所有活动的总费用不超过项目的总费用预算;式(5-6)为决策变量的定义域约束。通过将预算费用下约束的工期最小化项目进度计划优化问题表述为上述0—1规划优化模型,便可以借助0—1规划优化模型的求解方法方便地获得最优的进度计划安排。

5.3 项目赶工与时间—费用权衡

5.3.1 项目的直接费与间接费

在现实中的很多项目(特别是建设类工程项目)中,项目的费用被分解为直接费和间接费两大部分进行控制和管理。

直接费是指直接消耗在项目工程实体中的费用,包括为完成项目活动而直接消耗的人工、材料、机械的费用和现场管理人员的费用。例如,对于工程项目来说,直接费由直接工程费用和措施费组成:

(1)直接工程费。直接工程费包括施工工人的基本工资、工资性补贴、生产工人辅助工资、职工福利、生产工人劳动保护费等;材料购置费、手续费、运输损耗费、采购保管费、检验试验费等;施工机械的折旧费、大修费、经常修理费、安装拆卸及场外运输费、人工费、燃料动力费、养路费及车船使用税等。

(2)措施费。措施费包括环境保护费、文明施工费、安全施工费、临时设施费、夜间施工费、二次搬运费、大型机械设备进出场及安装拆卸费、混凝土、钢筋混凝土模板及支架费、脚手架费、已完工程及设备保护费、施工排水、降水费等。

间接费是指与整个工程项目相联系,但不能或不宜直接分摊给每个活动的费用,通常包括企业管理费和规费两部分。企业管理费又可分解为管理人员工资、办公费、差旅交通费、固定资产使用费、工具用具使用费、劳动保险费、工会经费、职工教育经费、财产保险费、财务费、税金和其他有关的管理费用、拖延工期的罚款、提前完工的奖金、占用资金应付的利息、机动车辆的费用等;而规费可分解为工程排污费、工程定额测定费、社会保障费(养老、失业、医疗保险费)、住房公积金、危险作业意外伤害费等。

一般来说,直接费与活动的持续时间(项目工期)成反比关系,即压缩活动的持续时间会导致直接费增加;而延长活动的持续时间会导致直接费下降。而且,当活动持续时间压缩到一定程度之后,直接费上升的幅度会急剧增加;当活动持续时间延长到某一程度之后,直接费的下降将趋于平缓。由于间接费是分摊到整个项目上去的,所以,通常认为间接费与项目工期成正比例线性关系,即间接费随着项目工期的延长近似线性增加。工期越长,间接费越高;工期越短,间接费越低。由于直接费和间接费与项目工期之间的上述关系,所以,二者之和,亦即项目的总费用便可能存在着一个最低值,该最低值所对应的项目工期就是项目的最佳工期。直接费、间接费及总费用与项目工期之间的关系如图5-8所示。

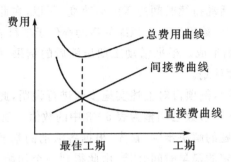

图5-8 项目费用与工期之间的关系

5.3.2 项目赶工

项目赶工是指将项目的完成时间向前提,或者将项目实施过程中的某些关键的里程碑事件的实现时间向前提。赶工一般需要通过对活动持续时间进行压缩来实现,而这通常会导致直接费的上升和间接费的下降。对于现实中的绝大多数项目来说,在对项目进行赶工时,直接费增加的幅度要远远大于间接费下降的幅度。所以,在对项目赶工问题进行分析时,可以忽略间接费下降带来的影响,只考虑直接费与工期变化之间的关系。在这种情形下,为了表述方便,有时就直接将直接费称为项目费用。

项目赶工是现实中绝大多数项目管理者都会遇到的问题,如何对项目进度计划进行调整,对以最优地完成项目的赶工任务具有很强的意义。关于项目的赶工问题,在很多情形下,都可借助多模式工期最小化项目进度计划编制方法,通过对活动执行模式的调整来解决。但是,在现实中,还存在另外一种情形,即活动的持续时间可以连续地按单位时间进行压缩,由此所产生的费用也以单位时间的费率形式给出。此时,赶工问题的解决方法便与多模式项目进度计划有较大的不同。

一般地,活动持续时间可连续调整的项目赶工问题的解决步骤如下:

步骤1 基本参数输入。输入项目工期要求、活动的逻辑关系、基准持续时间、基准费用、压缩费率及可压缩总量等基本参数。

步骤2 初始进度计划编制。在不考虑项目工期要求的前提下,根据活动的基准持续时间编制一个初始进度计划。若初始进度计划已满足了项目工期的要求,则赶工问题没有出现,即按照初始进度计划执行项目;否则,进行下一步。

步骤 3　活动工期压缩。从项目网络中找出关键路径,对关键路径上的活动按照压缩费率进行升序排列(压缩费率较低的排在前面,压缩费率较高的排在后面)。然后,按此顺序对活动工期进行压缩,直至满足项目的工期要求为止。注意,由于关键路径会随着活动持续时间的压缩而改变,所以,在此过程中,要随时对项目的关键路径进行检查,确保每一次压缩的活动都位于项目的关键路径上。

步骤 4　进度计划生成。根据活动工期压缩后的结果,调整各活动的开始时间,得到一个新的进度计划。

仍用图 5-1 中的示例项目对上述实施步骤进行说明,此时,为了说明活动的压缩过程,各活动的基本参数已调整为表 5-3 中的数值。项目工期要求为 12 天。按照上述项目赶工问题的解决步骤,首先,根据各活动的基准持续时间,令活动在其由关键路径法所决定的最早时间开始,由此得到一个初始项目进度计划。初始进度计划的总费用为 320 万元。由于该计划的项目完成时间为 16 天,不满足项目的工期要求,因此,必须对活动工期进行压缩。

表 5-3　示例项目活动的相关参数

活动代号	紧后活动	基准持续时间(天)	基准费用(万元)	压缩费率(%)	可压缩量(天)
A	C、D	3	40	8	1
B	E	4	40	10	2
C	F	4	80	6	1
D	G	7	20	12	3
E	G	2	20	15	1
F	—	4	40	8	2
G	—	6	80	10	2

该示例项目网络的关键路径为"A→D→G",在关键路径上,活动 A 的压缩费率最低,为 8;活动 D 的压缩费率最高,为 12;活动 G 的压缩费率居中,为 10。因此,对上述活动工期进行如下的压缩过程:

(1)将活动 A 的工期压缩 1 天,由此产生数值为 8 万元的额外压缩费用。此时项目的完成时间为 15 天,不能满足项目工期的要求。检查项目网络的关键路径,仍为"A→D→G"。

(2)将活动 G 的工期压缩 2 天,由此产生数值为 2×10=20 万元的额外压缩费用。此时项目的完成时间为 13 天,还没有达到项目工期的要求。检查项目网络的关键路径,仍为"A→D→G"。

(3)将活动 D 的工期压缩 1 天,由此产生数值为 12 万元的额外压缩费用。此时项目的完成时间为12天,已满足项目工期的要求,停止压缩。

上述压缩过程结束后,得到一个满足项目工期要求的新的进度计划安排见表5-4。表5-4不仅给出了各活动的开始时间安排,而且还给出了完成每个活动所需的基准费用、压缩费用及总费用。由表5-4可以得到,在活动工期压缩后的项目进度计划下,完成项目所需的基准总费用仍为320万元,压缩总费用为40万元,两项合计360万元。该进度计划安排的甘特图见图5-9,项目累积费用变化曲线如图5-10所示。

表 5-4 活动工期压缩后的项目进度计划

活动代号	开始时间	持续时间(天)	基准费用(万元)	压缩费用(万元)	总费用(万元)
A	0	2	40	8	48
B	0	4	40	0	40
C	2	4	80	0	80
D	2	6	20	12	32
E	4	2	20	0	20
F	6	4	40	0	40
G	8	4	80	20	100

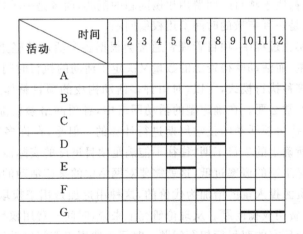

图 5-9 活动工期压缩后的项目进度计划甘特图

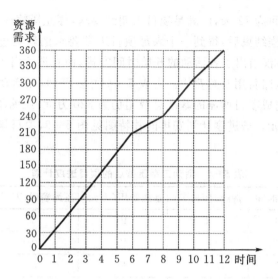

图 5-10 活动工期压缩后的项目累计费用变化曲线

5.3.3 项目时间—费用权衡问题研究【研究性学习内容】

从理论上讲,项目赶工问题和 5.2 中所介绍的预算费用约束下的多模式项目进度计划问题,都属于项目时间费用权衡问题的范畴,前者是一种连续的时间费用权衡问题,后者是一种离散的时间费用权衡问题。

在项目的实施过程中,项目管理者通常会根据各个活动的轻重缓急来决定对其的资源投入量,而活动获得资源的数量又决定了活动的执行时间,即项目中的活动通常都具有多种执行模式,所以,对由许多活动构成的项目整体来说,工期—费用的权衡显得非常必要。在确定型的活动网络中,各项网络参数都是在正常的资源配置条件下,按每项活动的正常周期进行计算的。但是,在许多实际情况下,按正常活动周期所确定的项目工期,往往不能满足项目进度的实际需要,或预计按规定工期完成目标工期的概率过低,这就需要对网络中的某些活动的周期进行压缩,这种压缩是以资源投入量的增加为代价的,这种用追加费用来换取缩短工期的措施,称为时间—费用权衡问题。从理论研究上来说,时间—费用权衡问题是项目进度文献中被广泛研究的双目标权衡问题。时间—费用权衡问题最初被提出的意义较简单,通过增加额外的费用,项目的某些活动或全部活动能够加速执行,从而项目的总工期被缩短。随着项目管理实践和研究的不断发展,时间—费用权衡的实际价值早已超越了最初的范畴。例如,如何合理地压缩活动的执行时间,以最小的费用使进度计划满足工期要求;如何合理地在活动间分配有限的预算使完成项目的工期最短。目前,在实际项目的实施中,基于时间和费用的竞争越来越激烈,因而,对项目的工期和费用进行权衡是非常必要的。在项目的执行过程中,常常通过压缩关键路径上活动的执行时间来缩短项目工期;通过放松非关键路径上活动的执行时间来节省项目的总费用。对于一个具体的项目,根据时间—费用权衡提供的信息,承包商可以最优地安排项目的进度,客户可以酌情安排对项目的支付。

现假定有一 AoA 项目网络记为 $G=(N,A)$,其中 N 为节点(事件)集合,A 为弧(活动)集合,且 $|N|=n, |A|=m$。节点 1 和节点 n 分别代表虚的开始事件和结束事件,它们不消耗时间和资源。活动 $i-j$ 的持续时间记为 t_{ij},对应的费用记为 c_{ij}。根据对 t_{ij} 与 c_{ij} 之间关系的不同假设,时间—费用权衡问题可以分为两大类:连续的时间—费用权衡问题和离散的时间—费用权衡问题。连续的时间—费用权衡问题假定 t_{ij} 与 c_{ij} 之间存在连续的函数关系,即 $t_{ij}=f(c_{ij})$。如果 t_{ij} 与 c_{ij} 之间函数关系是线性的,则被称为线性的连续时间—费用权衡问题。与线性的时间—费用权衡问题相对应,当 $t_{ij}=f(c_{ij})$ 被假定为非线性时,就形成了非线性的时间—费用权衡问题。非线性关系比线性关系更接近现实,但同时问题求解的难度也随之增大。

时间—费用权衡问题的重要性在上世纪 70 年代已被关注,但当时的研究大多假定活动的时间与费用之间的关系是连续的。相比之下,离散时间—费用权衡问题的研究相对较少甚至脱节,这其中的主要原因是因为离散问题求解的困难性所致,即随着问题规模的扩大,计算时间变得无法接受。然而,在实际项目管理中,活动的时间与费用之间关系为离散的情形普遍存在。因此,随着项目进度计划理论的发展和计算机运算速度的提高,90 年代之后,对离散的时间—费用权衡问题的研究开始聚焦。在传统的离散时间—费用权衡问题中,通常假定活动工期是分配给活动的一种单一不可重复使用资源——资金的离散非增函数。由 n 个节点(事件)和 m 条弧(活动)构成的 AoA 项目网络中,活动 $(i,j)\{(i,j)\in A\}$ 有 K_{ij} 种执行模式,且每种执行模式对应不同的费用需求,活动 (i,j) 的全部执行模式表述为:

$$[(t_{ij1},c_{ij1}),(t_{ij2},c_{ij2}),\cdots,(t_{ijl},c_{ijl}),\cdots,(t_{ijr},c_{ijr}),\cdots(t_{ijK_{ij}},c_{ijK_{ij}})]$$

在活动 (i,j) 的 K_{ij} 种执行模式中,若 $l<r$,则存在如下关系:

$$t_{ijl}<t_{ijr} \text{ 和 } c_{ijl}>c_{ijr} \text{ 或者 } t_{ijl}>t_{ijr} \text{ 和 } c_{ijl}<c_{ijr}$$

即活动的执行时间越长,费用越低;反之则相反。完成整个项目的执行模式集合记为 Ω,则 Ω 中的元素个数为 $\prod_{(i,j)\in A}K_{ij}$。可以看出,随着网络规模的扩大和活动执行模式数的增加,Ω 中的元素个数将呈指数增长。离散的时间——费用权衡问题的研究就是从集合 Ω 中寻找满足目标函数的最优解或最优解集合,目标函数通常以三种形式出现,分别如下:

(1)P1 问题:即项目工期问题,在一个给定的项目截止时间约束下,寻找使项目的总费用最小化的进度计划安排。

(2)P2问题：即项目预算问题，在一个给定的费用预算约束下，寻找使项目完成时间最早的进度计划安排。

(3)P3问题：即工期—费用曲线问题，找出全部有效的工期—费用模式集合。所谓"有效"的解释为，假定有两种执行模式$[(y,c),(y',c')]$，若$y<y'$且$c<c'$，则模式(y,c)比模式(y',c')有效，模式(y',c')在解集中将被删掉。P3问题的解是从集合Ω中找出所有有效的项目的(工期，费用)模式集合，P3问题是P1和P2的结合。当P1问题中的项目截止时间或P2问题中的项目预算均为可变参数时，它们的解的空间与P3问题是一致的。不同的是，在实际项目管理中，项目截止时间或预算的取值不一定与P3问题中项目的某种执行模式的工期或费用参数相同。而在更多情况下，P1和P2问题在实际中更为常见。从研究角度来看，P3问题更加完整。因此，可以认为，P1和P2是作为P3的子问题被提出来的。

经过几十年的研究，时间—费用权衡问题作为项目进度问题中一个非常活跃的分支，无论是在问题的表述上还是求解算法的设计上，已经初步形成了一个知识体系。然而，时间—费用权衡问题还有以下几个方面有待进一步深入研究：

(1)活动时间与活动费用不确定条件下的时间—费用权衡问题研究。目前的研究均假设活动执行模式中的时间和费用参数是已知的，但在实际项目的实施中，由于受众多随机因素的影响，活动的执行时间与费用都无法准确预知，当然项目的工期也是一个随机变量。如何对随机活动时间和费用的时间—费用权衡问题进行探索，是一项很有实际意义的工作。

(2)同时考虑活动的直接费用和项目的间接费用的时间—费用权衡问题研究。在不考虑项目间接费用的假设下，项目的工期—费用曲线是单调非增的，即工期越长，费用越低；工期越短，费用越高。但是，当同时考虑活动的直接费用和项目的间接费用时，项目的工期—费用曲线将发生变化。随着实际项目规模的增大，间接费用已成为整个项目费用中不可忽视的重要部分，所以，研究应同时考虑活动的直接费用和项目的间接费用。

(3)具有时间转换约束的时间—费用权衡问题的研究。尽管对问题已有初步探索，但由于实际项目的复杂性，问题的研究仍有待于进一步深化。更进一步，活动模式的时间转换约束同时引发另一个问题，那就是系统的浮动时差，即在不影响项目的工期的前提下，项目的开始时间有一定的浮动时间。更进一步，项目的不同开始时间也决定了项目不同的工期，假定项目可以在周一至周五的每天上午8：00开始，那么，选择合适的项目开工时刻将使项目的实际作业时间最短。由于考虑了时间转换约束，同时还有传统的优先关系约束，所以，在项目实施的整个过程中，在一些时间段内，没有活动被执行，当然也没有费用支出发生。在活动类型约束中，这些时间最有可能出现在周六、周日两天。项目的实际作业时间等于项目工期减去这些时间段得到，所以，使项目的实际作业时间最短有利于项目总费用的优化。

(4) 多种资源约束下的时间—费用权衡问题研究。在经典的时间—费用权衡问题研究中，所有的资源被简化为一种不可重复使用的资源，即资金。但是在实际项目中，还包括另外两种类型的资源约束，可重复使用资源和双重约束资源。所以，在时间—费用权衡问题的模型中，应考虑多于一种资源的约束，增加可更新资源与双重约束资源。

(5) 具有一般优先关系约束或活动抢先权的时间—费用权衡问题研究。目前时间—费用权衡问题研究大部分均假定在一个已定的项目中，仅存在一种零时滞的结束—开始型优先关系约束。然而在一个真实的项目中，往往同时存在着多种优先关系（见第4章4.3.3），而且有些活动还具有抢先权。所以，时间—费用权衡问题研究应考虑在活动网络中更为一般的优先关系，同时，将活动的抢先问题也考虑在内。

(6) 求解时间—费用权衡问题的高性能启发式算法的开发。现存的项目管理软件不能完成对实际项目的时间—费用权衡问题的决策，这主要是由于离散时间—费用权衡问题是 NP—hard 问题，解决这一问题需要高性能的启发式算法，所以，开发求解时间—费用权衡问题的高性能启发式算法是一个具有较高实用价值的研究方向。

5.4 项目费用控制及与进度的协调

5.4.1 项目费用控制及其影响因素

项目费用控制是指在项目费用形成的过程中，对产生费用的各项开支进行跟踪、监督，及时纠正发生的偏差，把费用的实际支出控制在预算所规定的范围之内，以保证项目费用计划的实现。项目费用控制具有两方面职能：一是它通过对费用支出情况进行预测、计算和分析，修正项目费用的控制目标；二是通过对实际费用与计划费用的对比、分析，找出费用偏差产生的原因以及费用控制的有效途径。

一般说来，影响项目费用控制的主要因素有如下四方面：

1. 项目质量对项目费用的影响

为了分析项目质量要求对费用的影响，可以把与质量有关的费用分解为质量故障费用和质量保证费用两部分。质量故障费用指由于发生质量故障造成的损失和费用支出。质量越低，引起的质量不合格损失越大，即质量故障费用越大；反之，质量越高，故障越少，引起的损失也越少，则质量故障费用越低。质量保证费用是指为保证和提高质量而采取相关保证措施而耗用的费用。这类开支越高,质量保证程度越高,出现质量故障的几率就越低,质量故障费用也随之下降;反之,这类开支越低,质量保证程度就越低,出现质量故障的几率就会较高,质量故障费用随之上升。将上述两项费用进行汇总,便可得到项目的质量总费用,它们随质量水平的变化曲线如图 5-11 所示。由图 5-11 可见,从质量费用的角度看,存在着一个最佳质量点,该质量点所对应的质量总费用最低。

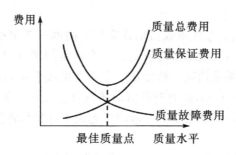

图 5-11 项目质量费用随质量水平变化曲线

2. 项目工期对项目费用的影响

正如前面所讨论的,要缩短项目工期,需要投入额外的资源以加快项目的进度,由于项目直接费用的增加会导致项目费用的上升。然而,如果项目工期拖延过久,间接费用的增加也会导致项目总费用的上升。所以,对于实际项目来说,存在着一个最佳的项目完成时间,在该完成时间下,项目的总费用达到最小值。

3. 市场价格对项目费用的影响

市场价格是影响项目费用的最直接、最敏感的因素。在实际项目的实施过程中,项目费用的膨胀在很多情形下,是由于市场价格的上涨造成的。对于市场价格这一影响因素,项目管理者无法进行直接的控制,他们所能做的就是,在对项目费用进行估算和制定项目费用计划时,应做好市场价格的预测工作,以便准确地把握费用水平,避免由于价格波动而使项目费用控制陷入被动。

4. 管理水平对项目费用的影响

管理水平对项目费用的影响是全方位的。例如,对项目预算费用估算偏低,会使实际费用大大超出计划费用,而影响项目的正常进行;由于资金筹措不到位,或者材料、设备供应发生问题,会影响项目进度、延长工期,造成项目总费用增加;与客户协调不力,导致甲方不配合会产生额外费用;频繁地更改设计导致项目实施组织混乱,影响进度计划的执行,给费用控制带来不利影响;等等。

5.4.2 项目费用控制方法

现实中的项目费用控制方法很多,在此主要介绍较为实用的偏差控制法和成本分析表法。

1. 偏差控制法

偏差控制法是在制定出费用计划的基础上,通过采用比较的方法,找出计划费用与实际费用之间的偏差,分析偏差产生的原因与变化发展趋势,进而采取措施以减少或消除不利偏差,实现费用计划的一种科学方法。实施偏差控制法时,通常将偏差可分为如下三种:

实际偏差＝实际费用－预算费用
计划偏差＝预算费用－计划费用
目标偏差＝实际费用－计划费用

其中:实际费用是指在项目实施过程发生的各项实际支出;计划费用是指在制定计划时所规定应实现的费用控制目标;预算费用是指项目费用控制的底线,它通常在计划费用的基础上再留出一定的余地。以上三种费用之间形成三种偏差:实际偏差、计划偏差和目标偏差。实际偏差衡量实际费用与费用底线之间的距离,反映了项目费用控制所获得的实际结果;计划偏差衡量计划费用与费用底线之间的距离,是项目费用控制力图达到的目标;目标偏差衡量实际费用围绕计划费用之间的波动情况,它是真正应用于现实项目费用控制的偏差。上述三种费用及三种偏差之间的关系如图5-12所示。

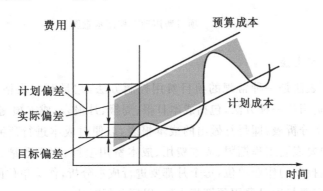

图 5-12 三种费用及三种偏差之间的关系

一般来说,利用偏差控制法对项目费用进行控制的实施步骤如下:

步骤1 找出偏差:即在项目实施过程中不断记录实际发生的各项费用,然后将记录的实际费用与计划费用进行比较,从而发现目标偏差。

步骤2 分析偏差产生的原因:即分析实际费用与计划费用之间出现偏差的原因,常用的有两种方法:因素分析法与图像分析法。因素分析法是将费用偏差的原因归纳为几个相互联系的因素,然后用一定的计划方法从数值上测定出各种因素对费用产生偏差程度的影响,找出偏差的产生是哪种费用的增加而引起的。图像分析法是通过绘制线图和费用曲线的形式,通过总费用和分项费用的比较分析,发现在总费用出现偏差是由那些分项费用超支造成的。

步骤3 纠正偏差:即针对偏差产生的原因采取相应的措施,以减少费用偏差并把费用偏差控制在理想的范围之内,以使费用控制的目标最终得以实现。

需要说明的是,上述实施步骤是一个动态的过程,即在项目的实施过程中,要不断地跟踪检查,发现偏差,分析原因,采取纠偏措施,确保项目费用控制在给定的预算范围之内。这过程示意如图5-13所示。

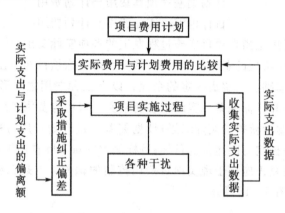

图5-13 项目费用动态控制示意图

2.成本分析表法

成本分析表法是一种常规的项目费用控制方法,它是利用表格形式调查、分析、研究项目费用的一种方法,包括成本日报、周报、月报表、成本预测报告表等。

(1)月成本分析表:即每月做出的成本报表,以便对成本进行研究对比。在月成本分析表中要表明工程期限、成本费用、成本费用项目、生产数量、工程成本、单价等。对可能控制的作业单位,每个月都要进行成本分析,作业单位的成本费用项目的分类,一定要与项目费用预算相一致,以便分析对比。

(2)成本日报或周报表:对重要工程应掌握每周,甚至每日的项目进度和费用,以便发现工作上的弱点和困难,并采取有效措施。成本日报或周报,比做出的关于全部项目的月报表要详细、正确,一般只是对重要工程和进度快的每项作业分别写一份报告书,通常只记入人工费、机械营运费和产品数量。

(3)月成本计算及最终预测报告:即每月编制月成本计算及最终成本预测报告对项目费用进行分析和控制。该报告书记载的主要事项包括:项目名称、已支出金额、到完成尚需的预计金额、盈亏预计等。该报告书随着时间的推移,其精确性不断增加。

5.4.3 基于挣值法的项目费用与进度协调控制

由于项目费用与进度之间所存在的紧密的关联关系,显然,在进行费用控制时不考虑其与进度的关系是不行的。从另一个方面讲,在进行进度控制时不考虑项目的费用预算,同样也不会获得好的结果。所以,若想取得较为理想的控制效果,项目的费用和进度必须集成到一起进行综合考虑,努力实现二者的协调与配合。

挣值法(又称挣得值分析法)是一种通过测量计划工作的预算费用、已完成工作的预算费用和已完成工作的实际费用,同时得到有关计划实施的进度和费用偏差,从而对项目进度和费用进行综合控制的有效方法。挣值法的独特之处就在于,它将项目已实际完成的工作量转化为预算费用,以此来衡量项目的进度,并借此将进度与费用关联在一起,实现二者的协调控制。其中,已完成工作的预算费用即为所谓的挣得值(earned value),挣值法正是基于该参数而得名。挣得值分析有以下三个基本参数:

(1)计划工作的预算费用 BCWS(budgeted cost for work scheduled):指根据项目进度计划的要求应完成的工作所对应的预算费用,反映按进度计划应当完成的工作量。按下述公式计算:

$$BCWS=计划工作量\times 预算定额$$

(2)已完成工作的预算费用 BCWP(budgeted cost for work performed):指项目在实施过程中实际完成的工作所对应的预算费用,反映在实际进展中所完成的工作量。按下述公式计算:

$$BCWP=已完成工作量\times 预算定额$$

(3)已完成工作的实际费用 ACWP(actual cost for work performed):指项目在实施过程中实际完成的工作所消耗的费用,反映在实际进展中所支出的费用高低。

基于上述三个基本参数,挣得值分析法有以下四个评价指标:

(1)费用偏差 CV(cost variance):指已完成工作的预算费用与已完成工作的实际费用之间的偏差,反映项目实施过程中的费用控制情况。计算公式为:

$$CV=BCWP-ACWP$$

当 CV 为负值时,表示费用控制效果不佳,实际费用超过预算费用;反之,当 SV 为正值时,表示费用控制效果较好,实际费用低于预算费用。

(2)进度偏差 SV(schedule variance):指已完成工作的预算费用与计划工作的预算费用之间的偏差,反映项目实施过程中的进度控制情况。计算公式为:

$$SV = BCWP - BCWS$$

当 SV 为正值时,表示进度控制良好,实际进度超前于计划进度;当 SV 为负值时,表示进度控制不佳,实际进度滞后于计划进度。

(3)费用执行指标 CPI(cost performed index):指已完成工作的预算费用与已完成工作的实际费用之比,反映项目实施过程中的费用控制情况。计算公式为:

$$CPI = \frac{BCWP}{ACWP}$$

当 CPI>1 时,实际费用低于预算;当 CPI<1 时,表示实际费用超出预算;当 CPI=1 时,表示实际费用与预算费用吻合。

(4)进度执行指标 SPI(schedule performed index):指已完成工作的预算费用与计划工作的预算费用之比,反映项目实施过程中的进度控制情况。计算公式为:

$$SPI = \frac{BCWP}{BCWS}$$

当 SPI>1 时,表示进度提前;当 SPI<1 时,表示进度延误;当 SPI=1 时,表示实际进度等于计划进度。

在项目实施过程中,通过实时地观测 BCWS、BCWP 和 ACWP,便可以同时判断进度和费用的执行情况,分析其偏差出现的情况,据此制定切实可行的纠偏措施,确保费用与进度控制目标的完成。

现假定在某一项目的实施过程中,通过对上述三个参数的在线观测,得到了如图 5-14 所示的 BCWS、BCWP 和 ACWP 变化曲线。从该图可以清楚地看出,对于该项目来说,其费用和进度控制效果都非常不理想:因为已完成工作的预算费用 BCWP 曲线始终位于计划工作的预算费用 BCWS 曲线的下方,这使得进度偏差 SV 在项目的执行过程中恒为负值,进度执行指标 SPI 一直小于 1 时,表示项目从开始到结束,进度始终处于没有达到计划的要求,始终处于一种延误的状态;与此同时,已完成工作的实际费用 ACWP 曲线却始终位于已完成工作的预算费用 BCWP 的上方,导致费用偏差 CV 在项目执行过程中恒为负值,费用执行指标 CPI 一直小于 1,表示项目从开始到结束,实际发生的费用支出始终没有控制到费用预算之内。在项目完成的时候,无论是进度还是费用,都超过了原定的计划。也就是说,项目既没有按期完成,也没有给实施者带来任何收益。

需要特别强调的是,在对项目进度和费用的偏差进行分析时,要将它们综合在一起进行讨论,不能将二者割裂开来。因为,在有些情况下,项目费用的超支是由于进度的提前所造成的,如果将超前部分的进度预算考虑在内的话,费用可能不仅

第5章 项目费用计划及时间—费用权衡

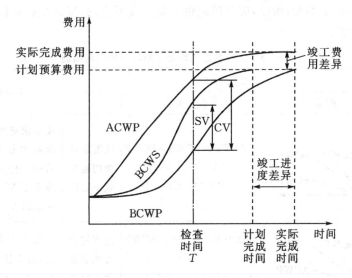

图 5-14 某项目的 BCWS、BCWP、ACWP 曲线

没有超支,甚至有可能还会节余。此时,如果已完成部分的工作质量是满足要求的,那么,不仅对项目团队不能惩罚,而且还应该进行奖励。在另一些情况下,项目的费用有所节余,但这些节余并非是项目团队对费用控制得力的结果,而是由于进度延迟所致,也就是说,项目团队没有在规定的时间内完成相应的任务,所以费用的支出比较少。也许,如果按照项目团队所完成的工作量计算的话,项目费用不仅没有节余,而且还有可能超支。在这种情况下,不仅不能对其费用节余进行奖励,而且有可能需要对项目团队进行改组,以改变当前的不利局面。

表 5-5 给出了三种参数的综合分析与一般应对措施。在表 5-5 中,较为理想的情形是第 2 种和第 3 种,在这两种情形下,项目实际进度超过计划进度,项目实际费用低于预算费用,说明进度和费用都控制的比较理想。较为糟糕的情形是第 1 种和第 5 种,在这两种情形下,无论是项目进度还是项目费用,都没有达到计划的要求,费用超支、进度滞后,项目管理亟待改进。情形 4 和情形 6 介于二者之间,在情形 4 中,虽然进度是提前的,但费用超支的较为严重,所以,应重点加强对项目费用的控制;情形 6 与情形 4 相反,费用是节余的,但进度却是滞后的,因此,应着力加快项目的进度。在实际项目控制中,如果出现了情形 4 和情形 6,项目管理者需要深入分析二者综合到一起的总体结果,而不要一概而论地地采取笼统的措施。一般说来,在项目实施过程中,三条曲线相互靠近、均衡地向前发展比较好,过高或过低以及大幅地波动,都可能预示着项目实施中可能隐藏着潜在的问题。此外,还应注意的是,项目实施是一个动态的过程,三条曲线之间的关系不会像表

5-5中那样固定不变,所以,应对措施也不是一成不变的,应该根据具体的变化适时地进行调整。

表5-5 三种参数的综合分析与一般应对措施

序号	三种参数关系 图形关系	三种参数关系 参数关系	分析	应对措施
1	ACWP, BCWS, BCWP	ACWP>BCWS>BCWP SV<0 CV<0 SPI<1 CPI<1	进度滞后 费用超支 效率较低	在加快进度的同时,应着力控制好项目费用,用工作效率高的人员更换一些效率低的人员
2	BCWP, BCWS, ACWP	BCWP>BCWS>ACWP SV>0 CV>0 SPI>1 CPI>1	进度超前 费用节余 效率较高	若偏离不大,维持现状,但应注意项目实施中存在的隐患
3	BCWP, ACWP, BCWS	BCWP>ACWP>BCWS SV>0 CV>0 SPI>1 CPI>1	进度过快 费用节余 效率较高	抽出部分人员,放慢进度
4	ACWP, BCWP, BCWS	ACWP>BCWP>BCWS SV>0 CV<0 SPI>1 CPI<1	进度超前 费用超支 效率较低	在保证进度的同时,应注意费用的控制、提高效率,抽出部分人员,增加骨干人员
5	ACWP, BCWS, BCWP	BCWS>ACWP>BCWP SV<0 CV<0 SPI<1 CPI<1	进度滞后 费用超支 效率较低	在控制费用的同时,应着力加快项目进度,增加高效人员的投入
6	BCWS, BCWP, ACWP	BCWS>BCWP>ACWP SV<0 CV>0 SPI<1 CPI>1	进度滞后 费用节余 效率较低	应加大投入,着力把项目进度赶回来

[例] 设某一项目由A、B、C、D四项活动构成,其进度计划安排见图5-15中的深色甘特图。该项目各项活动的预算列于甘特图的右侧1列。在第6周末时,对各活动的实际完成情况进行了检查,得到的结果如图5-15中的浅色甘特图所示。此时,各项活动发生的实际费用见甘特图的右侧第2列。试根据图5-15中

提供的信息,计算该项目第 6 周末时的 BCWS、BCWP、CV、SV、SPI 和 CPI,并对项目进度与费用的控制情况进行分析。

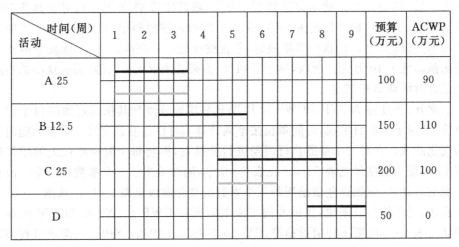

图 5-15　项目的进度计划安排及第 6 周末的检查结果

解:

在第 6 周末时,活动 A 已经全部完成,因此,对于该活动:

BCWS=100 万元,BCWP=100 万元,CV=10 万元,SV=0 万元,CPI=1.11,SPI=1。

在第 6 周末时,活动 B 已经开始但尚未完成,对于该活动:

BCWS=150 万元,BCWP=75 万元,CV=-35 万元,SV=-75 万元,CPI=0.68,SPI=0.5。

在第 6 周末时,活动 C 已经开始但尚未完成,对于该活动:

BCWS=100 万元,BCWP=100 万元,CV=0 万元,SV=0 万元,CPI=1,SPI=1。

在第 6 周末时,活动 D 尚未开始,无需对该活动进行计算。

对于整个项目来说,在第 6 周末时:

ACWP=90+110+100=300(万元)

BCWS=100+150+100=350(万元)

BCWP=100+75+100=275(万元)

因此,有:

CV=-25 万元,SV=-75 万元,CPI=0.92,SPI=0.79。

从上述结果可以看出,从该项目的前 6 周执行情况看,结果不太理想,项目的费用是超支的,而且进度也是滞后,而且,进度滞后的幅度要大于费用超支的幅度。

进一步分析造成上述结果的原因,可以清楚地发现,主要是由于活动 B 的执行不力造成的。按计划活动 B 到第 6 周末时应全部完成,但实际上仅完成了一半的预算工程量(75 万元),而费用却达到 110 万元,超过预算 35 万元。而对于其他三个活动来说,活动 D 按计划还未开始;活动 C 准确地按照预定的计划完成了工期和费用的控制;活动 A 的执行效果最好,不仅按计划顺利完成,而且实际发生的费用还比预算低了 10 万元。所以,对于该项目,如果要采取纠偏措施,那么这些措施应该是针对活动 B 来制定。

此外,通过将 ACWP、BCWS 和 BCWP 平均地分摊到其执行过程的每个时间单位上(对于该项目来说,时间单位按半周计算),可以绘制该项目三个参数随时间的变化曲线。在对三个参数执行周期进行分摊后,再将每个时间单位上的结果进行汇总,得到的结果见表 5-6。在表 5-6 中,同时给出了三个参数在每个时间单位上的累计值,依据这些值绘制的三个参数的变化曲线见图 5-16。从图 5-16 可以看出,对于该项目来说,在第 6 周结束的时候,ACWP、BCWS 和 BCWP 的曲线形状与表 5-5 的第 1 种情形相符,CV<0、SV<0、CPI<1、SPI<1,即项目费用超支、进度滞后,应该立即采取措施,更换项目组的关键人员,加强对项目费用与进度的控制,提高项目的执行效率。更进一步地,从上述对计算结果的讨论得出,所采取的这些措施不应该是笼统的,而是具体地针对活动 B 展开。对于其他两个活动,活动 A 的成员应该保留并加以奖励;活动 C 保持不变,继续往下执行。

表 5-6 项目实施前 6 周 ACWP、BCWS 和 BCWP 的变化情况

时间		ACWP	累计 ACWP	BCWS	累计 BCWS	BCWP	累计 BCWP
第 1 周	上	0	0	0	0	0	0
	下	18	18	20	20	20	20
第 2 周	上	18	36	20	40	20	40
	下	18	54	20	60	20	60
第 3 周	上	36.3	90.3	45	105	32.5	92.5
	下	36.3	126.6	45	150	32.5	125
第 4 周	上	18.3	144.9	25	175	12.5	137.5
	下	18.3	163.2	25	200	12.5	150
第 5 周	上	43.3	206.5	50	250	37.5	187.5
	下	43.3	249.8	50	300	37.5	225
第 6 周	上	25	274.8	25	325	25	250
	下	25	299.8	25	350	25	275

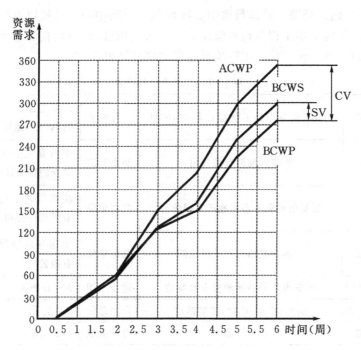

图 5-16 项目实施前 6 周 ACWP、BCWS 和 BCWP 的变化曲线

思考题

1. 何谓项目费用估算？常用的方法有哪几种？
2. 什么是项目费用预算？它的输出是什么？
3. 什么是项目活动的执行模式？项目活动执行模式的选择与费用预算之间有何关联关系？
4. 如何在预算费用的约束下，编制使项目工期最小化的进度计划？
5. 项目的直接费与间接费各包括哪些内容？它们与项目工期之间有何关系？
6. 什么是项目赶工？项目赶工的实施步骤有哪些？
7. 何谓项目费用控制？影响项目费用控制的因素有哪些？
8. 项目费用控制的常用方法有哪些？挣值法是如何实现对项目费用与进度的协调控制的？

案例：XACB 商务中心项目工期压缩与费用控制

XACB 商务中心位于西安浐灞生态区三角洲中部的 A—17 地块内。该地块东北方隔一条滨河路为灞河，东南方隔一条纬二路为东三环，西北方为东湖路延伸线,西南为区内二环路。浐灞行政中心项目包括行政中心办公楼以及配套的地下车库等辅助设施。本工程总包单位仅负责一般室内装修,室内精装修和特殊装修另委托其他专业单位完成。工程项目建设的概况见表 5-7。

表 5-7 工程建设概况表

工程名称	XACB 商务中心工程施工总承包项目	工程地址	浐灞生态区三角洲中部的 A—17 地块
投资单位	浐灞河发展有限公司	勘察单位	中国有色金属工业工业西安勘察设计研究院
代建单位	西安市浐灞生态房地产有限公司	监理单位	陕西华建工程管理咨询有限责任公司
设计单位	中国建筑西北设计研究院	总包单位	中建三局建设工程股份有限公司
质量监督部门	西安市浐灞委质量安全监督站	建设工期	300 日历天
主要分包工程	弱电;空调;电梯;玻璃幕墙	合同总价	2.3 亿元
合同工期	265 日历天	自行完成	1.2 亿元
工程主要功能或用途	作为浐灞生态区管委会行政办公和企业办公		

由于具有一定的社会和政治意义,此工程是对工期要求特别严格,工程对于工期的控制的主要方式是:

(1)加班加点赶工期。因为此工期要求特别紧,建筑施工企业从开始施工就投入大量人力物力加班加点赶工期,工程在春节期间也正常施工,可见其紧迫性。

(2)根据自己施工计划进行施工。工程按照编制的工程进度的网络图进行有组织的施工,但在施工过程中,由于施工工艺以及工作经验方面的限制,有时会变更施工进度计划图。

(3)减少工程量来加快工期。在发现工程按时完成无望时,项目团队取消了一部分可以后续实施的工程,以保证整个项目能够按期完成。

关于项目工期的控制,此工程存在的主要问题体现在:首先,在进度计划编制方面,由于施工工艺以及工作经验方面的限制,导致了进度安排的不合理。其次,对于进度计划的控制,尚未建立工程进度定量检测的规范。由于该工程项目周围空间狭小,地质条件复杂,因此在施工过程中存在很多不确定的因素,如果进度控制工作没做好,往往会导致进度计划束之高阁,无法正确实施。第三,不能很好的结合费用问题考虑工期的压缩。工程的工期要求是比较严格,施工企业一味的盲目的加班加点赶眼前的工期,根本不会从系统的观点来分析优化整个工程,在考虑费用情况下来压缩工期。

关于项目费用的控制,项目是采用团队合作的意识来进行控制的。项目经理非常重视项目团队意识的培养,费用控制主要是由各个重要工序的工长进行控制的,不同的工长每个人负责一项重要的施工工序。例如,混凝土工长负责混凝土的浇灌,因此,他也同时负责整个混凝土的成本控制,混凝土所用的材料、人工和机械等都由他一个人控制。与混凝土成本控制相类似,其他不同工序的成本由各自工长控制成本。当然,各工序之间的成本控制也不是孤立的,不同的工长经常互相协调、互相提醒,以体现团队的合作意识。

工程成本控制问题主要体现在:第一,此工程基本上没有完善的成本控制计划且成本控制不规范。在项目施工的前期,项目团队还是做了一些成本控制方面的工作,针对施工方法、施工顺序制定出比较先进合理的施工方案。但项目部并没有编制成本计划,没有将各项单元或工作保的成本责任落实到各职能部门和班组。在施工期间的成本控制上,也没有一套行之有效的程序,由于没有成本计划就不能进行实际与计划的对比,计算工作包的成本差异。可以说对此项目成本控制来说,仅仅停留在省料的基础上,不会从项目设计、采购、施工方案等多角度来对费用进行控制。第二,对于成本的控制没有与工期的控制很好地结合起来,压缩工期是以成本为代价的,但应该在系统的分析之后有效地进行压缩,有时成本增加了,但工期没有赶回来,所以,应该将工期和成本有机地结合起来进行考虑。此外,在压缩工期时压缩了一些非关键路径的活动,造成没有必要的浪费。例如,在工程施工过程中,对 A 段地上 1 层结构压缩的比较多,A 段地下工程原计划一共 50 天,后来压缩了 5 天,直接费用增加包括机械费、人工费有 11 万之多。但由于 A 段结构并不在关键路径上,因而压缩的 5 天时间对整个项目工期没有产生任何贡献。还有,在压缩工期的过程中,比较偏重压缩前期的工程,而不是在对活动的压缩费用进行比较之后,合理地选择被压缩的活动。由于某些前期工程的压缩费用远远高于后期工程,这样,也造成了一部分压缩费用的浪费。以结构工程为例,其压缩费用要比后期某些关键活动高出 2 倍以上,但也被压缩了。

为了便于研究分析,对该工程的网络进行合理的简化,简化后的 AoA 网络图见图 5-17。图中,各活动的正常持续时间与直接费见表 5-8。活动的压缩时间与压缩费用之间的关系由于涉及的因素角度,因而估算起来较为复杂。根据历史数据统计,压缩时间与费用之间的关系是非线性的,即压缩第 1 天和压缩第 2 天的费用不同。而且,由于资源使用的限制和施工组织的需要,绝大多数活动不能够连续地进行压缩,即工期的压缩是离散的。基于上述事实,将每项活动的执行模式选定为三种:第 1 种模式为不进行压缩的正常模式;第 2 种模式为加急模式,在正常模式的基础上,以增加一部分费用为代价,对活动工期进行一定程度的压缩;第3种为紧急模式,在加急模式的基础上,进一步对活动工期压缩,消耗的费用也更高。各活动在不同执行模式下的工期和费用见表5-9。

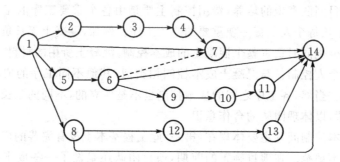

图 5-17 XACB 商务中心简化的 AoA 网络图

表 5-8 各活动的正常持续时间与直接费

工序代号	工序	正常工期时间(天)	直接费(万元)
1—2	B段地上4层结构	12	291
2—3	B段地上5层结构	12	324.8
3—4	B段地上6层结构	12	327.7
4—7	B段地上7层结构	12	324.4
1—7	1—4层砌体及隔墙	48	40.7
7—14	室内装饰装修	91	1600
1—5	A段地上4层结构	9	264.7
5—6	A段地上5层结构	9	260.5
6—7	虚拟活动,6需在7前完成	30	0
6—14	A区电梯安装调试	121	34.8
6—9	工作G穿放电缆、接地母线连接	60	40.9
9—10	各系统设备安装	24	18.4
10—11	各系统设备调试	13	2.6
11—14	集成软硬件安装调试	24	15.3
1—8	地下室砌体	14	13.8
8—12	地下室抹灰	27	7.7
12—13	1—4层抹灰	37	22.7

续表 5-8

工序代号	工序	正常工期时间(天)	直接费(万元)
13—14	5—7层抹灰	60	12.6
8—14	门窗安装、卫生间放水、楼地面、天棚、吊顶、五金工程施工	125	740.5

表 5-9 各活动在不同执行模式下的工期和压缩费用

工序代号	压缩工期符号	正常模式	加急模式	紧急模式
1—2	$d_{1,2}$	0	1	4
	费用增加额	0	31500	145400
2—3	$d_{2,3}$	0	1	4
	费用增加额	0	37800	182720
3—4	$d_{3,4}$	0	1	4
	费用增加额	0	37000	180000
4—7	$d_{4,7}$	0	1	4
	费用增加额	0	29500	135700
1—7	$d_{1,7}$	0	4	10
	费用增加额	0	20500	70625
7—14	$d_{7,14}$	0	5	12
	费用增加额	0	173000	472800
1—5	$d_{1,5}$	0	4	
	费用增加额	0	132344	
5—6	$d_{5,6}$	0	2	
	费用增加额	0	73325	132344
6—7	$d_{6,7}$	0	15	
	费用增加额	0	0	
6—14	$d_{6,14}$	0	15	
	费用增加额	0	0	
6—9	d_{69}	0	4	9
	费用增加额	0	62000	141428.6

续表 5-9

工序代号	压缩工期符号	正常模式	加急模式	紧急模式
9—10	$d_{9,10}$	0	4	9
	费用增加额	0	4200	13500
10—11	$d_{10,11}$	0	2	
	费用增加额	0	800	
11—14	$d_{11,14}$	0	3	8
	费用增加额	0	6000	21333.33
1—8	$d_{1,8}$	0	3	8
	费用增加额	0	4800	18400
8—12	$d_{8,12}$	0	3	8
	费用增加额	0	3000	11733.33
12—13	$d_{12,13}$	0	3	8
	费用增加额	0	9000	26666.67
13—14	$d_{13,14}$	0	3	10
	费用增加额	0	7200	32750
8—14	$d_{8,14}$	0	3	12
	费用增加额	0	63000	187200

XACB商务中心工程巨大,实施阶段可变因素多,容易产生偏差。为了构建集成工期和费用的项目进度计划优化模型,必须对现实情况进行一定的简化,并在此基础上给出模型的前提假设,以确保模型能够从现实中抽象出来。在此,作出如下基本假设:

(1)活动之间的衔接关系是结束—开始型的,即工作都在所有的紧前活动都结束后才能开始,而且只要紧前活动一结束就马上开始。从XACB商务中心项目的实际情况来看,基本上所有的工序间的关系都是结束—开始型的,都是一个工序结束后马上开始下一个工序。因此这样的假设是符合整个项目的实际情况的。该假设条件确定了工作间的衔接条件,保证了每个工作的最早开始时间,等于其所有紧前活动的最早结束时间的最大值。

(2)每个活动有三种离散的执行模式,即正常模式、加急模式和紧急模式,每种模式下的压缩时间和压缩费用是确定的。在XACB商务中心项目实际施工过程中,根据工程的进度情况,会对后续活动采取不同的执行模式。正常模式即按照工程的前期计划正常地进行组织和施工;加急模式是在工程出现延误后,加大人力、物力的投入,进行快速赶工的执行模式;紧急模式是在工程出现重大延误时,以最大程度加快工程进度的施工模式。这样的假设基本符合项目的实际施工情况,而且,压缩工期与费用增加额度的关系采用离散的形式表达,不仅符合项目的实际特点,而且也大大简化了工期和费用之间的关系,有利于问题的求解。

(3)活动工期的压缩不影响项目的间接费。在 XACB 商务中心的施工过程中,工程赶工所造成的管理费增加较少,而且,这些费用在项目费用的估算过程中,已经预留到项目的措施费中了,不需要另行计算。此外,在活动工期的压缩过程中,项目的原计划的总工期是不变的,因此在费用的增加上只计算直接费用是符合项目实际的。

(4)在整个计算过程中不考虑费用的时间价值。由于在项目的工期压缩过程中,整个压缩的时间只有 20 天左右,这样和原计划的施工费用来说,压缩后工序费用的增加在这近 20 天中折现是非常小,且由于整个原计划网络图中工序的费用本身就是估计的,这样不考虑时间价值的也符合工程实际。

在上述基本假设的基础上,构建同时考虑工期和费用的 XACB 商务中心进度计划优化模型。首先定义如下符号:

N:项目活动的总数量;

s_n:活动 n 的开始时间,$n=1,2,\cdots,N$;

s_m:活动 m 的开始时间,活动 m 是活动 n 紧后活动;

R_0:项目活动在正常模式下的费用总和;

c_{nq}:活动 n 采取执行模式 q 时的费用,包括正常费用和压缩费用;

d_{nq}:活动 n 采取执行模式 q 时的工期;

D:整个项目的截止时间;

z_{nq}:活动的模式选择 0—1 变量:

$$z_{nq} = \begin{cases} 1 & \text{活动 } n \text{ 采用执行模式 } q \\ 0 & \text{其他} \end{cases} \quad n=1,2,\cdots,N; q=1,2,3$$

利用上述符号,可构建优化模型如下所述:

$$\text{Min} \quad \sum_{n=1}^{N}\sum_{q=1}^{3}(c_{nq}z_{nq}) - R_0 \tag{5-7}$$

$$\text{s.t.} \quad \sum_{q=1}^{3}z_{nq} = 1 \quad n=1,2,\cdots,N \tag{5-8}$$

$$s_n + \sum_{q=1}^{3}(d_{nq}z_{nq}) \leqslant s_m \tag{5-9}$$

$$s_N + \sum_{q=1}^{3}(d_{Nq}z_{Nq}) \leqslant D \tag{5-10}$$

在上述优化模型中,式(5-7)为目标函数,最小化整个项目压缩的总费用。约束条件有如下三组:

(1)约束条件式(5-8)为每个活动在正常模式、加急模式和紧急模式中,选择一种适合的模式。

(2)约束条件式(5-9)确保活动之间的衔接关系,使得紧后活动的开始时间不早于对应紧前活动的完成时间。

(3)约束条件式(5-10)保证项目最后一个活动的完成时间不晚于项目的截止时间 D。

利用上述优化模型,便可为每个活动选择一种适当的执行模式,以合理地实现项目工期的压缩,在确保项目按期完工的前提下,最小化总的压缩费用。

由于简化后的项目规模不大,对于上述优化模型,可以使用枚举法编程来对模型进行求解。枚举法即列举所有可能的模式,即按照一定的顺序把所有可能的执行组合全部寻找出来,然后进行筛选,满足条件的留下,不满足条件的舍去,最后找出使目标函数最小化的模式安排。具体的求解思路如下:

(1)按顺序依次为每个活动选择一种执行模式,然后根据关键路径法计算各个活动的开始时间。

(2)验证项目的完工时间是否满足项目的截止时间要求,如果满足则把此解留下,不满足则舍去。

(3)按顺序进行下一组执行模式的选取,并重复上述两步,直至所有的模式组合选完为止。

(4)在所有留下来的可行解中,计算所有可行解对应的目标函数值,亦即压缩总费用,选取其中的最小值作为最优解。

通过上述计算,最终获得的最优解压缩工期 19 天,压缩费用为 1177135.0 元。而在可行解中,最大的压缩工期为 21 天,对应的压缩费用为 1846725.0 元,两者的费用差为 1846725.0－1177135.0＝669590(元)。最大费用和最小费用的工期只差 2 天,但费用却相差将近 67 万元,由此可见合理的压缩工期,对费用控制的重大影响。

问题讨论

1. XACB 商务中心项目在实施过程中遇到哪些问题?

2. 在构建项目进度计划优化模型前,为什么要提出 4 条假设?其意义是什么?

3. 该案例中的优化模型是否能够解决 XACB 商务中心项目的进度和费用控制问题?

第 6 章　项目进度与支付的集成及现金流平衡

6.1　项目支付与现金流入

6.1.1　项目支付与结算

项目支付(又称为项目结算)是指承包商在项目实施过程中,依据合同中关于付款条款的规定和已完成的工作量,按照规定的程序向业主收取合同价款的一项经济活动。以建设项目为背景来看,取决于合同的规定,目前项目支付的方式主要有以下几种:

(1)按月支付:即按月对所完成的工程量进行计量验收,办理支付手续。通常实行的是旬末或月中预支、月末结算,竣工后清算。

(2)竣工后一次支付:即实行工程价款每月月中预支,竣工后一次结算的工程支付办法。

(3)分段支付:即当年不能竣工的单项工程或单位工程,按照工程形象进度,划分不同阶段进行支付。

(4)目标工程支付:即将工程的内容分解为不同的控制界面(里程碑事件),以业主验收控制界面作为支付工程价款的前提条件。也就是说,将合同中的工程内容分解为不同的验收单元,当承包商完成单元工程内容并经过业主(或其委托人)验收后,业主支付构成单元工作内容的工程价款。

工程项目的支付程序如下:承包商按照合同的规定,根据已完成的工程量,编制工程支付单,由监理工程师审核,业主审核批准后,进行工程价款的支付。我国现行的一般支付程序是:工程开工前按一定百分比预付一部分工程款,开工后分月支付,年终结算和竣工结算。

6.1.2　项目现金流入的确定过程

对于项目的承包商来说,工程项目的现金流入一般包括预付款、中间支付、竣工支付三个部分。同时,在项目实施过程中依据合同的规定,可进行适当的调整和修正。

1. 工程预付款

工程预付款是指发包单位在工程开工前,预付给承包商用作备料周转资金和项目开工准备的部分工程款项,该款项构成承包商为工程项目储备主要材料、构件等所需的流动资金。预付备料款的限额与主要材料占工程造价的比例、材料储备期、施工工期、各类材料的来源渠道有关,可按下式确定:

$$备料款限额 = \frac{年度承包工程总值 \times 主要材料所占比例}{年度施工日历天数} \times 材料储备天数$$

预付备料款在施工的中后期,随着工程所需主要材料储备的逐步减少,应以抵充工程价款的方式陆续扣回。扣还时间以未施工工程所需主要材料及结构构件的耗用额,正好同预付款相等开始,具体的扣还金额按材料所占比例确定:

$$预付款起扣时的工程进度\% = 1 - \frac{预付备料款限额\%}{主要材料的比例\%}$$

$$应扣还预付款金额 = 承包合同价款 \times (至本期止累计进度\% - 预付款起扣点进度\%) \times 材料比例 - 已扣还的累计额$$

2. 中间支付

为使承包商在施工过程中消耗的资金及时得到补偿,及时反映逐月的经营成绩,对工程价款实行中间支付办法,按月完成的分部分项工程数量计算各项费用,向业主办理中间支付手续。通常的程序是:

(1)在旬末或月中承包商向业主提出预支工程价款帐单,预支一旬或半月的工程款。

(2)在月终,承包商向业主提出工程价款和已完工程月报表,由监理工程师核实并确认后,业主审核签字,通过银行进行支付,工程竣工后办理竣工支付。

3. 竣工支付

竣工支付是指承包商在按照合同规定的内容完成所承包的工程,经验收质量合格并符合合同规定的要求之后,向业主进行的最终工程价款支付。在我国的建设工程项目领域,竣工支付的相关规定如下:

(1)工程竣工验收报告经业主认可后28天,承包商向业主递交竣工支付报告及完整的支付资料,双方按照协议书约定的合同价款及专用条款约定的合同价款调整内容,进行工程竣工支付。

(2)业主收到承包商递交的竣工结算报告及结算资料后28天内进行核实,给予确认或提出修改意见。业主确认竣工结算报告后,通知经办银行向承包商支付工程竣工结算价款,承包商收到竣工结算价款后14天内将竣工工程交付业主。

(3)业主收到竣工结算报告及结算资料后28天内,无正当理由不支付工程竣工结算价款,从第29天起按承包商同期向银行贷款利率支付拖欠工程价款的利息,并承担违约责任。

(4)业主收到竣工结算报告及结算资料后28天内不支付工程竣工结算价款,承包商可以催告业主支付结算价款。业主在收到竣工决算报告及阶段资料后56天内仍不支付的,承包商可以与业主协议将该工程折价,也可以由承包商申请人民法院将该工程依法拍卖,承包商就该工程折价或者拍卖的价款优先受偿。

(5)工程竣工验收报告经业主认可后28天内,承包商未向业主递交竣工结算报告及完整的结算资料,造成竣工结算不能正常进行和工程竣工结算价款不能及时支付,业主要求交付工程的,承包商应当交付;业主不要求交付工程的,承包商承担保管责任。

(6)业主和承包商双方对工程竣工结算产生争议时,按争议的约定处理。

工程竣工结算的方式通常有以下三种:

(1)施工图预算加签证的结算方式:即以经过审核的施工图预算为基础,以施工中发生而原施工图预算并未包括的增减工程项目和费用签证为依据,在工程竣工支付中进行调整。

(2)预算包干结算方式:即承包商和业主双方已在承包合同中明确了双方的责任和义务,一般无需在工程竣工支付时作出调整,只有在发生超出包干范围的工程内容时,才在工程竣工支付计算中进行调整。

(3)平方米造价包干结算方式:即承包商和业主双方根据预定的建筑工程图样等有关资料,确定了固有的平方米造价,竣工结算时,按已完成的平方米数量进行结算。

竣工结算的编制方法与施工图预算基本相同,只是结合施工中的设计变更、材料差价等实际变动情况,在施工图预算的基础上进行调整。工程价款竣工支付的计算公式如下:

工程价款竣工支付＝预算或合同价款＋预算或合同价款调整数额－预付及已结算工程价款

此外,还应根据实际情况对下述内容进行调整:

(1)工程量量差:这部分调整内容主要是调整原预算书与实际完成的工程数量之间的差额。

(2)材料价差:这部分根据地区主管部门的有关政策规定,对材料价差进行调整。

(3)各项费用调整:这部分是指由于直接费的变化,使得工程价款中的间接费、利润和税金必须进行的调整。

4. 项目支付的动态调整

项目支付的动态调整是指在进行工程项目支付时,要充分考虑货币的时间价值,把价格随时间的变化量渗透到支付中,使工程支付能够基本反映工程项目的实际消耗费用。工程项目支付的动态调整方法主要有以下几种：

(1) 工程造价指数调整法。工程造价指数调整法是指业主和承包商双方采取当时的预算定额单价计算出承包合同价，在竣工时，根据合理工期及当地工程造价管理部门所公布的月度工程造价指数，对原承包合同价进行调整，并对承包商给予调价补偿。

(2) 实报实销结算法。实报实销结算法是指可以凭借发票按实际消耗的费用向业主进行报销的结算方法。采取这种结算方法时，报销价不能超过地方主管部门公布的最高结算限价，同时，业主和工程师有权要求承包商选择更为廉价的供应来源。

(3) 定期抽料补差结算法。定期抽料补差结算法是指业主和承包商双方商定，采取当时的预算价格承包，在合同工期内，按照造价管理部门调价文件规定的材料供应价格或管理价格，对同期的工程施工消耗进行抽料补差，即根据同期施工单位所消耗的材料数量乘以材料价差得到补偿。

(4) 调值公式法。调值公式法是指业主和承包商双方在签订合同时就明确列出调值公式，并以此作为价差调整的计算依据。调值公式法是一种国际通行的工程价款结算方法。建筑安装工程费用调值公式如下：

$$P = P_0 \times (a_0 + a_1 \times \frac{A}{A_0} + a_2 \times \frac{B}{B_0} + a_3 \times \frac{C}{C_0} + a_4 \times \frac{D}{D_0} + \cdots)$$

式中：P——调值后合同价款和工程结算款；

P_0——合同价款工程预算进度款；

a_0——固定要素，即合同支付中不能调整的部分；

a_1、a_2、a_3、a_4——代表有关各项费用在合同总价中所占的比例，它们的和为 1；

A、B、C、D——在工程结算月份与 a_1、a_2、a_3、a_4 对应的各项费用的现行价格指数或价格；

A_1、B_2、C_3、D_4——截至投标日期前 28 天与 a_1、a_2、a_3、a_4 对应的各项费用的基期价格指数或价格。

6.2 现金流平衡约束下的项目进度计划优化[研究性学习内容]

在实际项目的实施过程中，保持现金流出和流入的平衡对项目的顺利实施及成功至关重要：一方面，承包商为了完成项目活动，需要为劳动力、设备以及原材料等支出费用；另一方面，当全部或部分项目活动完成时，又可以从业主那里获得支付补偿。在这一过程中，一旦资金使用出现缺口，就需要从项目组织外部进行融资以确保项目的顺利进行。事实上，通过内部计划调度和外部融资以保证资金的充足供应,并力图实现项目收益的最大化,是现实中许多项目管理者的核心工作内容之一。下面,就把这一现实问题抽象成优化模型,并用一个例子说明该模型如何应用。

6.2.1 优化模型

对于某一具有 N 个活动、M 个事件的给定项目,活动 $n(n=1,2,\cdots,N)$ 的工期和费用分别为 d_n 和 c_n,实现事件 $m(m=1,2,\cdots,M)$ 所需费用为 e_m,则:

$$e_m = \zeta \cdot \sum_{n \in S_{m1}} c_n + (1-\zeta) \cdot \sum_{n \in S_{m2}} c_n$$

其中,S_{m1} 为从事件 m 开始活动的集合,S_{m2} 为到事件 m 结束活动的集合,$\zeta(0 \leqslant \zeta \leqslant 1)$ 为活动费用在其开始和结束事件之间的分配比例。活动 n 的挣值为 w_n,事件 m 的挣值为:

$$v_m = \sum_{n \in S_{m2}} w_n$$

项目截止日期为 D,合同总价格为 U。在项目开始时刻,业主对承包支付 γU 的预付款(γ 为预付款比例,该笔预付款在随后的支付中按比例扣除);在项目实施过程中,业主在给定的里程碑事件 $k \in S_P$(S_P 为支付事件集合,项目终事件 M 必须位于该集合中)上对承包商进行支付,支付量 p_k 等于从上次支付到事件 k 发生这段时间中,承包商累计完成活动的挣值与支付比例 θ 的乘积,但需按比例扣留预付款和质量保证金(质量保证金的扣留比例为 η);在项目完成时,除扣留 ηU 的质量保证金外,业主向承包商支付其余的全部合同价款;质量保证期为 Q,质量保证期满后业主再将质量保证金支付给承包商。在项目实施过程中承包商必须保持现金流的平衡,如果负现金流超过正现金流,则必须从项目组织外部进行融资以弥补资金使用上的缺口,单位资金的融资成本(即融资费用率)为 β;折现率为 α;项目完成时间不能超过给定的截止日期 D,目标是最大化承包商以净现值表示的项目收益。

根据上述对问题的界定及分析,可以提炼出如下假设条件:

(1)项目网络为确定型无环路网络,项目活动的工期、费用及挣值是确定的、已知的。

(2)承包商在项目开始时可获得一定预付款,但预付款须在随后支付中按比例扣除。

(3)每次支付时业主扣留一定比例的质量保证金,在质量保证期满后再行支付。

(4)承包商可在事先约定的支付事件(项目终事件必须为支付事件)上获得支付,支付量基于承包商的累计挣值按比例计算,项目结束时必须结清除质量保证金外的所有合同款项。

(5)承包商可按一定费率从外部进行融资,在项目进行过程中其现金流须保持平衡。

(6)项目必须在规定的截止日期之前完成,承包商的目标是追求项目净现值的最大化。

在上述假设条件的基础上,采用基于事件(event-based)的研究方法建立现金流平衡约束的项目进度计划优化模型,亦即项目网络采用 AoA(activity-on-arc)方式表述,现金流与事件相联系。令 x_{mt} 为事件 m 在时刻 $t(t=0,1,\cdots,D)$ 发生的 0—1 变量,现金流平衡约束下的项目进度计划优化模型可以表述如下:

$$\text{Max} \quad NPV = \gamma \cdot U + \sum_{k \in S_P} \{ p_k \sum_{t=E_k}^{L_k} [\exp(-\alpha t) x_{kt}] \}$$
$$+ \eta U \exp\{ -\alpha [\sum_{t=E_M}^{L_M} (t x_{Mt}) + Q] \}$$
$$- \sum_{m=1}^{M} \{ e_m \sum_{t=E_m}^{L_m} [\exp(-\alpha t) x_{mt}] \}$$
$$- \sum_{T=0}^{D} \beta f_T \exp(-\alpha T) \tag{6-1}$$

s.t.
$$\sum_{t=E_m}^{L_m} x_{mt} = 1 \quad m = 1, 2, \cdots, M \tag{6-2}$$

$$\sum_{t=E_{b_n}}^{L_{b_n}} (x_{b_n t} \cdot t) + d_n \leqslant \sum_{t=E_{o_n}}^{L_{o_n}} (x_{o_n t} \cdot t) \quad n = 1, 2, \cdots, N \tag{6-3}$$

$$\sum_{t=E_M}^{L_M} (x_{Mt} \cdot t) \leqslant D \tag{6-4}$$

$$f_T = \begin{cases} -r_T & r_T < 0 \\ 0 & r_T \geqslant 0 \end{cases} \quad T = 0, 1, \cdots, D \tag{6-5}$$

$$x_{mt} \in \{0, 1\} \quad m = 1, 2, \cdots, M; t = 0, 1, \cdots, D \tag{6-6}$$

其中:NPV 为承包商现金流的净现值;事件 b_n 和 o_n 分别为活动 n 的开始和结束事件;$[E_k, L_k]$、$[E_m, L_m]$、$[E_{b_n}, L_{b_n}]$、$[E_{o_n}, L_{o_n}]$ 和 $[E_M, L_M]$ 分别为事件 k、m、b_n、o_n 和 M 的由网络优先关系和项目截止日期决定的时间窗;f_T 为承包商在 T 时刻的融资量,r_T 表示截至 T 时刻所获得的累计支付扣除累计费用之后的余额,即

$$r_T = \gamma \cdot U + \sum_{k \in S_P} (p_k \sum_{t=0}^{T} x_{kt}) - \sum_{m=1}^{M} (e_m \sum_{t=0}^{T} x_{mt}) \quad T = 0, 1, \cdots, D$$

在事件 k 上的支付量 p_k 由如下三个附加约束条件确定:

$$\sum_{k \in S_P} (p_k \sum_{t=0}^{T} x_{kt}) = (\theta - \gamma - \eta) \cdot \sum_{m=1}^{M} (v_m \sum_{t=0}^{T} x_{mt}) \quad T = 0, 1, \cdots, D \tag{6-7}$$

$$\sum_{k \in S_P} p_k + (\gamma + \eta) \cdot U = U \tag{6-8}$$

$$p_k \geqslant 0 \quad k \in S_P \tag{6-9}$$

上述优化模型为非线性整数规划模型。目标要求为最大化项目的净现值,其

中 NPV 中的第 1 项为预付款,第 2 项为各次支付的现值,第 3 项为质量保证金的现值,第 4 项为各事件费用的现值,第 5 项为融资费用的现值;约束条件式(6-2)确保为每个事件在其时间窗内安排一个发生时间;式(6-3)为优先关系约束,保证每个活动开始事件的发生时间与该活动工期之和不超过其结束事件的发生时间;式(6-4)使得项目终事件 M 的发生时间(亦即整个项目的完成时间)不超过项目截止日期;式(6-5)为现金流平衡约束(如果 $r_T<0$,表示承包商截至 T 时刻累计获得的支付不足以弥补累计发生的费用,需要从项目组织外部筹集总量为 r_T 的资金以确保项目的顺利实施;反之,如果 $r_T \geqslant 0$,则表示截至 T 时刻累计获得的支付足以弥补累计发生的费用,因此不需要从外部进行融资);式(6-6)为决策变量的定义域约束;式(6-7)确保至 T 时刻各次支付量的总和,等于承包商的累计挣值与支付比例 θ 扣除预付款比例 γ 和质量保证金比例 η 后的乘积;式(6-8)使得各次支付量的总和加上预付款和质量保证金后等于项目合同的总价款;式(6-9)保证每次的支付量均为非负值。

6.2.2 模拟退火启发式算法

上述优化模型具有组合属性,容易推知对于现实规模的此类问题,要获得其最优解,从计算时间上来说代价是巨大的,甚至是不可能的,因此从实用角度出发,可用模拟退火启发式算法对其进行求解。之所以选择模拟退火作为该问题的求解方法,主要基于以下两方面考虑:首先模拟退火已被许多学者证明是求解具有高度组合属性的项目调度问题的一种有效方法。其次,现金流平衡约束项目进度计划优化模型具有单一的目标函数且约束条件较多,相比于遗传算法和禁忌搜索等其他启发式算法来说,采用模拟退火技术求解该问题具有如下优点:初始可行解易于确定、无需进行可行解编码转换、目标函数值计算简单、生成可行邻点的操作简捷易行。这些优点使得算法便于编程及实现。

令 $\Gamma=\{t:x_{mt}=1, m=1,2,\cdots,M\}$ 为项目事件的发生时间集合。基于模拟退火搜索技术的基本原理,可设计了问题求解的模拟退火启发式算法,其实施步骤如下:

步骤 1　输入初始温度 $TEMP_S$、冷却速率 $\mu(0<\mu<1)$、终止温度 $TEMP_E$ ($TEMP_E>0$)、在每一温度下的迭代步数 Num_0、初始进度 Γ_0 及初始项目收益 NPV_0。

步骤 2　当前温度设定:$TEMP=TEMP_S$。

步骤 3　当前迭代步数设定:$Num=0$。

步骤 4　在 $TEMP$ 下由 Γ_0 生成一个邻点 Γ_1,计算在邻点下的项目收益 NPV_1。

步骤 5　若 $\Delta NPV = NPV_1 - NPV_0 > 0$，则接受邻点成为当前解：$\Gamma_0 = \Gamma_1$，$NPV_0 = NPV_1$。否则，生成一个在 $[0,1]$ 之间均匀分布的随机数 R，若 $R \leqslant e^{(\Delta NPV/TEMP)}$，则接受邻点成为当前解：$\Gamma_0 = \Gamma_1$，$NPV_0 = NPV_1$；反之，拒绝邻点。

步骤 6　$Num = Num + 1$。若 $Num \leqslant Num_0$，转步骤 4；否则，转步骤 7。

步骤 7　按冷却速率将温度下降一定的比例：$TEMP = TEMP \cdot \mu$。若 $TEMP > TEMP_E$，转步骤 3；否则，转步骤 8。

步骤 8　输出搜索到的结果：$\Gamma^* = \Gamma_0$，$NPV^* = NPV_0$，搜索结束。

初始进度 Γ_0 按照如下步骤确定：

步骤 1　基于截止日期 D 和项目网络结构，通过关键路径法 CPM（critical path method）计算每个事件 $m(m=1,2,\cdots,M)$ 的时间窗 $[E_m, L_m]$；

步骤 2　在其时间窗 $[E_m, L_m]$ 内为事件 $m(m=1,2,\cdots,M)$ 安排一个发生时间；

步骤 3　检查各事件发生时间是否满足优先关系约束（6-3），如果不满足，则顺次调整各事件的发生时间，直至优先关系约束得到满足为止。

为了简便起见，也可以直接选用每个事件的最早发生时间（或最晚发生时间）来形成初始进度 Γ_0。在给定进度 Γ 下计算项目收益 NPV 的步骤如下：

步骤 1　根据优化模型中的约束条件式（6-7）计算在每个支付事件 $k \in S_P$ 上的支付量 p_k；

步骤 2　根据优化模型中的约束条件式（6-5）计算在每个时刻 $T(T=0,1,\cdots,D)$ 的融资量 f_T；

步骤 3　根据优化模型中的目标函数式（6-1）计算项目收益 NPV。

给定初始进度 Γ_0，其邻点 Γ_1 的生成步骤如下：

步骤 1　从除初始事件之外的所有事件中随机地挑选一个事件 $m(m=1,2,\cdots,M)$；

步骤 2　将事件 m 的发生时间在其时间窗 $[E_m, L_m]$ 内随机地变动一个时间单位；

步骤 3　检查各事件发生时间是否满足优先关系约束（6-3），如果不满足，顺次调整其他各事件的发生时间，直至优先关系约束得到满足为止。

算法的初始温度 $TEMP_S$、冷却速率 μ、终止温度 $TEMP_E$ 以及在某一给定温度下的迭代步数 Num_0 等参数均通过试验法确定。

6.2.3　示例

用图 6-1 所示项目算例对上述研究成果进行说明，各活动的挣值、工期和费用见表 6-1。该算例的其他参数如下：项目合同总价款 U 为 22000 万元，活动费用在其开始和结束事件之间的分配比例 ζ 为 0.5，预付款比例 γ 为 10%，每次支付时承包商累计挣值支付比例 θ 为 0.80，业主在事件 4、6、8 和 10 上对承包商进行支付（即 $S_P = \{4,6,8,10\}$），折现率 α 为 0.01，融资费用率 β 为 0.06，质量保证金比例 η 为 10%，质量保证期 Q 为 80 天，项目截止日期 D 为 42 天。

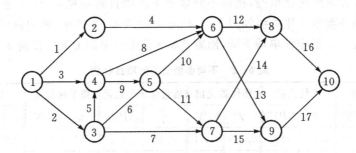

图 6-1 项目活动网络图

表 6-1 活动的挣值、工期及费用

活动编号	挣值(万元)	工期(天)	费用(万元)	活动编号	挣值(万元)	工期(天)	费用(万元)
1	1000	5	760	10	1500	8	1140
2	760	3	600	11	1500	7	1150
3	1800	2	1400	12	760	5	600
4	1800	6	1420	13	760	4	580
5	1300	2	1010	14	1500	3	1100
6	1000	10	770	15	1300	12	1000
7	1000	8	750	16	2700	6	2100
8	1000	4	780	17	1900	5	1520
9	420	8	320				

利用模拟退火启发式算法，可以求得该项目的满意项目进度计划安排如下：
$$\Gamma^* = \{0,15,3,5,13,21,21,33,33,39\}$$

由计算结果可见，项目在开始（项目开始时刻记为 0）后的第 39 天；承包商在项目开始时可以获得 2200 万元的预付款，在项目实施过程中的第 5、21、33 和 39 天可以分别获得 2316 万元、5532 万元、2592 万元和 7160 万元的支付，总量为 2200 万元的质量保证金要在第 119 天（即项目结束后的第 80 天）才能获得。此外，还可以计算出在第 3、13 和 15 天，承包商从业主获得的支付不足以弥补所其发生的费用，需要从外部进行融资，融资量分别为 745 万元、1129 万元和 1090 万元，累计需支出融资费用 178 天。在该进度安排下，承包商的最终项目收益（即其净现值)为 1959 万元。

为了分析融资费用率 β、支付比例 θ、预付款比例 γ、质量保证金比例 η、质量保证期 Q 及折现率 α 等参数对项目收益的影响,在其他参数不变的条件下,变动其中某一参数并求解优化模型,获得不同取值下的项目收益见表 6-2,据此绘制的项目收益随各参数变化曲线如图 6-2 所示。由图 6-2 可见,承包商的项目收益随着 β、η、Q 和 α 的增加单调下降,随着 θ 和 γ 的提高单调上升。根据 3 中所建立

表 6-2 不同参数值下的项目收益

融资费率		支付比例		预付款比例		质量保证金比例		质量保证期		折现率	
β	NPV^*	θ	NPV^*	γ	NPV^*	η	NPV^*	Q	NPV^*	α	NPV^*
0.02	2066	0.700	1651	0.000	1421	0.06	2402	40	2289	0.006	2845
0.03	2039	0.725	1733	0.025	1536	0.07	2293	50	2207	0.007	2599
0.04	2013	0.750	1814	0.050	1673	0.08	2197	60	2108	0.008	2360
0.05	1990	0.775	1893	0.075	1822	0.09	2071	70	2030	0.009	2162
0.06	1959	0.800	1959	0.100	1968	0.10	1959	80	1959	0.010	1959
0.07	1934	0.825	2047	0.125	2102	0.11	1851	90	1904	0.011	1781
0.08	1900	0.850	2119	0.150	2232	0.12	1735	100	1846	0.012	1620
0.09	1888	0.875	2177	0.175	2360	0.13	1633	110	1786	0.013	1463
0.10	1866	0.900	2248	0.200	2498	0.14	1519	120	1738	0.014	1321

的优化模型,可以分析出项目收益与这些参数之间的定量化相关关系:将目标函数式(6-1)左边的前四项合记为 Π 并令 $\Psi = \sum_{T=0}^{D}[f_T \exp(-\alpha T)]$,代入式(6-1)可得 $NPV = \Pi - \beta\Psi$,由此可见,在其他参数不变的条件下,NPV 与融资费用率 β 呈负线性相关关系;约束条件式(6-7)决定了各次支付量 p_k 与支付比例 θ 正线性相关,而目标函数式(6-1)左侧第 2 项(即各次支付的净现值)的又决定了 NPV 与 p_k 正线性相关,由此可以断定 NPV 与 θ 之间必然呈一种正线性相关关系;将目标函数式(6-1)左侧后 4 项合记为 Ω,便可以清楚地看出 NPV 与 γ 之间的正线性相关关系:$NPV = \gamma U + \Omega$;当质量保证金比例 η 线性上升时,由约束条件式(6-7)所决定的 p_k 会线性下降,而质量保证金却线性上升,但是由于项目各事件的发生时间均不会晚于其终事件的发生时间,因而各次支付的折现因子 $\sum_{t=E_k}^{L_k}[\exp(-\alpha t)x_{kt}]$ 一定大于质量保证金的折现因子 $\exp\{-\alpha[\sum_{t=E_M}^{L_M}(tx_{Mt}) + Q]\}$,所以二者的综合效果必然导致项目 NPV 线性下降;项目收益和质量保证期 Q 之间的关系可以从目标函数式(6-1)左边第 3 项 $\eta U \exp\{-\alpha[\sum_{t=E_M}^{L_M}(tx_{Mt}) + $

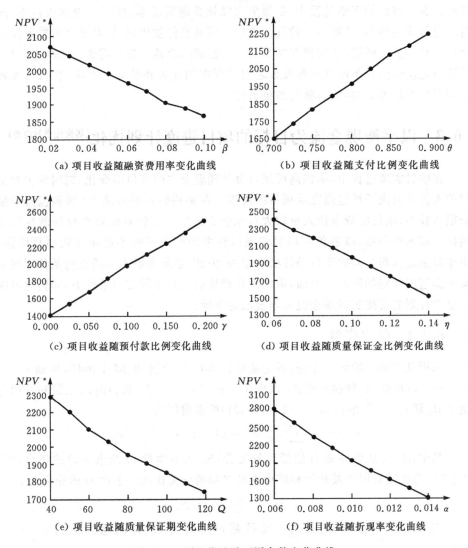

图 6-2 项目收益随不同参数变化曲线

$Q]\}$ 得到,由于 Q 在指数项中,因此当其它参数不变时,项目 NPV 与 Q 之间必然呈一种负指数相关关系;与 Q 相类似,因为折现率 α 位于式(6-1)左边后 4 项的指数中,所以它与项目收益之间也是一种负指数关系。

对上述分析总结如下:承包商以净现值表示的项目收益与融资费用率 β 和质量保证金比例 η 之间存在着负线性相关关系,与支付比例 θ 和预付款比例 γ 呈正线性相关关系,与质量保证期 Q 和折现率 α 呈负指数相关关系。这一结论要求承包商在实际项目的实施过程中,必须努力降低其融资成本、提高其内部收益率,同时尽量与业主协商,获得一个较高的支付比例及预付款比例,以及适当的质量保证金比例和质量保证期,从而确保项目有一个合理的收益。最后需要指出的是,以上结论是之前的假设条件以及各参数之间不存在相互关联的基础上得到的,当参数之间存在关联关系时,情形将变得更为复杂。

6.3 以平衡现金流为目标的项目进度计划优化[研究性学习内容]

在项目实施过程中,承包商可用资金量随着业主的支付而变化,同时业主对支付的安排又取决于承包商完成项目的进度。在某些特定的环境下(如承包商的融资能力较小、项目的资金投入量较大),承包商制定进度计划的首要目标就算现金流出与流入的平衡,以避免在项目实施过程中因可用资金不足而导致项目停滞。由于现金流入与合同的支付条件密切相关,因此,必须考虑不同的支付条件对现金流平衡进度计划的影响。下面,借助优化理论研究在不同支付条件下,如何通过项目进度计划的安排实现现金流入与流出的平衡。

6.3.1 优化模型

采用基于事件的研究方法,假定某项目具有 N 个活动、M 个事件,活动 $n(n=1,2,\cdots,N)$ 具有 Q_n 种执行模式,以模式 $q(q=1,2,\cdots,Q_n)$ 执行时的工期和费用分别为 d_{nq} 和 c_{nq},实现事件 $m(m=1,2,\cdots,M)$ 所需费用为 e_m:

$$e_m = \zeta \cdot \sum_{n \in S_{m1}} c_{nq} + (1-\zeta) \cdot \sum_{n \in S_{m2}} c_{nq}$$

其中:S_{m1} 为从事件 m 开始活动的集合,S_{m2} 为到事件 m 结束活动的集合,ζ($0 \leqslant \zeta \leqslant 1$)为活动费用在其开始和结束事件之间的分配比例。事件 m 的挣值为 v_m:

$$v_m = \sum_{n \in S_{m2}} w_n$$

其中:w_n 为活动 的挣值。项目截止日期为 D,合同总价格为 U,$U = \sum_{n=1}^{N} w_n$。

在项目开始时,业主对承包商支付 $\gamma \cdot U$($0 \leqslant \gamma \leqslant 1$)的预付款用于项目的开工准备,这笔预付款在后续的支付中随着项目的进展按比例扣回;每次支付的支付量 p_k($k=1,2,\cdots,K$)基于承包商已完成的累计挣值(即合同价值量)按支付比例 θ($0 \leqslant \theta \leqslant 1$)计算,但需按比例扣留预付款和质量保证金,质量保证金的比例为 η($0 \leqslant \eta \leqslant 1$);在项目完成时,业主须向承包商付清除质量保证金 $\eta \cdot U$ 外的全部剩余合同价款,质量保证金在质量保证期满后再行支付。在项目进行过程中,各次支付的安排根据如下四种支付条件确定:

(1) 基于里程碑事件支付条件。业主在双方商定的 K 个里程碑事件 $m_k(k=1,2,\cdots,K)$ 上对承包商进行支付,项目终事件 M 必须是最后一次支付的支付事件。

(2) 基于累计时间支付条件。从项目开始时刻算起,累计时间每达到一个支付周期 $[D/K]$ 业主即对承包商支付一次,最后一次支付安排在项目的完成时刻。

(3) 基于累计挣值支付条件。支付安排依赖于承包商已完成的累计挣值,每达到一个规定的额度 $[U/K]$ 即对承包商支付一次,最后一次支付安排在项目的完成时刻。

(4) 基于累计费用支付条件。支付安排依赖于承包商所发生的累计费用,每达到一个双方商定的额度 $[C/K]$(C 为项目基准总费用)即对承包商支付一次,最后一次支付安排在项目的完成时刻。

定义 G_T 为在项目进行过程中 $T(T=0,1,\cdots,D)$ 时刻承包商累计现金流出与流入的差额:

$$G_T = \sum_{m=1}^{M}(e_m \cdot \sum_{t=0}^{T} y_{mt}) - \sum_{k=1}^{K}(p_k \cdot \sum_{t=0}^{T} y_{m_k t}) - \gamma \cdot U \quad T=0,1,\cdots,D$$

其中:第一项 $\sum_{m=1}^{M}(e_m \cdot \sum_{t=0}^{T} y_{mt})$ 为至 T 时刻承包商累计发生的费用总和,第二项 $\sum_{k=1}^{K}(p_k \cdot \sum_{t=0}^{T} y_{m_k t})$ 为至 T 时刻承包商累计获得的支付总和,第三项为业主对承包商的预付款。令 $G_{\max}$ 为所有 $G_T(T=0,1,\cdots,D)$ 中的最大者,则现金流均衡项目调度的目标可定义为最小化 $G_{\max}$。由于现金流出(即事件费用 e_m)取决于活动模式的选择,现金流入(即支付量 p_k)依赖于支付时承包商已完成累计挣值的多少,而它们的发生时间均与事件实现时间相联系,因此定义如下两组决策变量:

$$x_{nq} = \begin{cases} 1 & 活动 n 采用第 q 种执行模式 \\ 0 & 其他 \end{cases} \quad n=1,2,\cdots,N; q=1,2,\cdots,Q_n$$

$$y_{mt} = \begin{cases} 1 & 事件 m 在时刻 t 实现 \\ 0 & 其他 \end{cases} \quad m=1,2,\cdots,M; t=0,1,\cdots,D$$

现在,要解决的问题是:在项目截止日期 D 的约束下,如何基于不同支付条件选择活动的执行模式(即 x_{nq})并安排事件实现时间(即 y_{mt})以使得 $G_{\max}$ 最小化。

1. 基于里程碑事件支付条件的优化模型

$$\text{Min} \quad G_{\max} = \max_{T=0,1,\cdots,D} \{G_T = \sum_{m=1}^{M}(e_m \cdot \sum_{t=0}^{T} y_{mt}) - \sum_{k=1}^{K}(p_k \cdot \sum_{t=0}^{T} y_{m_k t}) - \gamma \cdot U\} \tag{6-10}$$

$$\text{s.t.} \quad \sum_{q=1}^{Q_n} y_{nq} = 1 \quad n=1,2,\cdots,N \tag{6-11}$$

$$\sum_{t=E_m}^{L_m} y_{mt} = 1 \qquad\qquad m = 1,2,\cdots,M \quad (6-12)$$

$$\sum_{t=E_{b_n}}^{L_{b_n}} (y_{b_n t} \cdot) + \sum_{q=1}^{Q_n} (d_{nq} \cdot x_{nq}) \leqslant \sum_{t=E_{o_n}}^{L_{o_n}} (y_{o_n t} \cdot t)$$
$$n = 1,2,\cdots,N \quad (6-13)$$

$$\sum_{t=E_M}^{L_M} (y_{Mt} \cdot t) \leqslant D \qquad\qquad\qquad (6-14)$$

$$e_m = \zeta \sum_{n \in S_{m1}} \sum_{q=1}^{Q_n} (c_{nq} \cdot x_{nq}) + (1-\zeta) \sum_{n \in S_{m2}} \sum_{q=1}^{Q_n} (c_{nq} \cdot x_{nq})$$
$$m = 1,2,\cdots,M \quad (6-15)$$

$$p_k = (\theta - \gamma - \eta) \cdot \left[\sum_{m=1}^{M} \left(v_m \cdot \sum_{t=0}^{T_k} y_{mt} \right) - \sum_{m=1}^{M} \left(v_m \cdot \sum_{t=0}^{T_{k-1}} y_{mt} \right) \right]$$
$$k = 1,2,\cdots,K-1 \quad (6-16)$$

$$p_K = (1-\eta) \cdot U - \sum_{k=1}^{K-1} p_k \qquad\qquad (6-17)$$

$$x_{nq}, y_{mt} \in \{0,1\} \quad n=1,2,\cdots,N; q=1,2,\cdots,Q_n; m=1,2,\cdots,M;$$
$$t = 0,1,\cdots,D \qquad\qquad\qquad (6-18)$$

其中:b_n 和 o_n 分别为活动 n 的开始和结束事件;$[E_m,L_m]$、$[E_{b_n},L_{b_n}]$、$[E_{o_n},L_{o_n}]$ 和 $[E_M,L_M]$ 分别为事件 m、b_n、o_n 和 M 的由网络优先关系和项目截止日期决定的时间窗;$T_k = \sum_{t=0}^{D}(t \cdot y_{m_k t})$ 和 $T_{k-1} = \sum_{t=0}^{D}(t \cdot y_{m_{k-1} t})$ 分别是第 k 次和第 $k-1$ 次支付的时间。

在上述 0—1 规划优化模型中,目标要求式(6-10)最小化 $G_{\max}$;约束条件式(6-11)为每个活动选取一种执行模式;式(6-12)限定各事件的实现时间必须位于其时间窗内;式(6-13)为优先关系约束,确保活动 n 的结束事件 o_n 的实现时间不早于其开始事件 b_n 的实现时间与活动 n 的工期之和;式(6-14)为项目完成时间约束,保证项目终事件 M 的实现时间不晚于截止日期 D;式(6-15)基于所选取的活动执行模式确定每个事件的费用;式(6-16)使得各次中间支付的支付量等于承包商在对应时段完成的累计挣值,与支付比例扣除预付款和质量保证金后的乘积;式(6-17)确保最后一次支付能够付清除质量保证金外的全部剩余合同价款;式(6-18)为决策变量的定义域约束。

2. 其他支付条件下的优化模型

(1)基于累计时间支付条件的优化模型

在基于累计时间支付条件下,业主对承包商的支付时间根据支付周期而定,由于假定支付必须与项目事件相联系,所以,可以按照如下方式安排各次支付:将项目的开始时间计为 0 时刻,第 k 次支付安排在不早于 $k \cdot [D/K]$ 时刻的最早实现的事件上。上述安排方式实质上决定了如下 K 个支付事件:

$$m_k = m \mid y_{m\tau} = 1 \text{ 且 } \tau = \min\{T: T \geqslant k \cdot [D/K]\} \quad k = 1,2,\cdots,K \tag{6-19}$$

式(6-10)~(6-19)构成了基于累计时间支付条件的优化模型。

(2) 基于累计挣值支付条件的优化模型

在基于累计挣值支付条件下,支付时间根据承包商已完成的累计挣值而定,与基于累计时间支付条件中的处理方式类似,可以按照如下方式确定支付事件:从项目开始起计算承包商已完成的累计挣值,第 k 次支付安排在使该值达到 $k \cdot [U/K]$ 的最早实现事件上,由此确定出如下 K 个支付事件:

$$m_k = m \mid y_{m\tau} = 1 \text{ 且 } \tau = \min\{T: \sum_{m=1}^{M}(v_m \cdot \sum_{t=0}^{T} y_{mt}) \geqslant k \cdot [U/K]\}$$
$$k = 1,2,\cdots,K \tag{6-20}$$

式(6-10)—(6-18)和式(6-20)一起构成基于累计挣值支付条件的优化模型。

(3) 基于累计费用支付条件的优化模型。

在基于累计费用支付条件下,按照如下方式确定支付事件:从项目开始起计算承包商累计发生的费用,第 k 次支付安排在使该费用达到 $k \cdot [C/K]$ 的最早实现事件上,由此得到 K 个支付事件:

$$m_k = m \mid y_{m\tau} = 1 \text{ 且 } \tau = \min\{T: \sum_{m=1}^{M}(e_m \cdot \sum_{t=0}^{T} y_{mt}) \geqslant k \cdot [C/K]\}$$
$$k = 1,2,\cdots,K \tag{6-21}$$

式(6-10)—(6-18)和式(6-21)共同构成基于累计费用支付条件的优化模型。

6.3.2 禁忌搜索启发式算法

利用禁忌搜索启发式算法求解上述优化模型。

1. 解的表示

定义如下两个决策向量:

(1) 活动执行模式向量: $\Psi = (q \mid x_{nq} = 1, n = 1,2,\cdots,N)$

(2) 事件实现时间向量: $\Omega = (t \mid y_{mt} = 1, m = 1,2,\cdots,M)$

并用 $\Pi = \{\Psi, \Omega\}$ 表示问题的解,给定问题的一个可行解 $\Pi = \{\Psi, \Omega\}$,目标函数值可按下述步骤计算:

步骤1 依据由向量 Ψ 所确定的活动执行模式,在各活动费用的基础上利用约束条件式(6-15)计算事件费用 e_m。

步骤2 根据支付条件分别由式(6-19)—(6-21)确定支付事件,基于由向量 Ω 所给定的事件实现时间及各事件挣值,通过约束条件式(6-16)和式(6-17)

计算各次支付的支付量 p_k。

步骤 3　根据 G_T 表达式计算项目进行过程中各时刻的 G_T 值,从中选出最大者即为目标函数值 G_{max}。

2. 初始解构造

在算法的搜索过程中,初始可行解 $\Pi^0 = \{\Psi^0, \Omega^0\}$ 按如下步骤构造:

步骤 1　为每个活动随机地选择一种执行模式,得到一个活动执行模式向量 Ψ,在 Ψ 的基础上计算各事件的时间窗,如果结束事件 M 的最早实现时间不晚于项目截止日期 D,则接受 Ψ 为一个可行的初始活动执行模式向量 Ψ^0;否则,重复该步操作,直至得到一个可行的 Ψ^0 为止。

步骤 2　在不违反优先关系约束的前提下,为每个事件在其时间窗内随机地安排一个实现时间,得到一个事件实现时间向量 Ω,如果 Ω 中结束事件 M 的实现时间不晚于项目截止日期 D,则接受 Ω 为一个可行的初始事件实现时间向量 Ω^0;否则,重复该步操作,直至得到一个可行的 Ω^0 为止。

3. 邻点生成

当前解 $\Pi = \{\Psi, \Omega\}$ 的邻点 $\Pi^1 = \{\Psi^1, \Omega^1\}$ 用如下两个算子随机生成:

(1) 模式变换算子(MC 算子):随机地选择一个活动,将其由当前 Ψ 所决定的执行模式随机地变换为另外一种执行模式,在新条件下计算各事件的时间窗,如果结束事件的最早发生时间不晚于项目截止日期,则该活动的新执行模式与其余仍然保持不变的活动执行模式一起,构成当前 Ψ 的一个可行邻点 Ψ^1;反之,重复该算子操作直至获得一个可行邻点 Ψ^1 为止。计算在 Ψ^1 下的事件时间窗,检查各事件的实现时间是否位于其新时间窗内,如果不是,则在不违反优先关系约束的前提下将它们调整到新时间窗内,从而在生成可行 Ψ^1 的同时将当前 Ω 也变为一个新的 Ω^1,得到当前解的邻点 $\Pi^1 = \{\Psi^1, \Omega^1\}$。

(2) 时间改变算子(TV 算子):从除开始事件之外的其余事件中随机地选择一个事件,在其时间窗内将该事件的实现时间随机地变动一个单位,调整其他事件的实现时间以确保网络优先关系约束能够得到满足。检查结束事件的实现时间是否超过项目截止日期,如果没有超过则得到当前 Ω 的一个可行邻点 Ω^1;反之,重复该算子的操作直至获得一个可行的 Ω^1 为止。由于在此过程中 Ψ 保持不变,所以由此得到的当前解的邻点为 $\Pi^1 = \{\Psi, \Omega^1\}$。

4. 移动定义

对应于生成邻点操作所使用的不同算子,相应的移动定义如下:

(1) MC 移动:用一个三元向量——(在 Ψ 中所选元素的位置,该元素的初始值,该元素的新值)表示。举例说明,如果 Ψ 中位置 3 上的元素取值由 1 变成了 2,

则 MC 移动表示为(3,1,2),其含义是活动 3 的执行模式由 1 转变为 2。该移动的逆向移动表示为(3,1)并被同时加入到禁忌列表中,以避免活动 3 的执行模式再次变回到 1。

(2)TV 移动:用一个三元向量——(在 Ω 中所选元素的位置,该元素的初始值,该元素的新值)。举例说明,如果 Ω 中位置 6 上的元素取值由 13 变成了 12,那么 TV 移动表示为(6,13,12),其含义是事件 6 的实现时间由 13 变成了 12。该移动的逆向移动表示为(6,13)并被同时加入到禁忌列表中,以避免事件 6 的实现时间重新变回 13。

5. 禁忌列表

在给定禁忌列表长度下,采用"先进先出 FIFO(first-in-first-out)"的原则进行更新:每当邻点生成算子形成一个移动时,该移动的逆向移动从底部加入到禁忌列表中,与此同时,最早进入列表的逆向移动从顶部移出列表,列表中其余逆向移动向上递进一位。所有位于禁忌列表中的逆向移动都是被禁止的,但当一个被禁止的逆向移动能够生成比当前最好解还要好的邻点时,那么它的禁忌状态可以被激活:即将其从禁忌列表中移出,其下所有逆向移动向上递进一位,同时将该逆向移动的逆向移动加入到禁忌列表的底部。

6. 搜索步骤

在上述对禁忌搜索关键环节进行界定的基础上,给出该算法的具体搜索步骤:

步骤 1　输入初始解 $\Pi^0 = \{\Psi^0, \Omega^0\}$ 及其对应的目标函数值 G_{max}^0;输入算法终止准则,即探测可行解总数 NUM_{stop};初始化禁忌列表;令计数器 $Num=0$;令当前解及当前最好解等于初始解:$\Pi^{curr} = \Pi^{opti} = \Pi_0$、$G_{max}^{curr} = G_{max}^{opti} = G_{max}^0$。

步骤 2　随机生成当前解的一个可行邻点并计算其目标函数值,记为 $\Pi^1 = \{\Psi^1, \Omega^1\}$、$G_{max}^1$,令 $Num=Num+1$。若 $Num \geqslant NUM_{stop}$,转步骤 5;否则,转步骤 3。

步骤 3　判断生成邻点 $\Pi^1 = \{\Psi^1, \Omega^1\}$ 的移动是否位于禁忌列表中,若不在禁忌列表中,将当前解更新为该邻点:$\Pi^{curr} = \Pi^1$、$G_{max}^{curr} = G_{max}^1$,如果 $G_{max}^1 < G_{max}^{opti}$,将当前最好解也更新为该邻点:$\Pi^{opti} = \Pi^1$、$G_{max}^{opti} = G_{max}^1$,更新禁忌列表,转步骤 2;若在禁忌列表中,转步骤 4。

步骤 4　判断 $G_{max}^1 < G_{max}^{opti}$ 是否成立,若成立,激活对应逆向移动的禁忌状态,将当前解及当前最好解更新为该邻点:$\Pi^{curr} = \Pi^{opti} = \Pi^1$、$G_{max}^{curr} = G_{max}^{opti} = G_{max}^1$,更新禁忌列表,转步骤 2;否则,直接转步骤 2。

步骤 5　判断 $G_{max}^1 < G_{max}^{opti}$ 是否成立,若成立,则将当前最好解更新为该邻点:

$\Pi^{opti}=\Pi^1$、$G_{max}^{opti}=G_{max}^1$。输出当前最好解 Π^{opti}、G_{max}^{opti} 为得到的满意解。

6.3.3 示例

用图 6-1 所示的算例对上述模型和算法进行说明,其中每个活动均有常规和加急两种执行模式,活动的挣值及在不同模式下的工期和费用列于表 6-3。项目截止日期 D 为 35 天,合同总价款 U 为 22000 万元,项目基准总费用 C 为 15000 万元,活动费用在其开始和结束事件之间的分配比例 ζ 为 0.5,预付款比例 γ 和质量保证金比例 η 均为 5%,支付比例 θ 为 80%,支付次数 K 为 4。四种支付条件定义如下:

(1)基于里程碑事件支付。当里程碑事件 4、6、8 和 10 实现时进行支付。

(2)基于累计时间支付。每过一个支付周期 $[D/K]$ 即进行一次支付。

(3)基于累计挣值支付。每当承包商完成的累计挣值达到一个 $[U/K]$ 即进行一次支付。

(4)基于累计费用支付。每当承包商发生的累计费用达到一个 $[C/K]$ 即进行一次支付。

表 6-3 活动的挣值及其在不同执行模式下的工期和费用

活动代号	挣值(万元)	加急模式		常规模式		活动代号	挣值(万元)	加急模式		常规模式	
		工期(天)	费用(万元)	工期(天)	费用(万元)			工期(天)	费用(万元)	工期(天)	费用(万元)
1	1000	4	800	5	600	10	1500	6	1200	8	800
2	760	2	600	3	400	11	1500	6	1200	7	1000
3	1800	1	1400	2	1000	12	760	4	600	5	400
4	1800	5	1400	6	1000	13	760	3	600	4	400
5	1300	1	1000	2	600	14	1500	2	1200	3	800
6	1000	8	800	10	500	15	1300	10	1000	12	700
7	1000	6	800	7	500	16	2700	5	2100	6	1800
8	1000	3	800	4	600	17	1900	4	1500	5	1200
9	420	6	300	8	200						

利用禁忌搜索启发式算法求解基于不同支付条件的优化模型,得到的结果见表 6-4。由计算结果可见,随着支付条件的不同,承包商的满意进度安排不同,进而导致 G_{max} 不同。对于该项目来说,从现金流均衡的角度出发,基于累计费用支付条件对承包商最为有利,累计现金流出减去累计现金流入的最大差额(亦即最大累

计资金缺口)G_{max}为1148万元；其次为基于里程碑事件支付条件和基于累计时间支付条件，它们所对应的G_{max}分别为1248万元和1700万元；而基于累计挣值支付条件对承包商最为不利，其在项目执行过程中会形成$G_{max}=2100$万元的最大累计资金缺口，比基于累计费用、里程碑事件和累计时间支付条件下的G_{max}分别高82.9％、68.3％和23.5％，由此可见支付条件对承包商现金流均衡的重要性。

表6-4 不同支付条件下的项目满意进度安排及对应的目标函数值

Π^{opti}		基于里程碑事件支付	基于累计时间支付	基于累计挣值支付	基于累计费用支付
	Ψ^{opti}	(2,2,2,2,2,1,2,2,2,1,2,1,1,2,1,2,1)	(2,2,2,2,2,2,2,2,1,1,1,2,2,1,1,2,1)	(2,2,2,2,2,2,2,2,2,1,2,2,2,1,1,2,2)	(2,2,2,2,2,1,2,1,2,2,2,1,1,1,1,1,1)
	Ω^{opti}	(0,6,3,6,14,21,21,24,31,35)	(0,5,5,9,15,21,21,26,31,35)	(0,13,3,5,13,19,20,25,30,35)	(0,5,3,5,13,21,21,27,31,35)
G_{max}^{opti}		1248	1700	2100	1148

注：Ψ^{opti}中的"1"和"2"分别代表活动的加急模式和常规模式。

四种支付条件下承包商累计现金流出、累计现金流入和累计资金缺口随时间的变化曲线见图6-3。以基于累计费用支付条件为例对承包商现金流均衡结果进行说明。在基于累计费用支付条件下，依赖于表6-4所给的活动执行模式向量Ψ^{opti}，事件1—10的费用分别为1000、800、1150、1300、1400、1900、1850、1950、1550和800万元，它们分别发生于由事件实现时间向量Ω^{opti}所决定的第0、5、3、5、13、21、21、27、31和35天；而承包商在项目开始时可以获得1100万元的预付款，随后按照累计费用支付条件的规定，当事件4、6、8和10实现时承包商可进一步获得3402、5754、1582和9062万元的支付；将现金流出与现金流入综合到一起，便可发现最大累计资金缺口G_{max}为发生在第13天的1148万元。也就是说，对于该算例项目，承包商只要具备1148万元的融资能力就能确保它的顺利实施。

进一步分析支付条件对承包商现金流均衡目标的影响。令C_P为发生在业主支付时刻的事件总费用，通过简单计算可以得到在上述满意进度安排下，基于累计费用、基于里程碑事件、基于累计时间和基于累计挣值支付条件下的C_P值分别为9600、8900、8100和6900。将C_P和G_{max}同时绘制于图6-4中，便会发现C_P随支付方式的变化趋势与G_{max}的正好相反。由此可以推断，使得承包商能够将事件费用集中于支付时刻的支付条件有利于现金流均衡目标的实现。这一结果的背后原

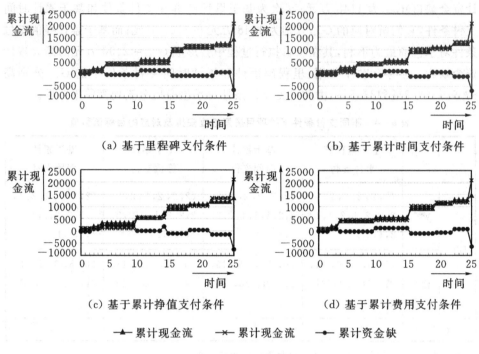

图 6-3 四种支付条件下承包商累计现金流出、累计现金流入和
累计资金缺口随时间变化曲线

因如下:当较多事件费用集中地发生在支付时刻时,这些费用所引起的现金流出会因业主支付而形成的现金流入及时得到补偿,从而避免较大资金缺口的出现;反之,现金流出与流入在时间分布上的差异越大,则承包商的资金缺口越大。

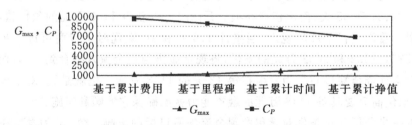

图 6-4 G_{max} 和 C_P 随支付条件的变化曲线

思考题

1. 何谓项目支付?常见的方式有哪几种?
2. 在项目实施过程中,现金流入如何确定和计算?

3. 现金流平衡约束下的项目进度计划适用于什么条件下？其主要假设条件有哪些？

4. 现金流平衡约束下的项目进度计划优化模型的目标函数与约束条件各是什么？

5. 如何对现金流平衡约束下的项目进度计划优化模型进行求解？

6. 以平衡现金流为目标的项目进度计划与现金流平衡约束下的项目进度计有何异同？

7. 不同支付条件对以平衡现金流为目标的项目进度计划有何影响？

8. 以平衡现金流为目标的项目进度计划优化模型如何构建？

9. 禁忌搜索求解以平衡现金流为目标的项目进度计划优化模型的主要步骤有哪些？

案例：CB 大厦项目的支付与进度的集成优化

CB 大厦项目是由中新集团（西安）分公司出资建设，由中天集团有限公司总承包施工的一个在建项目，位于浐灞半岛，属于浐灞半岛开发的二期工程之一。CB 大厦地下 1 层，地上 26 层，建筑面积 66303m²。CB 大厦于 2008 年 1 月 1 日开工建设，计划于 2009 年 6 月 30 日竣工，项目工期总 560 天，合同造价 9100 万元。承包商在建设的过程中，以 5.94% 的利率从银行贷出部分资金，作为建设 CB 大厦项目的流动资金，以保证在业主向其支付前，项目活动得以正常的开展。项目整体的进度安排如下：基础工程从 2008 年 1 月 1 日开始，争取到 2 月份抢到±0.000；主体工程利用 5 个多月时间，从 2008 年 3 月 1 日～2008 年 8 月 5 日前完成主体封顶；装饰装修工程用 9 个月时间，即从 2008 年 8 月 6 日开始到 2009 年 6 月 30 日竣工交付使用；安装工程贯彻工程建设的始终，即从 2008 年 2 月 1 日到 2009 年 6 月 30 日竣工。项目主要包含有 38 个活动，采用 AoN 的方式表示活动之间的逻辑关系，得到的网络图如图 6-5 所示。

在该项目在实施过程中，承包商的预计利润率为 16%，双方在施工合同中约定，支付方式为事件支付，即到某些关键事件点时，中天建设集团公司会收到业主的支付款，业主为了能够更好的激励和监督承包商按时交付项目成果，每次的支付款数量为中天建设集团在该阶段实施的所有活动费用的 110%，剩余的 6% 会在 CB 大厦项目竣工验收之后支付。并且，由于该项目为中新集团浐灞半岛二期工程的重点项目，因此，双方约定项目的截至日期不允许超过合同规定的日期。具体 CB 大厦项目在执行过程中的支付活动分布如表 6-5 所示。

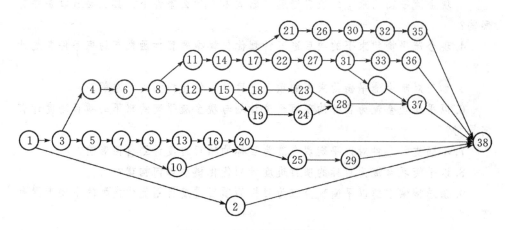

图 6-5 CB 大厦项目网络图

表 6-5 CB 大厦项目支付活动分布情况

序号	活动名称	支付点	支付活动
1	基础筏板、地下一层		
2	安装工程		
3	1—4 层主体结构	是	1
4	5 层以下砌体		
5	5—9 层主体结构	是	2,3
6	6—10 层砌体		
7	10—14 层主体结构	是	2,5
8	11—15 层砌体		
9	15—19 层主体结构	是	2,4,6
10	灰土回填		
11	20—26 层主体结构	是	2,7,8
12	16—20 层砌体		
13	21—26 层砌体	是	10,11,12,13
14	玻璃幕墙		
15	屋面工程		

续表 6-5

序号	活动名称	支付点	支付活动
16	5 层以下门窗		
17	6—10 层门窗		
18	11—15 层门窗	是	15,16,17
19	16—20 层门窗		
20	21—26 层门窗		
21	间隔 1		
22	5 层以下抹灰		
23	间隔 2		
24	6—10 层抹灰		
25	5 层以下地面	是	18,19,20,22,24
26	间隔 3		
27	11—15 层抹灰		
28	6—10 层地面		
29	5 层以下油漆涂料		
30	16—20 层抹灰		
31	21—26 层抹灰	是	25,27,28,29,30
32	11—15 层地面		
33	16—20 层地面	是	31,32
34	6—15 层油漆涂料		
35	21—26 层地面		
36	16—26 层油漆涂料	是	33,34
37	室外工程		
38	交工验收	是	2,14,35,36,37

项目在执行过程中,活动都可以通过增加投入的方式,从而加快项目的进度,即项目的活动都有加急和正常两种执行模式,在每种模式下,对应的资源、工期、费用都有所不同。具体项目的活动相关信息:每种执行模式下活动的工期、费用,以及对两种主要人员的需求量在表 6-6 给出。

表6-6 项目活动相关信息

活动编号	加急模式				常规模式			
	工期（天）	费用（万元）	操作工人（人）	技术员（人）	工期（天）	费用（万元）	操作工人（人）	技术员（人）
1	54	702	229	76	60	650	188	62
2	90	921	39	12	100	869	32	10
3	64	1098	145	48	71	997	119	39
4	25	88	60	20	28	77	49	16
5	27	1104	145	48	30	997	119	39
6	25	91	60	20	28	81	49	16
7	27	1083	145	48	30	997	119	39
8	25	89	60	20	28	81	49	16
9	27	1051	145	48	30	997	119	39
10	77	68	92	31	86	63	75	25
11	41	1073	145	48	45	996	119	39
12	25	91	60	20	28	81	49	16
13	32	107	60	20	35	97	49	16
14	83	834	73	24	90	788	60	20
15	51	718	92	31	57	654	75	25
16	25	41	29	10	28	36	24	8
17	25	37	29	10	28	33	24	8
18	25	36	29	10	28	33	24	8
19	25	35	29	10	28	33	24	8
20	32	40	29	10	35	36	24	8
21	8	39	29	10	9	36	24	8
22	25	23	39	12	28	22	32	10
23	8	25	39	12	9	22	32	10
24	25	16	39	12	28	14	32	10
25	25	32	37	12	28	29	30	10
26	8	32	37	12	9	29	30	10
27	25	15	39	12	28	14	32	10

续表 6-6

活动编号	加急模式				常规模式			
	工期(天)	费用(万元)	操作工人(人)	技术员(人)	工期(天)	费用(万元)	操作工人(人)	技术员(人)
28	25	28	37	12	28	24	30	10
29	25	17	29	10	28	16	24	8
30	25	16	39	12	28	14	32	10
31	32	25	39	12	35	22	32	10
32	25	25	37	12	28	24	30	10
33	25	27	37	12	28	24	30	10
34	25	36	29	10	28	33	24	8
35	32	32	37	12	35	29	30	10
36	25	38	29	10	28	36	24	8
37	51	225	92	31	57	201	75	25
38	0	0	0	0	0	0	0	0

项目的主要数据如下：项目的总价款为 9100 万元，包含的主要活动有 38 个，涉及的主要资源有：设备，原材料，员工，资金等四个方面。项目相关参数说明：

N：CB 大厦项目包含有 38 个活动，故 $N=38$；

α：项目执行过程中的折现率，在本项目执行过程中，选用中天建设集团从银行的贷款利息作为项目的折现率，集团的贷款利息为 5.94%，折合到每天的折现率为：0.00016；

DD：将项目开工时间设定为第 0 天，规定完成大厦的截止日期为第 560 天；

K：选择和实际支付次数相同的 12 次作为计算考虑的支付次数。

β：承包商的利润率 16%，在项目的合同中约定，中新集团在每次支付时的支付量为当期中天集团所花费用的 110%，另外的 6% 会在项目结束后一并支付；

w_{dient}，w_{cont}：双方的谈判能力，根据之前的分析，将业主和承包商的谈判能力分别设定为 0.7 和 0.3；

U：项目结束时，业主会取得收益 18000 万元，即为 U。

分别站在中新集团和中天集团的视角进行分析，求解出双方在各自独立视角时的项目收益情况。将作为承包商的中天集团其谈判能力设定为 1，中新集团的谈判能力设定为 0，计算的结果如表 6-7 所示。表中，活动数有原来的 38 变化为 40 个，主要是为了计算方便，在项目的开始和结束处分别添加了一个虚活动，虚活动不消耗资源、时间。活动模式处，为 1 时说明该活动按照正常模式执行，为 0 时，说明该活动采用了加急执行模式，有一些活动的支付量为 0，说明这些活动不是支付活动，因此支付量为 0，也可以看出，当站在承包商的视角进行项目进度安排时，有 20 个活动采用了加急模式，并且项目的工期比预计的 560 天要提前完成 28 完成，承包商的收益为：747.05 万元，业主的收益为：1158.14 万元。

表 6-7 承包商角度的项目进度安排

活动	执行模式	开工时间	延迟时间	完工时间	支付量
0	0	1	0	1	0
1	1	2	1	62	0
2	0	75	13	165	0
3	1	63	1	134	870
4	0	141	7	166	0
5	1	142	8	172	3199
6	1	167	1	195	0
7	0	182	10	209	1994
8	0	196	1	221	0
9	1	211	2	241	2134
10	1	218	9	304	0
11	1	221	0	251	885
12	1	240	19	268	0
13	0	254	13	286	89
14	1	252	1	342	0
15	0	283	15	334	0
16	0	290	4	315	0
17	0	342	0	367	0
18	0	343	9	368	3519
19	1	344	10	372	0
20	0	321	6	353	0
21	0	373	6	381	0
22	0	368	1	393	0
23	0	378	10	386	0

第6章 项目进度与支付的集成及现金流平衡

续表 6-7

活动	执行模式	开工时间	延迟时间	完工时间	支付量
24	1	374	2	402	0
25	0	367	14	392	183
26	0	396	15	404	0
27	0	394	1	419	0
28	0	408	6	433	0
29	1	405	13	433	0
30	1	410	6	445	0
31	1	420	1	448	202
32	1	457	12	485	0
33	1	455	7	483	83
34	0	449	1	474	0
35	0	498	13	530	0
36	1	491	8	519	33
37	1	475	1	532	0
38	0	532	0	532	0
39	0	532	0	532	762

将中新集团的谈判能力设定为1，中天集团的谈判能力设定为0，计算的结果如表6-8所示。与承包商视角的情况一样，都在项目的开始和结束处分别加入了虚活动，可以看出，当站在业主的角度对该项目进行进度安排时，项目的工期达到了556天，与项目的截至日期560天相比，只有四天的差距，说明业主更希望项目在按时完工的前提下较晚地完成，因为越晚完成自己的支付发生时刻也越晚，相应自己的成本也会有所下降，从而提高自己的收益。活动执行模式方面，项目有17个活动采用了加急模式，比之前承包商的22个活动采用了加急模式相比更少了，因此这些为采用加急模式的活动，其费用也会有一定程度的降低，也相应降低了业主的支付量。在业主视角下，承包商和业主的收益分别为：-280.38和-3950.53，可以看出，承包商的收益从747.05下降到了现在的-280.38，业主的收益从原来的1158.14提高了现在的12517.35，这也符合业主期望自己收益提高的事实。

表 6-8　业主角度的项目进度安排

活动	执行模式	开工时间	延迟时间	完工时间	支付量
0	0	1	0	1	0
1	0	1	0	55	0
2	1	66	11	166	0
3	0	58	3	122	703
4	0	128	6	153	0
5	1	126	4	156	1009
6	1	155	2	183	0
7	0	158	2	185	239
8	1	195	12	223	0
9	0	187	2	214	91
10	0	190	5	267	0
11	1	223	0	253	152
12	0	235	12	260	0
13	0	227	13	259	81
14	1	253	0	343	0
15	1	270	10	327	0
16	1	263	4	291	0
17	0	347	4	372	0
18	1	338	11	366	1063
19	0	338	11	363	0
20	1	300	9	335	0
21	1	380	8	408	0
22	1	380	8	408	0
23	1	374	8	383	0
24	0	363	0	388	0
25	1	342	7	370	33
26	1	420	12	429	0
27	1	409	1	437	0
28	0	398	10	423	0

续表 6-8

活动	执行模式	开工时间	延迟时间	完工时间	支付量
29	1	380	10	408	0
30	0	434	5	459	0
31	1	442	5	470	236
32	0	461	2	486	0
33	1	477	7	505	80
34	1	473	3	501	0
35	1	489	3	524	0
36	0	509	4	534	24
37	0	505	4	556	0
38	0	556	0	556	0
39	0	556	0	556	670

问题讨论

1. 在上述案例中，CB 大厦项目的合同双方所面临的问题是什么？

2. CB 大厦项目的承包方是如何取得项目进度与支付的集成并实现自身收益最大化的？

3. 承包商怎样做才能对 CB 大厦项目的发包方中新集团更有利？

第 7 章 不确定条件下的鲁棒性项目进度计划

7.1 项目不确定因素的类型及根源

由于在项目实施过程中不可预见的新情况、新事情、新问题的产生,使得项目始终处在变化的过程中。项目管理得再好,采用的管理方法再科学,项目也避免不了由于不确定性原因而带来的变化。根据项目管理的哲学思想,变化是绝对的、正常的,而不变则是相对的、不正常的。对于项目管理者来说,最理想的是能够有效地预测所有可能发生的变化,以便采取有效的预防措施,以实现项目的目标。但实际上很难做到这一点,因为许多不确定性的变化是难以预见的,更为实际的方法则是通过不断的监控、有效的沟通、协调、认真的分析研究,力求弄清项目变化的规律,妥善地处理各种变化。

7.1.1 项目不确定因素的类型

在项目进行过程中,项目的不确定因素可能是由客户引起的,也可能是由项目团队引起的,或是由不可预见事件的发生引起的,下面举例分别说明。

(1)客户引起的不确定性。例如,购房者向建筑商建议,房间应该更大些,窗户的位置应重新设置;顾客要求信息系统开发项目团队应提高信息系统的能力,以生成以前未提到过的报告和图表。这些都是由客户引起的不确定性。这些不确定性类型代表着对最初项目范围的变更,将会对项目的进度、费用产生影响。不过,影响程度却取决于作出变更的时间。如果在房子的设计图纸尚未完成时,改变房子的大小和窗户的位置就比较容易;但是,如果房子的主体已完成,窗户也已安装好,要作上述变更,则对项目的进度和费用将会产生很大的影响。

(2)项目团队引起的不确定性。例如,在项目实施过程中,项目团队发现项目设计方案不合理,则提出设计变更建议。

(3)项目经理引发的不确定性。例如,某位负责为顾客开发自动发票系统的承约商提出,为了降低项目成本并加快进度,自动发票系统应该采用现成的标准化软件,而不是为顾客专门设计软件。

(4)计划的不完善引起的不确定性。在项目计划过程中,因为忽略了某些环节也会引起不确定性。例如,在建造房屋时,客户或承包商未将安装下水道列入工作范围,则应进行范围变更。

(5) 外部不可预见事件引发的不确定性。例如,地质条件的变化使得原先的设计方案不能满足要求,则需要进行设计变更;罕见暴风雨延缓了项目实施过程,则需进行进度变更。

根据项目不确定因素发生的阶段,还可以将项目期内可能发生的不确定因素分成如下5种典型类型:

(1) 在项目早期的开发阶段,项目范围和具体细节的不确定性。项目的不确定性越大,在项目开发阶段项目范围和具体细节变更的可能性越大。对于这种不确定性,项目经理必须组织项目的利益相关者仔细评审,并明确告知项目客户,因为一旦批准变更计划,变更后会付出很大的代价。

(2) 由于错误、遗漏或必要的修订,而在设计阶段产生的不确定性。项目设计中的错误和遗漏必须更改,而由于客户需求变化带来的客户"期望"的不确定性则应尽可能地避免。特别是应尽力避免客户改变项目最初范围,因为,在这种情形下,客户往往会超出合同条款来要求实现这种变更。

(3) 由政府法令、劳动合同、供应商及其他团体带来的不确定性(健康、安全、人力)。通常,这些情况下的不确定性是强制性的,项目经理没有选择、只能接受。

(4) 有利于提升项目回报率的不确定性。即对项目进行变更,有可能会提升项目的回报率。因为项目回报率难于估计,这类不确定性有时很难验证是否有必要,只有经过更高的管理层进行谨慎决策,才能决定是否采取这种变更。

(5) 有益于提升原始需求的不确定性。通常人们乐于不断地改进工作,期望不确定性会超越项目最初的范围和要求。项目经理有必要区分哪些变更是必要的,哪些是有益的。对于没有必要的变更,虽然对于项目有益处,仍要予以阻止。

任何项目计划在项目完成之前总是要面对不确定性的。一般来说,项目越大越复杂,不确定性会越高,变更的次数也就越多,实际成本和进度会越加偏离初期的项目计划。项目出现问题需要变更计划,但变更计划的同时,又会在项目执行过程中产生新的问题。项目计划的不确定性是费用超支和进度延期的最主要原因,不断的变更会降低项目团队成员的工作热情,也会破坏项目经理、职能经理和业主之间的关系。

7.1.2 项目不确定因素的根源

项目的变更是指与原来确定的项目计划基准的偏差,这些基准包括项目的目标、项目的范围、项目要求、内外部环境以及项目的技术质量指标等。如上所述,项目的不确定性是不可避免的,问题的关键是能够掌握项目的规律,有效地进行项目

不确定性的控制。项目的具体规律因项目而异,但通常情况下,项目不确定性一般受以下因素的影响:

(1)项目的生命周期。项目的生命周期越长,项目的不确定因素就越多,特别是项目的范围就越容易发生变更。

(2)项目的组织。项目的组织越科学、越有力,则越能有效地制约项目的不确定性;反之,缺乏强有力的组织保障的项目则较易发生变更。人员的流动、协调的困难、管理的随机性等,都会使项目容易产生较大的不确定性。

(3)项目经理的素质。高素质的项目经理善于在复杂多变的项目环境中应付自如,正确决策,从而使项目的不确定性不会造成对项目目标的影响;反之,素质不高的项目经理则难以在复杂多变的环境中,驾驭和控制项目。

(4)外部因素。引起项目变更的因素不仅来源于项目自身,更多的则是来源于项目的外部。例如,不良的天气,原材料、设备的供应、法律纠纷,团队成员的消极态度以及有关方面的干预等因素都会使项目产生不确定性。

当然,除了上述因素以外,还有其他若干因素,如,项目要采用新技术、新方法,项目就可能会产生不确定性;计划出现错误,项目会产生不确定性;项目中原定的某项活动不能实现,项目也会产生不确定性;项目的设计不合理,项目更会产生不确定性;等等。

项目的不确定性更多的是来源于顾客的要求和项目团队对项目或服务的改进。随着项目的进展,顾客会越来越清楚地认识到一些在项目初期未能认识到的问题,因此会不断提出更改的要求。项目团队在项目实施过程中,也有可能不断改进技术或发现一些新的方法、工艺或材料。

项目的不确定性是导致对原来确定的项目基准发生的偏离,这些基准包括项目的目标和要求、项目的内外部环境、项目的技术性能指标等。以IT项目为例,完整的基准计划包括如图7-1所示的各个方面。实践表明,项目的这些基准计划

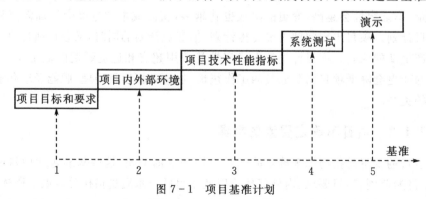

图7-1 项目基准计划

在项目完成之前多数会发生改变。究其原因,主要来自三个方面:

(1)项目实现过程对技术要求的不确定性。

(2)项目实施过程的进展和项目输出的逐渐明晰。

(3)由于应用于项目实施过程和项目输出的规定的修改。

总之,项目不确定因素的控制是一件复杂的工作,对于绝大多数项目经理来说,如何应对和处理不确定性是他们最为头疼的重要问题之一。

7.2 基于鲁棒性目标的项目进度计划[研究性学习内容]

由以上论述可见,现实中的绝大多数项目都存在着不确定性。所以,对于项目管理者来说,如果在制定进度计划时不将其这一特性考虑在内,那么在随后的项目实施过程中,计划便会因不确定因素的影响而频繁地发生调整,从而失去其有效性进而给项目的组织和协调带来混乱。鲁棒性(robustness)是指项目进度计划在内外部环境发生变化的条件下,保持其稳定性的能力。显然,对于那些不确定性较大的项目来说,其进度计划必须具有较高的鲁棒性,这样它才能有效地抵御内外部诸多不确定因素的影响,充分发挥其对项目实施的指导作用。下面就这一问题,介绍如何通过在项目进度计划中添加时间缓冲,来提高基准进度计划的鲁棒性,从而保持其在项目实施过程中的稳定性。

7.2.1 问题界定

采用基于活动(activity-based)的研究方法,即将项目表示为一个 AoN 网络,其中节点代表活动,箭线代表活动之间的逻辑关系。考虑一个由 N 个活动构成的项目,出于网络表述的需要,额外添加两个虚活动:活动 0 和活动 $N+1$,分别表示项目的开始和结束。项目的实施需要 K 种可更新资源(renewable resources),第 $k(k=1,2,\cdots,K)$ 种可更新资源的可用量为 R_k。活动 $n(n=0,1,\cdots,N+1)$ 执行时在单位时间里对第 k 种可更新资源的需求量为 r_{nk},由于不确定因素的影响,其工期 d_n 为一均值和标准差分别为 $\mu(d_n)$ 和 $\sigma(d_n)$ 的随机变量。注意,前述两个虚活动对每种可更新资源的需求量及其工期均恒为 0。计划项目工期为 D。需要指出的是,由于活动工期的随机性,计划项目工期 D 实质上为一柔性约束,即该约束在项目进度计划制定时必须考虑并遵守,但在计划的执行过程中却有可能被突破。

现假定在制定项目进度计划时,基于工期均值 $\mu(d_n)$ 将活动 n 的开始时间安排为 s_n。在项目的实施过程中,由于各活动的实际工期并不一定等于其均值,因此活动的实际开始时间也必然会随之发生变化,进而导致进度计划的稳定性遭到破坏。为了降低这种情况出现的可能性,实际中的项目管理者可以在每个活动上留出一定的时间富裕,借此吸收或减轻活动工期的变化对计划稳定性的影响。鉴于这一事实,在活动 $n(n=1,2,\cdots,N)$ 的计划完成时间(即 $s_n+\mu(d_n)$)之后设置一段时间缓冲 B_n,由此提高进度计划的稳定性。B_n 的设置通过活动开始时间 s_n 的安排来完成,给定各活动的计划开始时间 s_n,B_n 可按下式计算:

$$B_n = \min_{m \in U_n}\{s_m\} - [s_n + \mu(d_n)] \quad n=1,2,\cdots,N$$

其中:U_n 为活动 n 的所有紧后活动的集合。从上式可以看出,当活动 n 的实际工期偏离 $\mu(d_n)$ 时,只要其正的偏离幅度不超过 B_n,那么活动 n 的紧后活动 m 的计划开始时间 s_m 就无需进行调整,从而保证后续进度计划不受该偏离的影响。

对于一个给定项目,各活动的时间缓冲越大,进度计划的鲁棒性就越高。然而,由于存在计划项目工期 D 的约束,活动的时间缓冲不可能无限制地随意设置,因此,必须将有限的时间缓冲合理地安排到活动上去,以有效提高项目进度计划的鲁棒性。为了完成这一任务,需要为每个活动定义一个权重系数 $\xi_n(n=1,2,\cdots,N)$ 并根据 ξ_n 设置 B_n 的大小。显然,活动 n 的 $\sigma(d_n)$ 越大,其工期的变化性就越高,需要的时间缓冲也越大。为此,基于 $\sigma(d_n)$ 将活动 n 的权重系数 ξ_n 定义如下:

$$\xi_n = \frac{\sigma(d_n)}{\sum_{i=1}^{N}\sigma(d_i)}$$

在项目的实施过程中,变化性高的活动通常对进度计划稳定性的影响较大。所以,从另外一个视角来看,ξ_n 实际上反映了活动 n 上的单位时间缓冲对进度计划鲁棒性的贡献。而当活动 n 上的时间缓冲为 B_n 时,其对进度计划鲁棒性的总贡献即可用 $\xi_n B_n$ 度量。基于上述理由,把整个项目进度计划所拥有的总鲁棒性 $Robu$,定义为所有活动上的时间缓冲对项目进度计划的鲁棒性贡献总和,即 $Robu = \sum_{n=1}^{N}(\xi_n B_n)$。毋庸置疑,当项目的总时间缓冲较高且在各活动之间进行了合理分配时,则进度计划的 $Robu$ 就会比较高;反之,进度计划的 $Robu$ 就较低,易受活动工期变化的影响而频繁地发生调整。在上述讨论的基础上,可把鲁棒性目标项目进度计划界定为:在可更新资源可用量 R_k 及计划项目工期 D 的约束下,基于随机工期的均值 $\mu(d_n)$ 和标准差 $\sigma(d_n)$ 安排活动的开始时间 s_n,以最大化项目进度计划的鲁棒性 $Robu$。

用图 7-2 所示的一个示例项目对上述问题进行说明。该示例项目共包含 6 个活动,其中 0 和 5 分别为虚的开始和结束活动,1、2、3 和 4 为非虚活动。存在一种可更新资源限制,其可用量 R_1 为 10。假定各活动的工期服从正态分布,其均值、方差及活动对可更新资源的需求量均标注于图中。计划项目工期 D 为 20。

对于该示例项目,首先以项目完成时间最早为目标,在可更新资源及计划项目工期约束下,基于工期均值给出一个可行进度计划安排(如图 7-3 所示):$s_0=0$,s_1

第 7 章　不确定条件下的鲁棒性项目进度计划

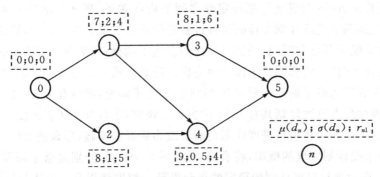

图 7-2　示例项目的 AoN 网络图

$=0, s_2=0, s_3=8, s_4=8, s_5=17$。在该进度计划安排下，各非虚活动的时间缓冲为：$B_1=1, B_2=0, B_3=1, B_4=0$。根据活动工期的标准差，可以方便地计算出各非虚活动的权重系数为：$\xi_1=0.45, \xi_2=0.22, \xi_3=0.22, \xi_4=0.11$。由此可得上述进度计划的鲁棒性：$Robu=0.67$。作为对比，现以鲁棒性最大化为目标，给出另一可行进度计划安排（如图 7-4 所示）：$s_0=0, s_1=0, s_2=0, s_3=10, s_4=10, s_5=20$。在新的进度计划安排下，各非虚活动的时间缓冲为：$B_1=3, B_2=2, B_3=2, B_4=1$。结合非虚活动的权重系数，可计算出新进度计划的鲁棒性为：$Robu=2.34$。

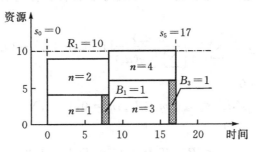

图 7-3　完成时间最早进度计划

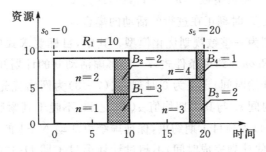

图 7-4　鲁棒性最大进度计划

为了验证 Robu 与进度计划稳定性之间的内在关系，现基于活动工期的正态分布，对上述两个进度计划安排的执行过程进行仿真。在仿真运行中，只要有活动的开始时间晚于其计划时间，则称进度计划发生了调整；如果虚结束活动的开始时间晚于其计划时间，则称项目未按计划完成。仿真次数设定为 10000 次，得到的结果如下：完成时间最早进度计划共有 8538 次发生了调整，项目有 7980 次未按计划完成；鲁棒性最大进度计划共有 1296 次发生了调整，项目有 739 次未按计划完成。由此可以推论，如果将项目进度计划由前者改为后者去实施，那么进度计划发生调整及项目未按计划完成的概率，将会由 85.4% 和 79.8% 分别显著下降至 13.0% 和 7.4%，亦即项目进度计划的稳定性将会得到大幅度地提升。上述结果表明，在随机活动工期条件下，尽管图 7-3 所示的进度计划目标是尽可能早地完成项目，但由于其鲁棒性较低，结果不仅难于实现预期目标，而且极有可能造成进度计划在执行过程中的调整，进而引起资源配置及安排的变更并产生额外费用。相反，如果执行图 7-4 所示的进度计划，那么，由于该进度计划拥有较高的鲁棒性，项目的实施过程将会平稳顺利得多，反而更有利于项目的按时完成及预期目标的实现。

7.2.2 优化模型

根据上述对问题的界定和说明，构建基于鲁棒性目标的项目进度计划的优化模型表述如下：

$$\text{Max} \quad Robu = \sum_{n=1}^{N} \left\{ \frac{\sigma(d_n)}{\sum_{i=1}^{N} \sigma(d_i)} [\min_{m \in U_n} \{s_m\} - (s_n + \mu(d_n))] \right\} \quad (7-1)$$

$$\text{s.t.} \quad s_0 = 0 \quad (7-2)$$

$$s_n + \mu(d_n) \leqslant s_m \quad m \in U_n; n = 0, 1, \cdots, N \quad (7-3)$$

$$s_{N+1} \leqslant D \quad (7-4)$$

$$\sum_{n \in V^T} r_{nk} \leqslant R_k \quad T = 0, 1, \cdots, D; k = 1, 2, \cdots, K \quad (7-5)$$

$$s_n \text{ 为非负整数} \quad n = 0, 1, \cdots, N+1 \quad (7-6)$$

其中：V^T 为在 T 时刻正在进行的活动的集合。

上述优化模型为一整数规划优化模型。其中，目标要求式(7-1)最大化项目进度计划的鲁棒 $Robu$。约束条件式(7-2)将虚活动 0 的计划开始时间 s_0（这也是整个项目的计划开始时间）定义为 0 时刻；式(7-3)为网络优先关系约束，确保活动 n 的计划开始时间 s_n 与其工期均值 $\mu(d_n)$ 之和，不晚于其紧后活动 m 的计划开始时间 s_m；式(7-4)为项目工期约束，保证虚结束活动 $N+1$ 的计划开始时间 s_{N+1}（这也是整个项目的计划完成时间）不超过计划项目工期 D；式(7-5)为可更新资源约束，使得在项目实施过程中的任意一个时刻 $T(T=0,1,\cdots,D)$，所有正在进行

活动对第 $k(k=1,2,\cdots,K)$ 种可更新资源的需求总量 $\sum_{n\in V^T}r_{nk}$,不超过该种资源的可用量 R_k;式(7-6)为决策变量的定义域约束。通过上述优化模型,便可借助活动计划开始时间 s_n 的安排,将时间缓冲合理地分配到工期变化性较大的活动上,以取得项目进度计划鲁棒性的最大化,从而尽最大可能地保证项目的平稳实施及预期目标的顺利实现。

7.2.3 模型求解

上述问题为一活动工期为随机变量的、鲁棒性目标资源约束项目调度问题,它可视为经典的资源约束项目调度问题 RCPSP(resource-constrained project scheduling problem)向不确定条件下的一种扩展。由于 RCPSP 已被证明为 NP-hard 问题,所以,该问题也必然为一 NP-hard 问题。鉴于上述原因,采用启发式算法求解该问题。

1. 初始可行解构造

为了方便后续表述,定义如下一个决策向量 S 表示问题的可行解:
$$S=(s_n; n=0,1,\cdots,N+1)$$
问题的初始可行解 S^0 通过如下步骤随机生成:

步骤 1 在不考虑可更新资源约束式(7-5)的条件下,基于活动工期均值 $\mu(d_n)$、计划项目工期 D 和项目网络结构,利用关键路径法 CPM(critical path method)计算活动 n 的时间窗 $[E_n, L_n]$。其中,E_n 和 L_n 分别表示活动 n 的最早和最晚开始时间。

步骤 2 在不违反网络优先关系约束式(7-3)的条件下,为每个活动 $n(n=0,1,\cdots,N+1)$ 在其时间窗 $[E_n, L_n]$ 中随机地安排一个开始时间 s_n,由此形成问题的一个解向量 S^0。

步骤 3 从时刻 0 至 s_{N+1},在每个时点上判断可更新资源约束式(7-5)是否得到满足(注意,活动 n 的持续时间从 s_n 一直计算到),若是则已得到一个可行的初始解 S^0;否则,返回步骤 2 并重复上述操作直至得到一个可行的 S^0 为止。

2. 邻点生成机理

当前可行解 S^1 的一个可行邻点 S^2 按如下步骤随机生成:

步骤 1 在当前可行解 S^1 中随机地选择一个活动(虚活动 0 除外),将该活动的开始时间在其时间窗中随机地变化一个单位,由此得到当前解的一个邻点 S^2。

步骤 2 检查网络优先关系约束式(7-3)是否得到满足,若是则继续后续操作;否则,调整其他活动的开始时间直至式(7-3)得到满足为止。

步骤 3 按照与初始可行解构造的步骤 3 中相同的方法,判断可更新资源约束式(7-5)是否得到满足,若是则已得到一个可行的邻点 S^2;否则,返回步骤1并重复上述操作直至得到一个可行的 S^2 为止。

3. 禁忌搜索启发式算法

根据禁忌搜索的基本原理,可设计算法的搜索步骤如下所述:

步骤1 输入初始可行解 S^0 及其对应的目标函数值 $Robu^0$;定义算法的终止条件,即探测可行解总数 Num_{stop};初始化禁忌列表 TL;令计数器 $Num=0$;将当前解 S^1 及当前最好解 S^* 赋值为 S^0:$S^1=S^0$,$Robu^1=Robu^0$,$S^*=S^0$,$Robu^*=Robu^0$。其中,$Robu^1$ 和 $Robu^*$ 分别为 S^1 和 S^* 所对应的目标函数值。

步骤2 生成 S^1 的一个可行邻点 S^2,计算在 S^2 下的目标函数值 $Robu^2$。检查生成该邻点的移动是否位于禁忌列表 TL 中,若是转步骤4;否则,转步骤3。

步骤3 令 $S^1=S^2$,$Robu^1=Robu^2$,$Num=Num+1$,更新禁忌列表 TL。如果 $Robu^2>Robu^*$,进一步令 $S^*=S^2$,$Robu^*=Robu^2$,转步骤5;否则,直接转步骤5。

步骤4 如果 $Robu^2>Robu^*$,激活生成该邻点移动的禁忌状态,令 $S^1=S^2$,$Robu^1=Robu^2$,$S^*=S^2$,$Robu^*=Robu^2$,$Num=Num+1$,更新禁忌列表 TL,转步骤5;否则,转步骤2。

步骤5 判断 $Num \geqslant Num_{stop}$ 是否成立,若成立转步骤6;否则,转步骤2。

步骤6 输出得到的满意解,即 S^* 和 $Robu^*$。

在上述搜索过程中,禁忌列表 TL 按如下方式进行管理:每当生成当前解的一个可行邻点时,该生成操作所对应移动的逆向移动从底部加入到 TL 中。同时,最早进入列表的逆向移动从顶部移出 TL,TL 中的其余逆向移动向上递进一位。所有位于 TL 中的移动都是被禁忌的,但当一个被禁忌的移动能够生成比当前最好解还要好的邻点时,其禁忌状态可依据激活准则被解除,从而使算法能够移动到该邻点上,以避免错失问题的最好解。

7.2.4 示例

用下图7-5所示的一个算例对上述问题进行说明。图中,活动0和19分别为虚的开始和结束活动,其余18个非虚活动的相关参数见表7-1。存在两种资源约束:$R_1=20$,$R_2=23$,项目工期 D 为45。利用禁忌搜索启发式算法,可求得该算例的满意进度计划如下:

$S=(0,0,0,10,10,10,6,14,14,14,11,0,29,16,10,21,30,15,38,45)$;$Robu=6.97$。

在项目实施过程中,两种资源使用量的变化情况如图7-6所示。资源1的最大使用量20出现在第11、12时刻,而资源2的最大使用量23出现在第15时刻,均未超过其可用量。

第 7 章 不确定条件下的鲁棒性项目进度计划

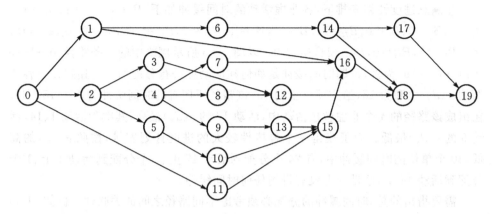

图 7-5 算例的 AoN 网络图

表 7-1 算例活动的相关参数

n	$\mu(d_n)$	$\sigma(d_n)$	r_{n1}	r_{n2}	n	$\mu(d_n)$	$\sigma(d_n)$	r_{n1}	r_{n2}	n	$\mu(d_n)$	$\sigma(d_n)$	r_{n1}	r_{n2}
1	1	2	4	0	7	2	2	5	6	13	5	1	3	4
2	9	3	7	1	8	9	2	0	5	14	4	1	2	3
3	6	3	3	3	9	1	2	4	8	15	8	3	9	1
4	3	3	6	1	10	3	4	9	0	16	8	1	6	7
5	1	1	2	2	11	5	4	2	1	17	6	3	6	9
6	4	0	1	5	12	9	1	7	6	18	7	2	4	5

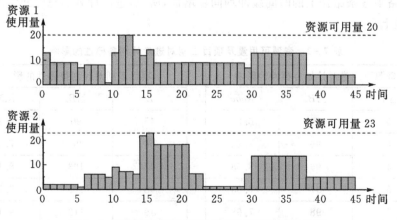

图 7-6 资源使用量在项目实施过程中的变化情况

在满意进度计划安排下,各非虚活动的时间缓冲如下:$B_1=5, B_2=1, B_3=13$, $B_4=1, B_5=0, B_6=0, B_7=14, B_8=6, B_9=1, B_{10}=7, B_{11}=16, B_{12}=0, B_{13}=0, B_{14}=1, B_{15}=1, B_{16}=0, B_{17}=24, B_{18}=0$。以图7-5所示网络中的一条路径"0→1→6→14→17→19"为例,说明时间缓冲是如何在活动上进行分配的。上述路径上各活动的$\mu(d_n)$之和为15,给定项目工期45,该路径所拥有的时间缓冲为45-15=30。在组成该路径的4个非虚救援活动中,活动17的$\sigma(d_n)$最高,其次为活动1、14,活动6的$\sigma(d_n)$最低。为了获得一个鲁棒性较大的进度计划安排,按照$\sigma(d_n)$的高低,30个单位的时间缓冲中,有24个分配到活动17上、5个分配到活动1上、1个分配到活动14上,活动6上没有得到任何时间缓冲。

需要指出的是,时间缓冲的分配必须考虑不同路径之间的关联性。例如,上述路径"0→1→6→14→17→19"上的活动时间缓冲分配,便受到路径"0→1→6→14→18→19"及路径"0→1→16→18→19"的直接影响,并通过这两条路径与网络中的其他路径间接关联。此外,在进行时间缓冲分配时,相关活动开始时间的调整还受到资源可用量的限制,而且项目工期也会对各条路径上的时间缓冲产生重要影响。表7-2给出了在其他参数保持不变的条件下,资源可用量及项目工期对进度计划的总时间缓冲$\sum B_n$与鲁棒性$Robu$的影响,根据表7-2绘制的$\sum B_n$与$Robu$随资源可用量及项目工期的变化曲线见图7-7。由图7-7可见,随着资源可用量的增加,进度计划的$\sum B_n$与$Robu$均呈逐步上升趋势;而当项目工期延长时,$\sum B_n$与$Robu$近似线性地单调增加。这一结果的原因如下:资源可用量的增加会使活动开始时间的调整拥有更大自由度,因此总时间缓冲增加,且其在活动上的分配更加合理,进而导致计划的鲁棒性上升。项目工期的影响则更为直接,随着项目工期的延长,网络中各条路径上的时间缓冲均同步增加,所以,进度计划的总时间缓冲增加、鲁棒性上升。

表7-2 资源可用量及项目工期对进度计划鲁棒性的影响

资源可用量对计划鲁棒性的影响			项目工期对计划鲁棒性的影响		
ΔR	$\sum B_n$	$Robu$	D	$\sum B_n$	$Robu$
0	90	6.97	45	90	6.97
2	96	7.26	46	96	7.44
4	96	7.58	47	103	8.13
6	97	7.63	48	110	8.75
8	98	7.68	49	118	9.17

注:ΔR为资源1和2的可用量分别在20和23基础上的同步增加幅度

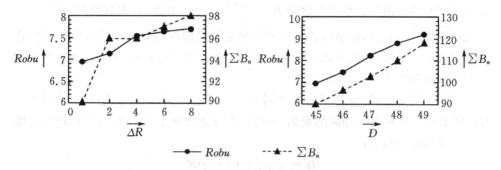

图 7-7 计划鲁棒性随资源可用量与项目工期的变化曲线

7.3 同时考虑工期和鲁棒性的项目进度计划【研究性学习内容】

由上述分析可以看出,项目工期和进度计划的鲁棒性之间存在着如下矛盾:如果插入较多的时间缓冲,则进度计划的鲁棒性便会提高,但项目的工期会向后延迟;反之,如果减小进度计划中的时间缓冲,则项目工期会缩短但计划的抗干扰能力却会下降。下面通过一个优化模型,分析项目工期和鲁棒性之间的权衡关系,以获得一个同时考虑项目工期和鲁棒性的进度计划安排。

7.3.1 问题界定

考虑一个由 N 个活动构成的项目,各活动之间的逻辑关系采用 AoN 网络表示,其中节点代表活动,箭线代表活动之间的逻辑关系。出于表述的需要,在网络中加入两个虚活动:活动 0 和活动 $N+1$,前者表示项目的开始,后者表示项目的结束。根据资源投入量的多少,活动 n 具有 Q_n 种执行模式,以模式 $q(q=1,2,\cdots,Q_n)$ 执行时的工期和费用分别为 d_{nq} 和 c_{nq}(注意,为了表述方便,允许虚活动也具有多种执行模式,但是无论其以何种模式执行,所消耗的时间和费用均为 0)。活动执行模式的选择受到项目预算 B 的限制,制定项目进度计划时考虑的截止日期为 D。令 s_n 为活动 $n(n=0,1,\cdots,N+1)$ 的开始时间,则项目的开始时间可用 s_0 表示,而其完成时间可用 s_{N+1} 表示。

现假定在项目进度计划中,活动 n 的开始时间可以延迟到 s_n^L 而不会影响到其紧后活动的开始时间,则称 $\Delta s_n = s_n^L - s_n$ 为活动 n 的可调整时差。Δs_n 实质上反映了 s_n 所蕴含的鲁棒性,因为在项目实施过程中,一旦活动 n 由于不确定因素的影响无法在 s_n 开始,只要其延迟范围不超过 Δs_n,则项目进度计划就不会因活动 n 的开始时间的延迟而失去其有效性。在 Δs_n 的基础上,可将项目进度计划的鲁棒性定义为所有活动的可调整时差之和 $R = \sum_{n=0}^{N} \Delta s_n$。显然,当 R 较高时,项目进度计划的稳定性也较高,能够吸收较多的不确定扰动而保持计划的有效性;反之,进度计划就较为脆弱,易受不确定扰动的影响而频繁地进行调整,进而导致项目实施的组织和协调陷入混乱。

基于上述讨论,可以得到进度计划制定的两个目标,即最小化 s_{N+1} 和最大化 R。鉴于 s_{N+1} 和 R 具有相同的量纲,通过一个权重分配系数 $\eta(0 \leqslant \eta \leqslant 1)$ 将二者综合为一个目标函数 Π:

$$\Pi = \eta s_{N+1} - (1-\eta)R$$

由于 R 的大小也取决于活动开始时间的安排,因此,目标函数值 Π 实际上完全由 s_n 决定。鉴于活动开始时间 s_n 的安排依赖于其执行模式的选择,所以,定义如下两组决策变量以分别决定活动的执行模式和开始时间:

$$x_{nq} = \begin{cases} 1 & \text{活动 } n \text{ 采用执行模式 } q \\ 0 & \text{其他} \end{cases} \quad n=0,1,\cdots,N+1; q=1,2,\cdots,Q_n$$

$$y_{nt} = \begin{cases} 1 & \text{活动 } n \text{ 在 } t \text{ 时刻开始} \\ 0 & \text{其他} \end{cases} \quad n=0,1,\cdots,N+1; t=0,1,\cdots,D$$

给定一组决策变量,活动开始时间 s_n 可由下式决定:

$$s_n = \sum_{t=E_n}^{L_n}(y_{nt}t) \quad n=0,1,\cdots,N+1$$

其中:$[E_n, L_n]$ 为活动 n 由项目截止日期 D 和活动网络结构所决定的开始时间窗。至此,可将问题界定为,如何在上述条件下确定 x_{nq} 和 y_{nt} 以最小化 Π。

7.3.2 优化模型

根据上述对问题的界定,构建基于工期与鲁棒性两个目标的项目进度计划优化模型表述如下:

$$\text{Min} \quad \Pi = \eta \sum_{t=E_{N+1}}^{L_{N+1}}(y_{N+1,t}t) - (1-\eta)R \tag{7-7}$$

$$\text{s.t.} \quad \sum_{q=1}^{Q_n} x_{nq} = 1 \quad n=0,1,\cdots,N+1 \tag{7-8}$$

$$\sum_{n=0}^{N+1} \sum_{q=1}^{Q_n}(c_{nq}x_{nq}) \leqslant B \tag{7-9}$$

$$\sum_{t=E_n}^{L_n} y_{nt} = 1 \quad n=0,1,\cdots,N+1 \tag{7-10}$$

$$\sum_{t=E_n}^{L_n}(y_{nt}t) + \sum_{q=1}^{Q_n}(d_{nq}x_{nq}) \leqslant \sum_{t=E_m}^{L_m}(y_{mt}t)$$
$$m \in U_n; n=0,1,\cdots,N \tag{7-11}$$

$$\sum_{t=E_{N+1}}^{L_{N+1}}(y_{N+1,t}t) \leqslant D \tag{7-12}$$

$$R = \sum_{n=0}^{N} \{\min_{m \in U_n} [\sum_{t=E_m}^{L_m} (y_{mt}t) - \sum_{q=1}^{Q_n} (d_{nq}x_{nq})] - \sum_{t=E_n}^{L_n} (y_{nt}t)\}$$
(7-13)

$$x_{nq}, y_{nt} \in \{0,1\} \tag{7-14}$$

其中:U_n 为活动 n 的所有紧后活动的集合。

上述优化模型为一 0—1 规划优化模型。其中,目标要求式(7-7)最小化目标函数 Π。当 $\eta=0$ 时,目标要求即转化为纯粹的最大化项目进度计划的鲁棒性;而当 $\eta=1$ 时,则其转化为纯粹的最短化项目工期。η 取 0 到 1 之间的其他值,实质上反映了决策者在以上两个目标之间不同的取舍和权衡。约束条件式(7-8)为每个活动确定一种执行模式;式(7-9)对活动执行模式的选择施加了限制,使得所有活动消耗的总费用不超过项目预算 B;式(7-10)为每个活动在其开始时间窗 $[E_n, L_n]$ 内安排一个开始时间;式(7-11)为网络优先关系约束,确保活动 n 的开始时间与其工期之和不晚于其紧后活动 m 的开始时间;式(7-12)保证虚结束活动 $N+1$ 的开始时间,亦即整个项目的结束时间不超过项目截止日期 D;式(7-13)给出了项目进度计划鲁棒性 R 的计算公式,其中 $\min_{m \in U_n} [\sum_{t=E_m}^{L_m} (y_{mt}t) - \sum_{q=1}^{Q_n} (d_{nq}x_{nq})]$ 即为用决策变量表示的 s_n^L;式(7-14)为决策变量的定义域约束。

7.3.3 禁忌搜索启发式算法

1. 解的表示及初始解构造

定义如下两个向量表示问题的可行解:
$X = (q; x_{nq} = 1, n = 0, 1, \cdots, N+1); Y = (t; y_{nt} = 1, n = 0, 1, \cdots, N+1)$。

初始可行解 X^{init}、Y^{init} 通过下述步骤构造:

步骤 1 随机地为每个活动安排一种执行模式,由此得到一个 X^{init}。判断约束条件式(7-9)是否得到满足,若是继续后续操作;否则,重新为活动安排执行模式直至约束条件式(7-9)得到满足为止。利用关键路径法 CPM(critical path method)计算活动 $n(n=0,1,\cdots,N+1)$ 的开始时间窗 $[E_n, L_n]$,如果 $E_{N+1} \leqslant D$ 则接受 X^{init} 为一可行的 X^{init};否则,重复上述操作直至得到一个可行的 X^{init} 为止。

步骤 2 在不违反约束条件式(7-11)的前提下,为活动 $n(n=0,1,\cdots,N+1)$ 在其开始时间窗 $[E_n, L_n]$ 内随机地安排一个开始时间,由此得到一个 Y^{init}。判断约束条件式(7-12)是否得到满足,若是接受 Y^{init} 为一可行的 Y^{init};否则,重复该步操作直至得到一个可行的 Y^{init} 为止。

2. 邻点生成机理

当前可行解 X^{curr}、Y^{curr} 的邻点 X^{neig}、Y^{neig} 通过如下两个算子随机生成:

(1) 执行模式算子：在 X^{curr} 中，随机地选择一个活动，将其当前执行模式随机地变成另外一种执行模式，从而将 X^{curr} 转化为它的一个邻点 X^{neig}。判断约束条件式(7-9)是否得到满足，若是继续后续操作；否则，重复上述操作直至约束条件式(7-9)得到满足为止。计算各活动在 X^{neig} 下的开始时间窗，如果 $E_{N+1} \leqslant D$，则接受 X^{neig} 为一可行的 X^{neig}；否则，重复上述操作直至得到一个可行的 X^{neig} 为止。在不违反约束条件式(7-11)和(7-12)的前提下，将 Y^{curr} 中各活动的开始时间调整到由 X^{neig} 所决定的新开始时间窗中，从而将 Y^{curr} 同时变换为 Y^{neig}。

(2) 开始时间算子：从 Y^{curr} 中随机地选择一个活动，将其开始时间在开始时间窗内随机地变化一个单位，由此得到 Y^{curr} 的一个邻点 Y^{neig}。判断约束条件式(7-11)是否得到满足，若是继续后续操作；否则，调整其他活动的开始时间直至约束条件式(7-11)得到满足为止。判断约束条件式(7-12)是否得到满足，若是则接受 Y^{neig} 为一可行邻点；否则，重复上述操作直至获得一个可行的 Y^{neig} 为止。

注意：在上述执行模式算子中，构成可行解的两个向量中的元素同时发生了变化；而在开始时间算子中，只有 Y 向量中的元素发生了变化，X 向量中的元素保持不变，即将 X^{curr} 直接记为 X^{neig} 即可。

3. 禁忌列表及算法终止条件

在算法搜索过程中，新生成邻点移动的逆向移动被加入到禁忌列表中，从而避免搜索返回新近探测过的可行解。禁忌列表的长度设置为 20，采用"先进先出 FIFO(first-in-first-out)"的原则进行更新：每当生成当前解的一个可行邻点时，该移动的逆向移动从底部加入到禁忌列表中。与此同时，最早进入列表的逆向移动从顶部移出列表，列表中其余逆向移动向上递进一位。所有位于禁忌列表中的逆向移动都是被禁止的，但当一个被禁止的逆向移动能够生成比当前最好解还要好的邻点时，那么它的禁忌状态可以被激活：即将其从禁忌列表中移出，其下所有逆向移动向上递进一位，同时将该逆向移动的逆向移动加入到禁忌列表的底部。算法的终止条件定义为搜索的可行解总数 Num^{stop}。即当探测的可行解总数达到 Num^{stop} 时，算法停止搜索并将保存的当前最好解输出为满意解。

4. 搜索步骤

步骤 1　输入初始可行解 X^{init}、Y^{init} 及其目标函数值 Π^{init}。定义算法终止条件 Num^{stop}。初始化禁忌列表 TL。令计数器 $Num=0$。将当前解及当前最好解赋值为初始解：$X^{curr}=X^{best}=X^{init}$，$Y^{curr}=Y^{best}=Y^{init}$，$\Pi^{curr}=\Pi^{best}=\Pi^{init}$。其中，$\Pi^{curr}$ 为当前解所对应的目标函数值，X^{best}、Y^{best} 和 Π^{best} 为当前最好解及其目标函数值。

步骤 2　从执行模式算子和开始时间算子中以相同的概率随机地选出一个算子，生成当前解的一个邻点 X^{neig}、Y^{neig}，计算其目标函数值 Π^{neig}。检查生成邻点操作的移动是否位于禁忌列表 TL 中,若是转步骤 4;否则,转步骤 3。

步骤 3　令 $X^{curr}=X^{neig}$,$Y^{curr}=Y^{neig}$,$\Pi^{curr}=\Pi^{neig}$,$Num=Num+1$,更新禁忌列表 TL。如果 $\Pi^{curr}<\Pi^{best}$,进一步令 $X^{best}=X^{curr}$,$Y^{best}=Y^{curr}$,$\Pi^{best}=\Pi^{curr}$,转步骤 5;否则,直接转步骤 5。

步骤 4　如果 $\Pi^{neig}<\Pi^{best}$,激活生成邻点移动的禁忌状态,令 $X^{curr}=X^{best}=X^{neig}$,$Y^{curr}=Y^{best}=Y^{neig}$,$\Pi^{curr}=\Pi^{best}=\Pi^{neig}$,$Num=Num+1$,更新禁忌列表 TL,转步骤 5;否则,转步骤 2。

步骤 5　判断 $Num\geqslant Num^{stop}$ 是否成立,若成立转步骤 6;否则,转步骤 2。

步骤 6　输出得到的满意解,即 X^{best}、Y^{best} 及 Π^{best}。

7.3.4　示例

用图 7-5 所示的例子对本部分的问题进行说明。其中,活动 0 和 19 分别为虚的开始和结束活动,其余 18 个活动均为非虚活动。每个活动都具有两种执行模式,在不同执行模式下所需的时间和费用见表 7-3。项目预算 B 为 280 万元,制定项目进度计划时考虑的截止日期 D 为 50 天,在项目工期与计划鲁棒性两个目标之间的权重分配系数 η 为 0.5。

表 7-3　活动在不同执行模式下所需的时间和费用

活动编号 n	执行模式 1		执行模式 2		活动编号 n	执行模式 1		执行模式 2	
	工期 d_{n1}（天）	费用 c_{n1}（万元）	工期 d_{n2}（天）	费用 c_{n2}（万元）		工期 d_{n1}（天）	费用 c_{n1}（万元）	工期 d_{n2}（天）	费用 c_{n2}（万元）
0	0	0	0	0	10	11	8	9	9
1	9	14	8	16	11	4	18	3	22
2	4	14	4	16	12	6	13	5	14
3	8	20	7	23	13	10	16	9	17
4	2	12	2	13	14	8	13	7	14
5	5	19	4	22	15	10	17	9	19
6	9	7	8	8	16	10	16	8	19
7	12	14	10	17	17	13	17	10	19
8	10	13	8	15	18	12	18	10	20
9	2	11	2	12	19	0	0	0	0

利用禁忌搜索启发式算法,可以求得该算例项目的满意进度计划如下:
$X=(2,2,2,1,2,1,1,1,1,1,2,2,2,1,2,2,2,2,1,2)$;
$Y=(0,0,0,5,4,4,12,13,8,7,10,0,30,9,24,20,29,38,38,50)$;

$\Pi=-12.5$; $s_{N+1}=50$; $R=75$。

以上结果表明,除虚的开始和结束活动外,18个非虚活动中有8个采用执行模式1,10个采用执行模式2,消耗的总费用为279万元,不超过项目预算280。向量Y给出了所有活动的开始时间,整个项目正好在计划所考虑的截止日期50天完成。表7-4列出了满意项目进度计划下各活动开始时间的可调整时差Δs_n。由表可见,除2、9和18外,其他非虚活动的开始时间均不同程度地拥有一定的可调整时差,而最大的可调整时差(活动3和11)达到17,反映出该项目进度计划具备了较好的鲁棒性。所有活动的可调整时差总和R为75,使得目标函数值Π为-12.5。

在基于双目标的项目进度计划编制中,存在着如下三个关键参数:项目预算B、项目截止日期D和权重分配系数η。为了分析这三个参数对目标函数值的影响,在其他参数保持不变的条件下,变动其中每个参数并求解优化模型,得到的结果见表7-5。根据表7-5中的数据绘制的目标函数值随关键参数变化曲线见图7-8。

表7-4 满意项目进度计划下活动开始时间的可调整时差

活动编号 n	可调整时差 Δs_n	活动编号 n	可调整时差 Δs_n	活动编号 n	可调整时差 Δs_n	活动编号 n	可调整时差 Δs_n
0	0	5	1	10	1	15	1
1	4	6	3	11	17	16	1
2	0	7	4	12	3	17	2
3	17	8	12	13	1	18	0
4	1	9	0	14	7	19	0

表7-5 关键参数对目标函数值的影响

B	Π	s_{N+1}	R	D	Π	s_{N+1}	R	η	Π	s_{N+1}	R
265	-5.5	50	61	45	-0.5	45	46	0.0	-77	50	77
268	-7.5	50	65	46	-3	46	52	0.1	-64.3	50	77
271	-8	50	66	47	-5	47	57	0.2	-50.8	50	76
274	-9.5	50	69	48	-7	48	62	0.3	-37.5	50	75
277	-11	50	72	49	-10	49	69	0.4	-25	50	75
280	-12.5	50	75	50	-12.5	50	75	0.5	-12.5	50	75
283	-13	50	76	51	-14.5	51	80	0.6	0	50	75
286	-14.5	50	79	52	-15.5	52	83	0.7	14.5	49	66
289	-15	49	79	53	-16.5	53	86	0.8	26.4	47	56

续表 7-5

B	Π	s_{N+1}	R	D	Π	s_{N+1}	R	η	Π	s_{N+1}	R
292	−17.5	49	84	54	−19	54	92	0.9	35.5	45	50
295	−18	48	84	55	−22	55	99	1.0	44	44	45

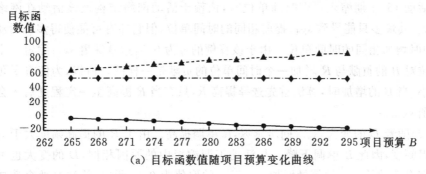

(a) 目标函数值随项目预算变化曲线

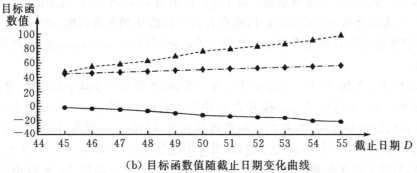

(b) 目标函数值随截止日期变化曲线

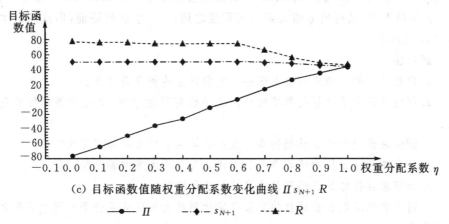

(c) 目标函数值随权重分配系数变化曲线 Π s_{N+1} R

图 7-8 目标函数值随关键参数的变化曲线

图 7-8 中所示的目标函数值随三个关键参数变化趋势及其原因分析如下：

(1) 随着 B 的增加，s_{N+1} 先保持不变，而后有一定程度的提前，R 则呈逐步上升的趋势。二者综合作用的结果，使得 Π 随着 B 的增加而单调下降。这一结果的原因可以解释如下：当 B 增加时，更多的非虚活动可以安排为费用较高而工期较短的执行模式，从而使得 s_{N+1} 提前、R 上升。需要特别指出的是，当某一活动（如算例中的活动 15）工期缩短一定时间单位时，依赖于活动网络结构及该活动在网络中的位置，其最多只能导致 s_{N+1} 提前相同的时间单位，但它却有可能使得多个活动的 Δs_n 同时增加相同的时间单位。由于该算例的 η 为 0.5，这意味着 s_{N+1} 缩短一个时间单位对 Π 的贡献与 R 增加一个时间单位的贡献是一样的。所以，为使 Π 尽可能地减小，当 B 的增加时，算法首先选择提高 R，只有当 R 提高至一定程度后才会考虑提前 s_{N+1}。

(2) 随着 D 的变大，s_{N+1} 同步延迟，R 单调提高。由于 R 的提高幅度大于 s_{N+1} 的延迟幅度，因此 Π 单调下降。与活动工期缩短中的原因相同，D 的变大也可以引起多个活动的 Δs_n 的等量增加。由于 η 的取值为 0.5，所以，算法必然会选择在满足 D 约束的前提下提高 R；而且，提高 R 所导致的 Π 的下降幅度，也一定会超过 s_{N+1} 延迟所造成的 Π 的上升幅度。基于上述原因，当 D 变大时，s_{N+1} 延迟，R 提高，Π 下降。

(3) 随着 η 的增大，s_{N+1} 先保持不变而后提前，R 则呈逐步减小的趋势，进而使得 Π 单调上升。η 反映了 s_{N+1} 和 R 在 Π 中所占的份额，当 η 由 0.0 变到 1.0 时，s_{N+1} 对 Π 的影响逐步递增，R 的影响则逐步衰减，因此，s_{N+1} 提前，R 减小，并随 η 的增大使得 Π 上升。但值得注意的是，当 η 不超过 0.6 时，尽管 s_{N+1} 对 Π 的影响在增加，但鉴于前面提到的原因，s_{N+1} 的提前会造成多个活动的 Δs_n 的减小，所以 s_{N+1} 仍保持不变，只有当 η 增大到一定程度之后，s_{N+1} 才会被提前，但这同时也会导致 R 的减小。

思考题

1. 项目常见的不确定因素有哪些？它们产生的根源是什么？
2. 何谓项目进度计划的鲁棒性？对于不确定环境来说，计划的鲁棒性有何意义？
3. 如何获得项目进度计划的鲁棒性？鲁棒性目标函数如何定义？
4. 以鲁棒性为目标的项目进度计划优化模型是由哪些部分构成的？
5. 如何求解鲁棒性目标项目进度计划优化模型？
6. 同时考虑工期和鲁棒性的项目进度计划适用于什么条件下？两个目标之间如何协调？
7. 如何对工期和鲁棒性双目标项目进度计划进行建模和求解？

8. 在项目进度计划中，影响工期和鲁棒性目标的关键参数有哪些？它们作用如何发挥？

案例：ZSY 二期软件开发项目鲁棒性进度计划优化

SST 软件技术有限责任公司，简称 SST 公司，是一家致力于石油石化销售领域信息化建设服务的公司，成立于 1997 年，是国家认定的软件企业和高新技术企业。十年来，伴随着石油石化销售系统的改革和发展，SST 公司准确把握销售企业信息化建设的需求，凭借丰富的行业应用经验，面向销售企业多个业务板块和不同的经营管理层面，构建信息化、自动化解决方案，提供系列化应用产品和服务。公司的经营范围主要在信息系统软件的开发、自动化系统的开发及相应的支持服务的提供。

SST 有限责任公司在 2007 年为 ZSY 西南销售分公司开发并实施业务管理信息系统，该系统于 2007 年 7 月顺利通过验收。基于双方的合作基础，中国石油天然气股份有限公司西南销售分公司提出对其业务信息管理系统进行二期开发，扩展现有业务管理系统，实现覆盖销售、零售、物流的完整业务信息管理体系，二期开发继续由 SST 公司承包。双方于 2008 年 6 月签署 ZSY 西南销售二期项目合同，下文简称该项目为西南二期项目。计划于 2008 年 6 月中旬开工，2008 年 12 月底交付使用，整个项目持续时间为 6 个半月。合同要求建设完成后的西南二期项目，能较全面地支持中国石油天然气股份有限公司西南销售分公司的营销、物料和零售整体业务的运行、管理、分析及控制工作。本系统包含以下 6 个业务操作系统软件：销售业务系统、物流运行系统、零售业务管理系统、加油站液位仪应用系统、油库液位仪应用系统及综合查询系统。其中，销售和物流系统主要是对一期的系统进行功能升级及补充，加油站液位仪系统、零售系统和综合查询系统有公司其他项目作为参考，油库液位仪为新开发系统。SST 公司自成立以来多服务于中石油、中石化销售公司，随着顾客管理方法及需求的变化，对二期开发原有系统的需求逐渐增加。本系统在公司项目中属于较大型项目，该系统的完成过程中的项目管理模式也可为公司其他项目提供借鉴。

项目合同中工期为 6 个半月，在时间上的大体安排如下：项目启动从 6 月 16 日开始，到 9 月 30 日完成；准备工作从 7 月 10 日开始，到 10 月 30 日结束(满足在各系统实施前做好准备即可)，期间 SST 公司只参与采购部分；系统分析截止到 8 月 20 日完成；销售业务系统、物流运行系统的开发需一个月时间，零售系统必须在销售业务系统及物流运行系统开发完成后才能开发，销售业务系统及物流运行系统开发需在 9 月底完成，零售系统的开发需在 11 月中旬完成，两系统的培训及实施需要11月中旬完成;加油站液位仪系统一次开发需在9月底完成,二次开发需要11月中旬完成,12月中旬需完成培训安装。油库液月位仪系统一次开发需在9月底完成,二次开发需要11月中旬完成,12月中旬需完成培训安装;综合查询系统的开发需要在加油站液位仪、油库液位仪系统二次开发及零售管理系统完成后开始,从11中旬开始,到12月中旬需完成开发,12月底需完成培训安装。运行维护从2009年1月1日开始。项目从2008年6月15日到2008年12月30日中的活动为本项目中主体活动,运行维护中项目前期参与的成员都可撤出项目,项目转交公司维护部门进行管理。因此,在对此项目进行时,只研究至各子系统培训安装后所有系统全面上线。

项目主要包含有33个活动,其中0活动是表示项目开始的虚活动,活动及活动所需要的员工种类、数量、活动的工期具体见表7-6。其中,工期表示在人员充足情况下,完成该活动所需要的时间;所需员工数表示活动不出现变动时所需要的员工数量,所需员工种类表示各活动所需要的员工类型,有三类员工:需求人员、开发人员及实施维护人员。在西南二期项目中每个活动所需要的人员是单种人员,如首先调研分析仅需要需求人员,销售物流系统开发仅需要开发人员,销售物流系统培训安装。其中,所需员工种类一栏,1表示需求人员,2表示开发人员,3表示实施维护人员。

ZSY西南二期项目网络图如图7-9所示。采用AoN方式表示进度关系,图中节点数字标号对应表7-6中每个活动的序号,有箭线链接的两个活动表示箭线头端的活动只有在箭线尾端的活动完

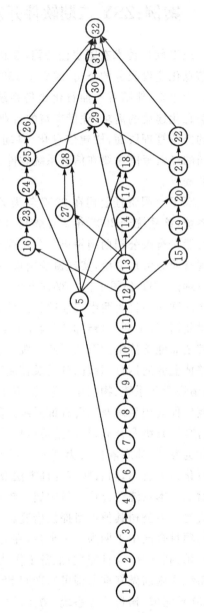

图7-9 ZSY西南二期项目网络图

成后才可以开工。项目中各活动延期一天给公司带来的损失如表7-7所示。

表7-6 西南二期项目活动名称、工期、所需员工数量

序号	活动名称	工期/天	所需员工数/人	所需员工种类
0	项目开始	0	0	0
1	售前调研分析	5	2	1
2	项目启动	1	2	1
3	项目策划	2	1	1
4	建立项目组织	1	1	1
5	基础设施准备	50	1	1
6	调研准备	4	3	1
7	实际调研	8	4	1
8	需求规格说明书	12	4	1
9	需求评审确认	3	4	1
10	总体设计计划及准备	2	1	2
11	确定架构逻辑设计方案	5	1	2
12	系统分析评审	2	2	2
13	销售物流系统开发	15	3	2
14	零管系统开发	35	3	2
15	加油站液位仪系统一次开发	20	2	2
16	油库液位仪系统一次开发	30	3	2
17	零管系统培训资料准备	3	4	3
18	零管系统培训安装	15	4	3
19	加油站液位仪培训资料准备	3	3	3
20	加油站液位仪系统试点培训安装	5	3	3
21	加油站液位仪系统二次开发	15	2	2
22	加油站液位仪二次系统培训安装	15	3	3
23	油库液位仪培训资料准备	3	4	3
24	油库液位仪系统试点培训安装	5	4	3
25	油库液位仪系统二次开发	15	3	2
26	油库站液位仪目标系统培训安装	15	4	3
27	销售物流系统培训资料准备	2	3	3

续表 7-6

序号	活动名称	工期/天	所需员工数/人	所需员工种类
28	销售物流系统培训安装	6	3	3
29	综合查询系统设计开发	20	2	2
30	综合查询系统培训资料准备	2	2	3
31	综合查询系统培训安装	3	2	3
32	系统验收结项	0	0	0

表 7-7　西南二期项目各活动开工延期边际成本

序号	活动名称	延期边际成本(元)
0	项目开始	0
1	售前调研分析	27990
2	项目启动	1740
3	项目策划	1740
4	建立项目组织	1740
5	基础设施准备	1740
6	调研准备	1740
7	实际调研	1740
8	需求规格说明书	1740
9	需求评审确认	43740
10	总体设计计划及准备	1740
11	确定架构逻辑设计方案	1740
12	系统分析评审	1740
13	销售物流系统开发	1740
14	零管系统开发	12240
15	加油站液位仪系统一次开发	12240
16	油库液位仪系统一次开发	12240
17	零管系统培训资料准备	1740
18	零管系统培训安装	17490
19	加油站液位仪培训资料准备	1740
20	加油站液位仪系统试点培训安装	1740

续表 7-7

序号	活动名称	延期边际成本(元)
21	加油站液位仪系统二次开发	1740
22	加油站液位仪二次系统培训安装	22740
23	油库液位仪培训资料准备	1740
24	油库液位仪系统试点培训安装	1740
25	油库液位仪系统二次开发	1740
26	油库站液位仪二次系统培训安装	22740
27	销售物流系统培训资料准备	1740
28	销售物流系统培训安装	1740
29	综合查询系统设计开发	1740
30	综合查询系统培训资料准备	1740
31	综合查询系统培训安装	17490
32	系统验收结项	526740

在进行西南二期项目数据收集过程中,发现项目在实施过程中存在的两个问题:

(1)制定计划时未考虑资源的可用性。项目经理在初始进行进度安排时,仅根据关键路径法确定活动的开始时间,前提条件是各个活动所需的资源是能够满足的。但是在实际中,安排项目进度时如果不考虑人力资源的限制,仅凭经验来制定项目的进度计划,常常会带来很大的不确定性,这种不确定性使得活动就不可能按照初始进度来安排活动,产生变动就意味着成本增加。因此在制定进度计划时需要考虑到资源的可用性,制定出相应合理的初始进度计划,这样可以降低变动产生的影响,提高进度计划的鲁棒性。

(2)项目的鲁棒性差。具体而言,项目各活动的最早和最晚开始时间之间的时间差分配不均,即有些不是很重要的活动,留有较大的时间缓冲,挤占了一些一旦出问题便会产生重大影响的活动的时间余量。所以,需要科学系统地对项目中 33 个活动由于变动造成的影响进行衡量,采用科学的方法对各活动的最早和最晚开始时间的时间差进行安排,这样才能保证初始计划进度的鲁棒性强。

针对 ZSY 西南二期项目在实施过程中所存在的两个问题,可以将 SST 公司在实施 ZSY 西南二期项目中所遇到的问题归结为:人力资源约束下项目鲁棒性进度优化问题。通过建立有人力资源约束的项目鲁棒进度问题模型,来有效地解决这两个问题。因此在满足公司项目质量和项目总工期的要求的前提下,建立了一个进度计划优化模型,以保证西南二期项目的鲁棒性最大化,尽可能减少由于人力资源等变化带来的影响。为了方便模型的求解,将 ZSY 西南二期项目的时间计算方式进行更改,将 2008 年 6 月 16 日记为时刻 0,随着时间的推进(除去休节假日),时刻逐渐增加,这样到 2008 年 12 月 30 日,正好为时刻 138。模型中使用的符号定义如下:

N:表示 ZSY 西南二期项目成功完成后所包含的活动个数,$N=33$。

i:表示 ZSY 西南二期项目中每个活动的序号,i 取值介于 0 到 $N-1$ 之间,具体各序号对应的活动见表 7-6,在本问题中,$i=0,1,2,3,\cdots\cdots,30,31,32$。

d_i:表示 ZSY 西南二期项目执行过程中,活动 i 的持续时间,即西南二期中活动 i 的工期,取值为大于等于零的整数。

s_{N-1}:表示活动 $N-1$ 即第 33 个活动——系统验收结项的开始时间及结束时间。

δ:表示合同规定的完成 ZSY 西南二期项目花费的时间,即项目总工期为 139。

t:表示 ZSY 西南二期项目执行过程中的某一时期,在这里以天作为计量单位,具体来说,$t=0,1,2,3,\cdots,137,138$。

k:表示 ZSY 西南二期项目中资源种类,在 ZSY 西南二期项目中有三种资源,分别为需求人员、开发人员及实施维护人员,$k=1$ 时表示需求人员,$k=2$ 时表示开发人员,$k=3$ 时表示实施维护人员。

r_{ki}:表示 ZSY 西南二期项目实施中各活动 i 所需要的 k 种人员的数量,在问题界定中已经说明了各活动的资源需求量是保持不变的,因此 r_{ki} 保持不变。

R_k:表示 ZSY 西南二期项目执行过程中第 k 种人员的可用量,具体而言,$R_1=4,R_2=8,R_3=8$,即需求人员可用量为 4,开发人员可用量为 8,实施维护人员可用量为 8。

S_t:表示 t 时期正在执行的活动集合,只要开始时间不大于时刻 t 且完成时间不小于时刻 t 的活动都在时刻 t 执行活动集合中。

w_i:表示 ZSY 西南二期项目中活动 i 开始时间延期产生的单位时间(天)损失,作为活动 i 的不确定影响的权重值。

S_i^*:表示 ZSY 西南二期项目中活动 的直接和间接的后续活动集合,如对于活动 0 而言,其余所有活动都在 S_i^* 中。

A:表示 ZSY 西南二期项目活动之间的进度关系,$A=\{(i,j)|j$ 为 i 的后续活动$\}$,表示 j 为 i 的直接后续活动。

s_i^l:表示在满足给定截止日期、优先关系限制及资源限制时活动 的最晚可能开始时间。

s_i^e:表示活动 的最早可能开始时间。

FS_i：表示活动 在不违反任何优先关系或资源限制条件下，活动的开始时间所能延迟的总时间，称作安全时差，用公式表示为：$FS_i = s_i^l - s_i^e$，即活动最晚开始时间与最早开始时间之差。

CIW_i：表示活动 的不确定权重值及其所有直接、间接后续活动的不确定权重之和，公式表示为：$CIW_i = w_i + \sum_{j \in S_i^*} w_j$。

1. 目标函数的建立

建立本模型的目的是使 SST 公司在实施 ZSY 西南二期项目过程中项目进度的鲁棒性最大化，所以模型是以西南二期项目进度的鲁棒性作为目标：

$$\text{Max} \sum_{i=0}^{N-1} CIW_i \sum_{j=1}^{FS_i} e^{-j}$$

其中：CIW_i 为已知参数，$FS_i = s_i^l - s^{ei}$ 中，s_i^e 等于项目计划的开始时间，s_i^l 是根据 s_i^e 结合资源限制、先后关系计算的来的，所以模型的目标就是寻找使鲁棒性最大的所有活动的计划开工时间。

2. 约束条件的确定

(1) ZSY 西南二期项目的人力资源约束

SST 公司在实施 ZSY 西南二期项目过程中，每个时期所有正在执行的各类活动人员需求量是不可以超过当期的各类人员可用量的，主要是为了保证资源不发生冲突，具体来说可以表示为：

$$\sum_{i \in S_t} r_{1i} \leqslant R_1; \sum_{i \in S_t} r_{2i} \leqslant R_2; \sum_{i \in S_t} r_{3i} \leqslant R_3。$$

(2) ZSY 西南二期项目活动的优先关系约束

公司在实施 ZSY 西南二期项目时，活动之间必须按照工程上的进度要求施工，保证西南二期项目的质量，优先关系表示每个前续活动的开工时间加上它的工期必须不大于其后续活动的开工时间，表示如下：

$$s_i + d_i \leqslant s_j \quad \forall (i,j) \in A, i = 0 \sim 31; j = 1 \sim 32$$

(3) ZSY 西南二期项目工期约束

该约束要求 ZSY 西南二期项目必须在项目合同约定的时间 2008 年 12 月 31 日之前完工，为了便于计算，将项目的工期换算为整数，2008 年 6 月 16 日记为 0，则 2008 年 12 月 31 日为 138，记为 δ。具体约束可以表示为：

$$s_{N-1} \leqslant \delta$$

采用禁忌搜索算法求解人力资源约束下 ZSY 西南二期项目鲁棒性优化模型，得到的 ZSY 西南二期的各活动的最早开工时间及最晚开工时间及如表 7-8 所示,该计划安排的鲁棒性为 5734000。从表 7-8 中优化结果可以看出,运用禁忌搜索算法求得的满意解中有 22 个活动的开始时间的安全时差大于 0,其中活动 0、1、2、3、4、10、11、14、17、18、21、22、24、29、30 的安全时差为 1,活动 15 为 6,16 为 3,19 为 10,23 为 3,26 为 6,27 为 16,28 为 16。根据关键路径法计算得到的活动 15、16、19、26、27 和 28 的最早开始时间及最晚开始时间差都很大,在考虑到资源约束及合理安排安全时差后,时间差虽然降低,但是仍然比其他活动的安全时差要大,因为在较大范围内调整这些活动的安全时差不会使得项目完工时间超出项目工期。而其他的活动,举例来讲,0、1、2、3、4 这些活动在项目开始的初期,其累计权重是其后续所有活动权重之和,相应来说,比后续活动的权重要大,即这些活动开始时间推迟造成的损失较大,因此,这些活动的开始时间相应有一定的调整范围会使得项目的鲁棒性更大。后续的活动的安全时差值大于 0 的原因与此类似。按照优化后的结果实施项目,由于进度计划拥有了较高的鲁棒性,因而在满足人力资源及项目工期的约束下,可以确保项目的顺利实施并最终满足客户的要求。

表 7-8 ZSY 西南二期项目模型求解结果

序号	活动名称	最早开工时间	最晚开工时间	安全时差
0	项目开始	0	1	1
1	售前调研分析	1	2	1
2	项目启动	7	8	1
3	项目策划	9	10	1
4	建立项目组织	12	13	1
5	基础设施准备	41	41	0
6	调研准备	14	14	0
7	实际调研	18	18	0
8	需求规格说明书	26	26	0
9	需求评审确认	38	38	0
10	总体设计计划及准备	41	42	1
11	确定架构逻辑设计方案	44	45	1
12	系统分析评审	50	50	0
13	销售物流系统开发	52	52	0
14	零管系统开发	67	68	1
15	加油站液位仪系统一次开发	52	58	6

续表 7-8

序号	活动名称	最早开工时间	最晚开工时间	安全时差
16	油库液位仪系统一次开发	52	55	3
17	零管系统培训资料准备	103	104	1
18	零管系统培训安装	107	108	1
19	加油站液位仪培训资料准备	78	88	10
20	加油站液位仪系统试点培训安装	91	91	0
21	加油站液位仪系统二次开发	96	97	1
22	加油站液位仪二次系统培训安装	123	124	1
23	油库液位仪培训资料准备	85	88	3
24	油库液位仪系统试点培训安装	91	92	1
25	油库液位仪系统二次开发	97	97	0
26	油库站液位仪目标系统培训安装	112	118	6
27	销售物流系统培训资料准备	67	83	16
28	销售物流系统培训安装	96	112	16
29	综合查询系统设计开发	112	113	1
30	综合查询系统培训资料准备	133	134	1
31	综合查询系统培训安装	136	136	0
32	系统验收结项	139	139	0

问题讨论

1. SST 公司在 ZSY 二期软件开发项目中遇到的主要问题是什么？
2. 项目进度计划的鲁棒性是如何获得的？人力资源扮演了一个什么角色？
3. 本案例是如何将 SST 公司的问题抽象为一个优化模型的？

第8章 项目进度计划的跟踪控制与动态调整

8.1 项目进度计划的实施与跟踪

8.1.1 项目进度计划的实施

项目进度计划制定出来之后，就需要将其付诸实施，并发挥其对整个项目实施的指导作用。为了更好地实施进度计划，确保项目的顺利进行，通常，项目进度计划的实施应遵循以下几条基本原则：

（1）系统原则：即应从总体目标要求出发，建立计划体系，使项目总进度计划、分项进度计划和月(旬)作业计划相互衔接、互为条件，组成一个计划实施保证体系，最后以实施任务书的方式下达给班组。

（2）透明度原则：项目进度计划在付诸实施前，要进行技术、组织、经济内容（要求）"交底"，提高透明度，使管理层与作业层一致，并在此基础上提出实施计划的技术、组织措施。

（3）管理标准化原则：项目进度计划的实施是一项例行性工作，有制度作保证，应有一套工作规范，不能带有随意性，不能以主观代替工作规律，任何时候都不能损害计划的权威性。

一般来说，项目进度计划的实施包括如下具体工作内容：

（1）编制月(旬)作业计划和项目任务书。项目作业计划是根据项目经营目标、进度计划和现场情况编制的、确保项目进度计划实施的月以下具体执行的计划。项目任务书是将作业计划下达班组进行责任承包，并将计划执行与技术管理、质量管理、成本核算、原始记录、资源管理等融合为一体的技术经济文件。

（2）做好记录。应实记录计划执行中每个工作的开始日期、工作进程和结束日期，为计划实施的检查、分析、调整、总结提供原始资料。

（3）做好调度工作。调度工作是正确指挥施工的重要手段，是组织项目实施的各个环节、各专业、各工种协调动作的核心方法，其主要任务是掌握计划实施情况，协调关系，采取措施，保证作业计划进度控制目标的实施。

除了上述工作内容之外，在项目的实施过程中，还应随时对实施情况进行检查监督。事实上,监督检查是项目进度计划的一个有机组成部分,它是融合于项目进度计划执行之中的,进度计划的检查是计划执行信息的主要来源,又是计划调整和分析总结的依据。要完成好项目进度计划的监督检查,通常需明确以下相关内容:

(1)检查时间:计划检查时间分为两类,一是日常检查,二是定期检查,定期检查与计划的周期相一致,定期检查在制度中规定。

(2)检查的内容:计划检查的内容是在进度计划执行记录的基础上,将实际执行结果与与原计划的规定进行比较,包括开始时间、结束时间、持续时间、逻辑关系、实物工作量、总工期、网络计划及时差利用等。

(3)检查的方法:一般采取对比法,即将实施情况与计划情况进行对比。

(4)检查结果的处理:建立进度检查报告制度,进度报告是项目执行过程中,把有关项目业务的现状和将来发展趋势,以最简练的书面报告形式提供给项目经理及各业务职能负责人。

(5)计划的调整(或修改):计划的调整是在检查分析发现矛盾之后进行的,通过调整解决矛盾。

8.1.2 项目跟踪与项目报告

项目跟踪是指项目各级管理人员根据项目的规划和目标等,在项目实施的整个过程中对影响项目进展的内外部因素进行及时、连续、系统地记录和报告的系列活动过程。因此,跟踪系统的核心在于及时反映项目变化,提供有关信息报告。随着项目复杂性和规模的增大及项目实施环境变化的加快,加强对项目实施内外环境的跟踪和信息的采集、分析与加工,建立项目管理信息系统的要求摆在了首位。

要做好项目的跟踪,首先要确定影响项目计划和目标实现的因素。在项目实施中,影响项目计划和目标实现的因素包括内外两个方面:

(1)外部因素。外部因素是来自项目外部的影响因素,如政府的政策、制度、市场价格、汇率、自然状况等。在一般情况下,外部因素的变化是不可控的。对于这类因素的跟踪,其主要目的是尽早预测、收集和报告变化的信息,以便项目管理层、控制层能够迅速采取应变措施。

(2)内部因素。内部因素是来自于项目内部的各要素,如人力资源、资金筹集与应用、材料到位和投入、进度、质量等。这类因素一般是可控的,对这类因素跟踪的目的是收集和处理与目标控制决策有关的信息,以便对比项目的行动计划和目标,及时发现实施与预测不相符之处并查找原因。

有时,人们可能会不理解项目管理者为什么不能及时得到准确的项目进展,以及外部影响项目进程的信息。事实上,要及时了解和正确判断项目实施中的每一个进展,在现实中并不是一件容易的事情,这需要科学有效、经济实惠地建立项目跟踪系统。进度执行中的跟踪检查的具体工作主要是定期收集反映实际工程进度的有关数据,收集的方式一是以报表的形式,二是进行现场实地检查。收集的数据质量不高,不完整或不正确的进度数据,将导致不全面或不正确的决策。为了全面而准确地了解进度的执行情况,项目经理或者项目管理人员必须认真做好以下三方面的工作:第一,经常地、定期地收集进度报表资料;第二,派监理人员常驻现场,检查进度的实际执行情况;第三,定期召开现场会议。

项目跟踪的结果往往以项目报告的形式体现。项目目报告的目的是为了及时反映项目的进展状况和内外部环境的变化状况,发现存在的问题、发生的变化,分析潜在的风险和预测发展趋势,以便管理人员作出正确的判断和决策,实现项目管理的有效控制。项目报告一般没有格式的特别要求,应满足项目管理决策的信息需要。但一般来讲,项目报告应由以下五个方面的内容组成,如图 8-1 所示。

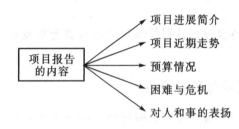

图 8-1 项目报告的内容

当然,与项目有关的不同组织、不同部门和不同层次的人员,会提供广度、深度不同的项目信息报告,提供报告的频次也不一样。对于基层管理人员,他们所关心的是个人和小组工作任务的完成,因此所需要的信息主要是关于个人和小组的工作任务完成情况及其影响因素,而且报告的次数较多。

而高层管理者所要求的信息,其内容细节少、综合性强,大多是综述性的项目进展情况,报告的次数少。项目报告与项目行动计划和 WBS 的关系是确定报告内容和频次的关键。项目报告的内容必须与按照特定行动计划进行过程控制的信息密切相关。报告的频次应达到在计划完成期间满足控制所需信息的要求。原则上项目报告应及时给出,以便项目控制的有效实现,因此,报告的时间一般要与项目的里程碑时间相对应。这就意味着项目报告不一定定期提供,除非是提供给高层管理者的进度报告。项目里程碑的确定是项目控制的一个有效手段,对于高层管理者,一个项目可能只有几个里程碑,即便是大项目也是如此。而对于基层管理者,在项目计划的实施过程中存在许多关键点,在这些关键之处有许多决策要作。这些关键点包括关键技术能否实现,关键元器件供货是否准时,可以将这些关键点定为里程碑。基层管理中的里程碑的确定还取决于项目进展中的细节内容,里程碑数量越多,所要求的报告的信息内容越详细、报告次数也越多。另外,信息报告应和计划、预算、进度系统的逻辑相一致,主要目的是保证通过控制实现项目计划。

为了达到项目管理信息需求的目的,通常有如下三种不同形式的项目报告:

(1)日常报告。日常报告是用来报告有规律、经常性的信息。但有规律地进行项目报告也不一定意味着要按日历安排报告工作时间。对于高层管理者,进展报告常常是周期性提供的;但对于项目经理和基层管理人员,报告则是根据工作实际需要给出的。一般按里程碑时间安排报告时间,有时根据资源利用期限提供日常报告,也有时每周甚至每日提供一次报告。

(2)例外报告。此种报告方式常用在下面两种场合:①为项目管理决策提供信息报告,报告发给与决策有关的人员。②公布决策并为之作出解释的报告。例如,当某一决策是建立在某一例外基础之上,而且必须以文件形式将此决策通知给有关管理人员时,可采用此类报告。

(3)特别分析报告。特别分析报告常用于宣传特别研究成果,或是对项目实施中发生的一些问题进行评述,这类报告可以发给项目中的任何人。项目报告除了用文字表述外,图表亦是传递信息的重要工具。按传递的方式不同,报告可分为书面报告、会议报告、口头报告等。

8.1.3 项目进度计划的总结分析

项目进度计划的总结分析是指根据项目跟踪所形成的项目报告,对项目进度计划执行的情况进行总结,分析其中存在的问题并制定纠偏措施。项目进度计划的总结分析内容包括各项目标(包括时间目标、资源目标和成本目标)的完成情况分析,进度控制中的问题及原因分析,进度控制中经验的总结分析,提高进度控制工作的水平措施。

在项目的总结分析中,来科学地反应项目的具体进展情况。例如,项目的时间目标完成情况,可以通过以下指标进行分析:

$$计划工期提前率 = \frac{计划工期 - 实际工期}{计划工期} \times 100\%$$

$$缩短工期的经济效益 = 缩短一天产生的经济效益 \times 缩短工期天数$$

以上两个指标反映了项目工期的完成情况,以及由此所产生的经济效益。再如,关于在项目进度计划执行过程中资源的使用情况,则可以通过以下指标来体现:

$$劳动力不均衡系数 = 最高日用工数 / 平均日用工数$$

$$节约工日数 = 计划用工工日 - 实际用工工日$$

$$材料节约量 = 计划材料用量 - 实际材料用量$$

$$机械使用节约量 = 计划机械台班数 - 实际机械台班数$$

$$主要大型机械费节约率 = \frac{各种大型机械计划费之和 - 各种大型机械实际费之和}{各种大型机械计划费之和} \times 100\%$$

其中:劳动不均衡系数反映了项目对人工需求的波动程度;节约工日数、材料节约量和机械使用节约量分别反映了人工、材料和机械的绝对节约数量;主要大型机械费节约率则是一种反映机械使用节约情况的相对指标。此外,还可以用如下指标反映项目费用的节约情况:

$$降低成本额 = 计划成本 - 实际成本$$

$$降低成本率 = \frac{降低成本额}{计划成本额} \times 100\%$$

其中:降低成本额为绝对指标,降低成本率为相对指标。通过上述指标,便可以对进度控制和计划执行中的问题,如工期拖后、资源浪费、成本超预算、计划变化太大等进行定量和定性分析,以利于今后的改进。同时,也可以对项目进度控制中的成绩及其取得的原因进行分析,归纳出可以为以后进度控制借鉴的、本质的、规律性的东西。

8.2 项目进度计划的控制

8.2.1 项目进度计划控制的基本概念

项目进度计划控制,是指项目进度计划制定以后,在项目实施过程中,对实施进展情况进行的检查、对比、分析、调整,以确保项目进度计划总目标得以实现。在项目实施过程中,必须经常检查项目的实际进展情况,并与项目进度计划进行比较。如实际进度与计划进度相符,则表明项目完成情况良好,进度计划总目标的实现有保证。如发现实际进度已偏离了计划进度,则应分析产生偏差的原因以及对后续工作的影响程度,找出解决问题的办法,制定确保进度计划总目标不受影响的可行措施,并根据这些办法和措施,对原进度计划进行修改,使之符合实际情况并保证原进度计划的总目标得以实现。然后再进行新的检查、对比、分析、调整,直至项目最终完成,从而确保项目进度计划总目标的实现,甚至可在不影响项目完成质量和不增加项目成本的前提下,使项目提前完成。

项目进度计划的控制过程可用图8-2描述。按照不同管理层次对进度控制的要求,项目进度计划控制可分为三类,即总进度控制、主进度控制和详细进度控制,如图8-2所示。通常,项目进度计划控制应遵循如下原理:

(1)动态控制原理:当产生偏差时,就应分析偏差的原因,采取措施,调整计划,使实际与计划在新的起点上重合,并尽量使项目按调整后的计划继续进行。但在新的因素干扰下,又有可能产生新的偏差,又需继续按上述方法进行控制。

第 8 章 项目进度计划的跟踪控制与动态调整

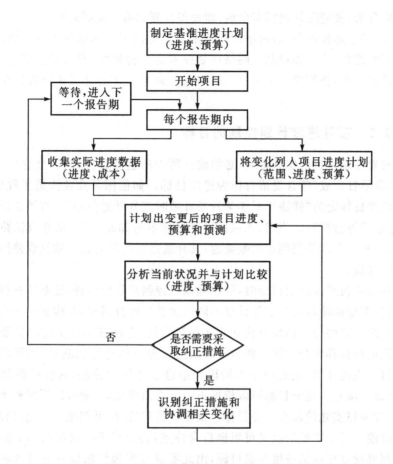

图 8-2 项目进度计划控制过程

(2)系统原理:无论是控制对象,还是控制主体;无论是进度计划,还是控制活动都是一个完整的系统。进度控制实际上就是用系统的理论和方法解决系统问题。

(3)封闭循环原理:项目进度控制的全过程是一系列循环的例行活动,其活动包括编制计划、实施计划、检查、比较与分析、确定调整措施、修改计划,形成了一个封闭的循环系统。

(4)信息原理:信息是项目进度控制的依据。项目进度计划的信息从上到下传递给项目实施相关人员,以使计划得以贯彻落实。这就需要建立信息系统,以便不断地进行信息的传递和反馈。

(5)弹性原理:项目一般工期长且影响因素多。这就要求计划编制人员能根据统计经验估计各种因素的影响程度和出现的可能性,并在确定进度目标时进行目标的风险分析,使进度计划留有余地,即使得计划具有一定的弹性。

(6)网络计划技术原理:网络计划技术不仅可以用于编制进度计划,而且可以用于计划的优化、管理和控制。网络计划技术是一种科学、有效的进度管理方法,是项目进度控制,特别是复杂项目进度控制的完整的计划管理和分析计算的理论基础。

8.2.2 项目进度计划控制的目标

为有效控制项目的实施进度,必须确立明确的进度目标,决不允许以"尽早完成"、"争取早日完成"等含混语言作为进度目标。如德国某高速铁道工程项目,其项目的进度目标定为"铁路于某年某月某日某时某分开通使用"。有了这样明确的目标,才便于进行控制。当然,该项目进度目标定得如此之细,也有该铁路处于欧洲中部,为整个欧洲铁路网的咽喉要地,其开通运行时间对整个欧洲铁路网运行影响很大的缘故。

在建立项目进度控制目标时,除明确项目控制总目标以外,还必须根据进度计划,按项目实施的阶段及分工等设立不同层次的进度分目标,并构成一个有机的进度目标系统。这些分目标相对独立而又相互制约,它使各项目实施单位及项目各实施阶段的目标都十分明确。在对各阶段进度分目标进行控制时,还可以暂时不考虑项目总进度计划,而着眼于本阶段详细进度计划的控制,这样的控制将更方便、更有效。项目进度分目标可以根据不同要求而设立,一般有以下四种类型。

(1)按项目实施阶段设立分目标。根据项目的特点,可把项目实施过程分成若干实施阶段。每个实施阶段又可根据自身特点,再分成下一层次的相关阶段。每个阶段都可设立相应的进度控制目标,由此形成按实施阶段设立的项目进度目标系统。如建设项目,就可依建设程序分为决策阶段、实际实施阶段和投产使用阶段。决策阶段又可分为提出项目建议书、对项目进行可行性研究、投资决策和制定设计任务书等更为详细的阶段。而实际实施阶段又可分为设计、招标、施工安装、验收等阶段。投产使用阶段又可分为生产准备、试生产、正式生产等阶段。在项目进度总计划确定后,还可依据总进度计划的要求,设立各个层次上相关阶段的进度控制分目标。图8-3即为某设备研制项目实施阶段进度目标分解图。

(2)按项目所包含的子项目设立分目标。通常,一个大的项目总是由许多子项目组成的,如一个水利项目工程就包含有大坝枢纽工程、通航船闸工程、发电厂房工程等子工程项目,可依据项目总进度计划的要求,确立各子项目的进度目标。

(3)按项目实施单位设立分目标。一个项目,通常都是由不同的单位共同完成的。在项目实施过程中,这些单位的工作总是相互衔接、交叉进行的,每个单位各阶段工作的进度,对项目总进度目标及相关单位的工作都有很大的影响。因此,也

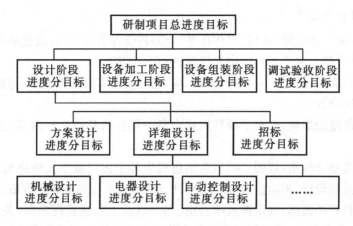

图 8-3 某设备研制项目实际实施阶段进度目标

可以按项目的实施单位,设立进度目标要求,以保证各单位之间工作的顺利衔接配合,使项目顺利完成。

(4) 按时间设立分目标。为便于检查、监督,也可按项目进度计划总目标的要求,将项目实施进度计划分解成逐年、逐季、逐月的进度计划。这样,可随时检查项目完成情况,提出相应的进度要求。进度目标按何种类型,以多少层次来进行分解,要依实际需要和具体情况而定。一般情况下,项目规模越大,工期要求越紧,其目标分解的层次就越多,按不同类型进行目标分解就越有实际意义。

8.2.3 项目进度计划控制的方法

随着经济和科学技术的发展,项目越来越大、越来越复杂。由于参加实施的组织多、不同性质的工作多、投入资源多,要在预定的资源约束下完成项目目标和计划,则主要取决于是否能够实现对项目信息和活动实现的有效控制。进度控制的主要方法包括进度控制的行政方法、进度控制的经济方法、进度控制的管理技术方法等,可以根据项目的实际情况采取组织措施、技术措施、合同措施、经济措施以及信息管理措施等。

项目控制的方法按是否使用信息技术,可分为传统和计算机辅助控制两种。传统项目控制方法是以各种文件、报表、图表等为主要工具,以定期或不定期地召开各类有关人员参加的会议为主要方法,再加上通讯联系制度,这种方法只能适用于中小型项目管理。而对于投入资源多、内容复杂、约束条件苛刻的现代大中型项目,要实现对项目的有效控制,必须开发一种以计算机为基础的项目信息管理和控制系统。下面介绍项目控制文件和项目控制会议等常见项目进度计划控制方法。

1. 项目控制文件

在项目的工作范围、规模、工作任务、计划进度等明确以后,就应准备项目控制所需的其他文件。主要项目控制文件包括如下几方面:

(1)项目合同:规定了双方的责、权、利,它是项目实施管理、跟踪与控制的首要依据,具有法律效应。

(2)工作范围细则:确定了项目实施中每一任务的具体业务内容,它是工作变动的基准。

(3)职责划分细则:指明了项目实施过程中各个部门或个人所应负责的工作,包括工艺、过程设计、采购供应、施工、会计、保险、成本控制等各个方面。

(4)项目程序细则:规定涉及项目组、用户以及主要供货商之间,关于设计、采购、施工、作业前准备、质量保证以及信息沟通等方面协调活动的程序。

(5)技术范围文件:列出了项目的设备清单,制定项目设计依据,将要使用的标准、规范、编码及手续、步骤等。

(6)计划文件:是项目实施工作进行以前,预先拟定的具体工作内容和步骤,它包括实施计划、采购计划、人力组织计划、质量、成本、进度等控制计划、报表计划、应变计划等。

当然,根据项目的具体内容,还可以适当删减或增加项目控制文件。在项目控制活动中,及时获得正确、有效、多方面的信息是非常重要的。因此,为了保障项目控制活动的顺利进行,控制系统与管理信息系统应建立全面沟通与协调一致的工作关系。当项目中的某项工作发生变动,相应的各有关文件均必须修正后方可投入控制工作,同时应尽早将所有变更事项和变化内容通知各方。

2. 项目控制会议

项目实施期间的会议很多。有定期例会,如工作小组每周一次的回顾与展望会议;有非定期特别会议,在必要时随时召开,如订购大型设备会、分包会、意外事故分析会等。但有一些是项目重要的控制会议,与项目里程碑计划时间或控制关键检查时间对应。控制会议的主要内容是检查、评估上一阶段的工作,分析问题、寻找对策,并布置下一阶段的主要任务和目标。

项目控制会议的内容通常包括:检查里程碑完成情况,分析计划未实现对后续工作的影响,预测未完成工作能够何时完成,决定是否采取纠偏措施,何时及怎样才能回到计划轨道,以及下一步的里程碑活动计划等。由于项目会议数量较多,管理者应对会议进行管理和控制,否则,项目工作人员很容易陷入会海之中,从而导致时间的极大浪费。为用好、开好会议,组织者一定要做好会前组织和准备工作,如明确会议的目的和内容、科学合理地制定出会议议程、参加者会前准备等;二要做好会上管理与控制,如做好会议记录、确定会议核心人员等,使会议开得既有效果又有效率。总之,项目控制的方法总是随着具体项目的实际情况而异,由于对某一项目有效的控制方式对于其他项目也许不适应。所以跟信息收集一样,项目控制也要求项目管理人员根据本项目或者自身的实际情况,为项目设计一个行之有效的项目进度控制系统,直至建立一个有效的项目进度控制制度。

8.3 项目变更控制

8.3.1 项目变更控制概述

所谓项目变更控制是指建立一套正规的程序对项目的变更进行有效的控制,从而更好地实现项目的目标。所以,项目变更控制的目的并不是控制变更的发生,而是对变更进行管理,确保项目能够继续有序地进行。具体地说,就是指设计一套变更控制系统,建立一套正规程序,对处于动态环境的项目变更进行有序的控制。

1. 项目变更的影响

一般来说,项目的变更会对项目带来以下影响:

(1)对项目目标的影响。项目的变更可能会造成项目工期的延长或缩短,项目费用的增加或减少,项目质量的降低或提高。这种影响是项目管理人员和其他利益相关者最为关心的问题,也是最重要的。

(2)对资源需求的影响。由于项目的变更可能会导致对项目所需材料、设备或工具及技术人员等资源需求的变化,需要重新组织资源。

(3)对项目组织的影响。项目的变更也可能会导致项目团队组织结构的变化,需要对项目团队进行重组。

项目的变更可能会对以上三个方面都产生影响,但更多的是对某些方面产生影响,而对其他方面则没有影响。这就需要项目管理人员针对具体情况作出具体分析,以便识别项目的变更对项目所产生的具体影响。

项目的变更会发生在项目实施过程中的任一阶段。但根据项目的生命周期理论,项目的变更发生得越早,项目已形成的价值越小,已消耗的资源越少,后续计划调整的灵活性越大,相应的损失就会越小;项目变更发生得越晚,变更的难度就越大,项目已形成的价值越大,剩余的资源越少,后续计划调整的灵活性越小,相应的损失也就越大。因此要及时发现和控制项目的变化,以避免变化的失控和累积。在失控的状况下,任何微小变化的积累,最终都可能会导致项目质量、费用和进度的变化,这是一个从量变到质变的过程。

通常,随着项目的进展,项目变更带来的破坏性影响越来越大。例如,在项目设计阶段,一个子系统设计或部分设计中的变更只要求其他相关系统的重新设计;而设计完成后的设计变更将会对项目范围、成本和进度都带来很大的影响。同样,在建设或安装阶段,变更发生得越晚,其破坏性越大,有可能使工作陷于混乱,工作成果被推翻并要求重新开始,已用的材料被废弃,这样对团队成员士气也会产生很大影响。当人们看到变更使得他们前功尽弃时,都宁愿维持原计划不变,这将导致更难以收拾的局面。

2. 项目变更控制的分类

在项目变更控制管理中,按控制覆盖范围可将变更控制分为:

(1)项目整体变更控制。项目整体变更控制是要协调整个项目全过程的变更。

(2)范围变更控制。范围变更控制是对已批准的工作分解结构所规定的项目范围的所有修正。范围变更经常要调整成本、时间、质量等项目的目标。

(3)进度变更控制。进度计划变更就是对项目进度计划所进行的修正,必要时,要将变更通知有关项目利益相关者。进度计划变更可能会要求对整体项目计划进行调整,如成本计划、资源需求计划以及质量计划等都需要作相应调整。进度计划的变更仍然要遵循如下两个最一般的约束:项目必须在一定的日期完成;资源被严格控制。在进度计划变更时,可利用网络分析技术进行控制。进度延长变更发生在关键工序与非关键工序,对项目总进度的影响是不一样的:发生在关键工序上的进度延迟变更一定会影响总进度,如要保证总进度不变,则必须设法缩短后续工序的工时,即需要重新修订计划;发生在非关键工序上的进度延迟变更如果小于该工序的自由时差,则不会影响后续工期,如果大于该工序的自由时差但小于总时差,后续工序的最早开工时间可能会受到影响,但是不会影响总工期;发生在非关键工序上的进度延迟变更如果大于该工序的总时差,则会影响到项目的总进度,也需要重新修订计划。

(4)成本变更控制。成本变更控制就是对造成成本基准计划变化的因素施加影响,以保证这种变化朝着对于项目有利的方向前进,确定成本基准计划是否发生了变化,以及在实际变化发生和正在发生时,对这种变化实施管理。控制的过程包括:①监视成本执行以寻找出与计划的偏差;②确保所有有关变更都准确地记录在成本基准计划中;③防止不正确、不适宜或未核准的变更纳入成本基准计划中;④将核准的变更通知有关项目利益相关者。成本变更控制包括查找出现偏差的原因。该过程必须同其他控制过程(范围变更控制、进度计划控制、质量变更控制等)紧密地结合起来。对成本偏差采取不恰当的应对措施可能会引起质量或进度方面的问题,或引起项目在后期出现无法接受的风险。

(5)质量变更控制。质量变更控制就是监控具体项目结果,以决定它们是否符合相关的质量标准以及找出排除不满意的结果原因的方法,并对其进行修正直到满足质量变更要求为止。

(6)风险变更控制。风险变更控制是指跟踪已识别的风险,监视和识别新的风险,保证风险计划的执行,并评估计划对降低风险的有效性。风险变更控制是项目整个生命周期中的一种持续进行的过程。随着项目的进展,风险会不断变化,可能会有新的风险出现,也可能预期的风险会消失。良好的风险变更控制过程可以提供相关信息,帮助管理者在风险发生前作出有效的决策,为了定期对项目风险水平的可接受程度作出评估,所有项目利益相关者之间的沟通是非常必要的。

以上每一类变更都有各自的特点,又有专门的控制方法和工具,它们可以参考项目整体变更管理的一般流程方法来执行,同时又需要项目控制部门将每一类变更从项目整体的高度以系统的方法来进行协调,特别是在项目巨大且复杂的时候尤其如此。

3. 项目变更控制的程序

在项目管理过程中,项目变更是正常的、不可避免的。常见的变更控制程序如下:

(1)明确项目变更的目标;
(2)对提出的所有变更要求进行审查;
(3)分析项目变更对项目绩效所造成的影响;
(4)明确产生相同的各替代方案的变化;
(5)接受或否定变更要求;
(6)对项目变更的原因进行说明,对所选择的变更方案给予解释;
(7)与所有相关团体就变更进行交流。

项目变更控制的程序如图8-4所示。

8.3.2 项目整体变更控制

1. 项目变更控制的基本要求

(1)关于变更的协议。在项目开始之前,项目承包人和发包人之间、项目经理和项目团队之间,应就有关变更的提出、批准、实施等问题进行协商,并形成正式的文件或协议。

(2)谨慎对待变更请求。对任何一方提出的变更请求,其他各方都应谨慎对待。例如,项目承包商对客户提出的变更,在未对这种变更可能会对项目的工期、费用产生何种影响作出判断前,就不能随便同意变更。应估计变更对项目进度和费用可能的影响程度,然后再就是否同意变更请求作出决策。客户同意了对项目进度和费用的修改建议后,所有额外的任务、修改后的工期估计、原材料和人力资

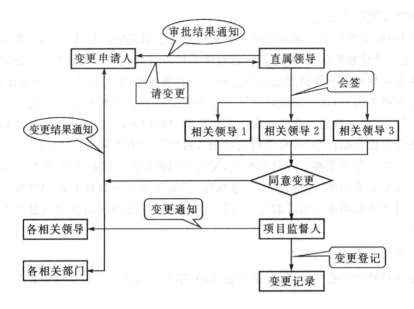

图 8-4 项目变更控制的程序

源费用等均应列入计划中。

(3)制定变更计划。无论是由客户、承包商、项目经理、项目团队成员,还是由其他外部不可预见事件所引起的变更,都必须对项目计划涉及的范围、预算和进度等进行修改,一旦这些变更被各方同意,就应形成一个新的基准计划。

(4)变更的实施。变更计划确定后,应采取有效措施加以实施以确保项目变更达到既定的效果。其步骤如下:①明确界定项目变更的目标。项目变更的目的是为了适应项目变化的要求,实现项目预期的目标。这就要求明确项目变更的目标,并围绕着该目标进行变更,做到有的放矢。②优选变更方案。变更方案的不同影响着项目目标的实现,一个好的变更方案将有利于项目目标的实现,而一个不好的变更方案则会对项目产生不良影响,因而存在着变更方案的优选问题。③做好变更记录。项目变更的控制是一个动态过程,它始于项目的变化,而终于项目变更的完成。在这一过程中,拥有充分的信息、掌握第一手资料是作出合理变更的前提条件。这就需要记录整个变更过程,而记录本身就是项目变更控制的重要内容。④及时发布变更信息。项目变更最终要通过项目团队成员实现,所以,项目变更方案一旦确定以后,应及时将变更的信息和方案公布于众,使项目团队成员能够掌握和领会变更方案,以调整自己的工作方案,朝着新的方向去努力。同样,变更方案实施以后,也应通报实施效果。

2. 项目整体变更控制框架

项目整体变更控制主要解决以下几个问题：

(1) 对引起变更的各种因素施加影响，以保证这些变更是值得的。

(2) 确定变更是否已经发生。

(3) 当变更发生时，对实际变更进行管理。

项目整体变更必须保持最初定义的项目范围和综合绩效基准计划，方法是按照基准计划持续不断地管理变更，否决新的变更或同意变更并把这些变更结合到修改后的项目基准计划中。整体变更控制要求如下：

(1) 维护绩效测量基准计划的完整性。

(2) 确保产品范围的变更反映在项目范围定义中。

(3) 协调各方面的变更。例如，一项进度变更通常会影响到项目成本、风险、质量和人员配备，所以，项目管理人员需对此进行综合协调。

项目整体变更控制框架如图 8-5 所示。

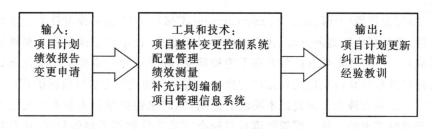

图 8-5 项目整体变更控制框架

3. 项目整体变更控制的输入

(1) 项目计划。项目计划是控制变更的基准计划。

(2) 绩效报告。绩效报告提供项目实际实施情况的信息，它反映了项目目前是否已经发生了变化、变化的程度、是否需要进行变更等，它还可提醒项目团队注意未来可能发生的问题。

(3) 变更申请。变更申请及相应的批复是项目变更控制的重要原始依据之一，变更申请程序是避免变更随意性的重要环节，涉及多方利益的变更申请通常必须是书面形式的。

4. 项目整体变更控制的工具和技术

(1) 项目整体变更控制系统。变更控制系统实际上是一系列正式的、文档化的程序，这些程序规定了对项目绩效进行监控和评估的方法和步骤。变更控制系统包括正式项目文件(如计划、技术标准、设计图纸、质量要求、项目交付成果的考核指标等)变更的步骤,还包括文档工作、跟踪系统和用于授权变更的批准层次。许多组织都拥有自己的变更控制系统,项目组可采纳本企业的相应变更控制系统。如果没有一个现成的适当的变更控制系统可供项目使用,项目管理机构需要建立一个变更控制系统并作为项目管理的一部分。许多变更控制系统包含一个控制小组,负责批准或否决项目变更请求。这类小组的作用和职责在变更控制系统中有明确界定,并经过所有关键干系人的一致同意。这种控制小组的定义随组织的不同而各不相同,但通常的名称有:变更控制委员会(change control board,CCB)、工程审查委员会(engineering review board,ERB)、技术审查委员会(technical review board,TRB)、技术评估委员会(technical assessment board,TAB)等。变更控制系统还必须包括某些程序,用来处理无需预先审查就可以批准的变更。例如,由于紧急原因或事先约定的影响强度在一定范围之内的变更,就不需要预先申报审查。对于某些确定类别的变更,典型的变更控制系统会允许"自动"确认这些变更。对于这些变更也必须进行文档整理并归档,以便能够对基准计划的变化过程归档。

(2)配置管理(configuration management,CM)。CM是一种将技术要求像合同一样,将其视为原则的方法,客户应该获得不多于、也不少于满足技术要求的可交付成果。任何技术要求的偏差都不能被接受,除非这种技术要求的变化通过严格的评审过程且获得相应的权威机构批准。这种合同式的方法可以保护客户不会受开发人员和实施人员偏离技术要求的影响,同时也保护项目人员不受反复无常的客户变更需求的干扰。配置管理是对所有技术文件归档管理的程序,这些程序用于对以下方面进行技术的和行政的指挥与监督:识别一项任务或系统的物理特性和功能特性,并将其形成文档;控制这些特性的任何变更;记录和报告这些变更及其绩效;审计这些任务项和系统以证实与需求一致。注意,这种方法的根本理念是要满足技术要求(也就是合同),而不是让客户满意。这看上去似乎与现在的注意让客户满意关系不大,其实不然,使CM以客户为中心的关键是确保技术要求能真实地反映客户的需求。

(3)绩效测量。绩效测量可用来评价项目进程是否偏离了计划,绩效测量可采用挣得值分析技术。

(4)补充计划编制。如前所述,项目变更必然会影响到工期、成本、质量和所有其他资源的需求。因此,一旦项目的利益相关者签署了项目变更,就必须对项目的后续未完成工作的计划作补充调整。补充计划的编制技术与项目计划编制技术相同,如,对变更部分的成本需重新估算,制定相应的预算基线;对变更后的项目重新采用网络技术安排进度计划;等等。

(5)项目管理信息系统。项目管理信息系统包括用于收集、分析、开发利用项目管理和过程信息的工具和技术,不仅包括计算机硬件和软件,还包括管理体系模式和相应的规章制度。

5. 项目整体变更控制的输出

(1)项目计划更新。项目计划更新是对项目变更后对计划或详细依据内容所作的全部修改,必须根据需要把项目计划更新通知到所有的项目利益相关者。

(2)纠正措施。纠正措施是为了确保项目能达到初始目标或变更后的目标所采取的任何措施。

(3)经验教训。应当将项目计划产生变更的原因、纠正措施选择的理由,以及其他教训书面记录下来,以使其成为本项目或执行组织其他项目的历史数据库的一部分。

8.3.3 项目范围变更控制

项目范围变更控制是指为使项目向着有利于项目目标实现的方向发展,变动和调整某些因素而引起的项目范围发生变化的过程。项目范围变更及控制不是孤立的,它与项目的工期、费用和质量密切相关。因此,在进行项目范围变更控制的同时,应全面考虑对其他因素的控制。范围变更控制要解决的问题是:① 对可能造成范围变更的因素施加影响,以确保出现范围变更时,这些变更因素能得到一致认可;② 确定范围变更是否已经发生;③ 当范围变更发生时,对实际的变更进行管理。范围变更控制应当全过程地与其他控制过程结合起来,如进度控制、成本控制、质量控制等,这些控制过程已在前面进行了讨论。项目范围变更控制框架如图8-6所示。

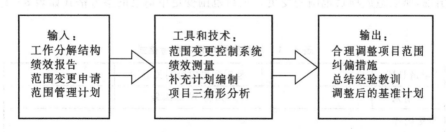

图 8-6 项目范围变更控制框架

1. 项目范围变更控制的输入

(1)项目工作分解结构。项目工作分解结构针对可交付成果对项目要素的分组,它归纳和定义了整个项目范围。每下降一层代表对项目工作要作更详细的定义,并且父元素下的子元素集包括以父元素为代表的全部工作。因此,WBS 定义了项目范围的基本内容和基准计划。当实际的项目实施工作超出或达不到项目工作分解结构的范围要求时,就已经表明发生了项目范围的变更。项目范围变更发生后必须要对项目工作分解结构进行重新调整和更新。

(2)项目绩效报告。项目绩效报告一般包括两类信息:其一是项目在实际进程中的相关资料,包括项目工作的实际开始/完成时间以及实际发生的费用等;其二是有关项目范围、工期计划和成本预算的变更信息。例如,项目的哪些中间产品已完成,哪些还没有完成;项目的工期和成本预算是否已经超过了项目最初的计划,还是未超过项目最初计划;等等。项目实施情况报告还提醒项目组织,注意那些会在未来引发问题和项目范围变更的因素和环节。一般来说,项目的实施过程中都有确定的报告期,项目实施情况报告的频率根据每个项目的大小和项目的复杂性而定,项目报告期可以是每天、每周、每月等。如果要对项目进行有效严密的范围变更控制,那么就应建立正规的项目实施情况报告制度。另外,改进工作流程、缩短项目实施情况报告期,是管理范围变更控制行之有效的方法之一。

(3)项目范围变更申请。项目范围变更申请可能有多种形式,可以是口头的或书面的、直接的或间接的,可以由内部引起,也可以是外部要求的甚至是法律强制的。项目范围的变更申请可能是要求扩大项目范围,也可能是要求缩小项目范围。绝大多数项目范围变更要求是由以下几个原因引起的:① 某个外部事件,如政府相关法律的变更;② 在定义项目范围时的某个错误或疏漏。如,在设计一个电气系统时遗漏了一个必备的特殊构件;又如,在定义项目范围时使用材料清单代替了项目工作分解结构。③ 可以增加项目价值的变更。如,在一个环保项目中发现通过采用某种新技术可以降低项目成本,但是这项新技术在最初制订项目范围时尚未出现,所以造成项目范围的变更。项目范围变更申请书的参考格式如表 8-1 所示。

表 8-1　项目变更申请书参考格式

申请日期		范围变更内容的关键词	
申请人		归属 WBS 编码	
变更内容			
变更理由			

第 8 章 项目进度计划的跟踪控制与动态调整

续表 8-1

对其他工作包的影响及所需资源	
申请人评估：	项目上级负责人评估：
若不变更,负责人批复意见：	
若变更,负责人批复意见：	

优先级		编号		执行人		结束时间	
负责人		负责人签发日期					

(4)范围管理计划。项目范围管理计划确定了项目的范围及其变更的管理方法,还包括对项目范围稳定性的预测和分析(如可能发生哪些范围变更、变更的原因有哪些、变更的幅度和变更频率有多大等),以及范围变更的确定和分类方法。

2. 项目范围变更控制的工具和技术

(1)项目范围变更控制系统。项目范围变更控制系统是进行项目范围控制的主要工具。范围变更控制系统规定了项目范围变动控制的基本控制程序、控制方法和控制责任,这一系统包括文档化工作系统、变动跟踪监督系统以及项目变动请求的审批授权系统。在项目的实施过程中,项目经理或项目实施组织利用所建立的项目实施跟踪系统,定期收集有关项目范围实施情况的报告,然后将实际情况与计划的工作范围相比较,如果发现差异,则决定是否采取纠正措施。如果决定采取纠正措施,那么必须将纠正措施及其原因写成相应的文件,作为项目范围管理文档的一部分。同时要将项目范围的变动情况及时通知项目所有相关利益者,在获得他们一致的认可之后,才可以采取项目范围变更的行动。项目范围变更控制系统是整个项目变更控制系统的一部分,当项目范围发生变动时,项目其他方面必然也会受到影响,因此项目范围变动行动应该被集成到整个项目的变更控制系统之中。尤其是应该在适当的地方与项目管理的其他系统相结合,以便协调和控制项目的范围。当项目按照承包的方式进行时,项目范围变更控制系统必须与所有相关的合同条款保持一致。

(2)绩效测量。绩效测量技术主要用于帮助评估发生偏离的程度。范围变更控制的一个重要部分是确定引起偏差的原因,并且决定这种偏差是否需要采取纠正措施。项目实施情况的测量技术是项目范围变更控制的一种有效的管理方法,这一方法有助于评估已经发生的项目范围变动的偏差大小。项目范围变更控制的一个重要内容就是识别已发生变动的原因,以及决定是否要对这种变动或差异采取纠偏行动,而这些都需要依赖对项目实施情况及绩效的测量。

(3)补充计划编制。很少有能够非常精确地完全按计划进行的项目,预期的范围变更可能需要对工作分解结构作修改,或者对替代方法进行分析,甚至会要求重新分析和制定替代的项目实施方案。项目范围的变更会引起项目计划的变动,即项目范围的变更会要求项目组织针对变更后的情况,制订新的项目计划,并将这部分计划追加到原来的项目计划中去。

(4)项目三角形分析。项目三角形法是一种项目集成控制的技术方法,这种方法可以用于对项目范围进行有效的控制。所谓的"项目三角形"是指由项目时间、项目预算和项目范围所构成的三角形。大多数项目都会有明确的完成日期、项目预算和项目范围的限制,项目时间、项目预算和项目范围三个要素被称为项目成功的三大要素。如果调整了这三个要素中的任何一个,另外两个就会受到影响。虽然这三个要素都很重要,可一般来说会有其中的一个要素对项目的影响最大。例如,如果决定对项目工期计划作出调整以缩短工期,提前完成项目,那么就会面临增加成本或缩小项目范围的选择。如果需要调整项目计划以将项目成本控制在项目预算之内,那么其结果可能会延长项目工期或缩小项目范围。同样,如果希望扩大项目范围,那么就可能会耗费更多的时间和金钱。在使用项目三角形法控制项目的范围变更时,首先应明确项目的时间、预算和范围三个要素中的哪一个对项目的成功完成最重要,这决定了哪个是首先确保的目标,哪个次之,以及应该如何去优化项目范围变动方案和行动。例如,你可能发现为了不超出完成日期和预算,需要调整计划或范围以对其进行优化。在开始优化时,需要时刻记住项目三角形。因为当对时间、预算和范围三角形中的一边作出调整时,另两边会被影响。这种影响可能是正面的也可能是负面的,这取决于项目的性质和调整的方向。优化中要不断检查计划的另两个要素以防止出现不可能实行的计划安排。例如,如果你调整了项目的预算,最好检查一下项目的完成日期是否还在可接受的范围内。

3. 项目范围变更控制的输出

(1)合理调整项目范围。范围变更是指对已经确定的、建立在已审批通过的WBS基础上的项目范围所进行的调整与变更。项目范围变更常常伴随着对成本、进度、质量或项目其他目标的调整和变更。范围变更应反馈到计划编制过程中,技术或计划编制的文档应根据需要进行修正,并应被恰当地通知到项目利益相关者。

(2)纠偏措施。纠偏措施是为了使预期的未来项目绩效与项目计划保持一致。由于项目的变化所引起的项目变更偏离了计划轨迹,产生了偏差,为保证项目目标的顺利实现,就必须进行纠正。所以,从这个意义上来说,项目变更实际上就是一种纠偏行动。

(3)总结经验教训。导致项目范围变更的原因、所采取的纠偏行动的依据及其他任何来自变更控制实践中的经验教训,都应该形成文字、数据和资料,以作为项目组织保存的历史资料,并使其成为本项目或执行组织其他项目的历史数据库的一部分。

(4) 调整后的基准计划。根据变更的性质,相应的基准文档要进行修改,以反映已批准的变更并作为未来变更的新基准。

8.4 项目变更条件下的进度计划动态调整与优化【研究性学习内容】

8.4.1 问题界定

由于内外部诸多不可预见因素的干扰,现实中的绝大多数项目在执行过程中都不可避免地会发生变更。项目的变更无疑会引起进度计划的调整、资源配置的改变,进而影响项目的平稳实施并由此产生额外成本。显然,对于项目管理者来说,当不确定干扰发生时,如何合理地对项目基准进度计划进行调整,以最大限度地减小干扰事件的负面影响,是其必须面对和解决的一个现实问题。

考虑一个由 N 个活动构成的项目,出于 AoN 网络表述的需要,额外添加两个虚活动:活动 0 和活动 $N+1$,分别表示项目的开始和结束。项目的实施需要 K 种可重复使用资源,第 $k(k=1,2,\cdots,K)$ 种可重复使用资源的可用量为 R^k。活动 n ($n=0,1,\cdots,N+1$) 的基准工期为 bd_n,执行时在单位时间里对第 k 种可重复使用资源的需求量为 r_n^k。注意,虚活动 0 和 $N+1$ 的工期始终为 0,对可重复使用资源的需求量也恒为 0。在项目实施过程中的某一随机时刻 T,由于不确定因素的影响,活动 $n(n \in P^T, P^T$ 为 T 时刻正在执行活动的集合)的工期会发生一个随机扰动 Δ_n^T,使其工期由 bd_n 变为 $dd_n^T = bd_n + \Delta_n^T$。$\Delta_n^T$ 可能为正,也可能为负。正的 Δ_n^T 表示由于随机性干扰因素的阻滞,完成活动 n 所需的时间比预期的要长;负的 Δ_n^T 表示在制定基准计划时,对活动 n 的工期估计得过于保守,该随机扰动起到了一个意外的正面作用,使得完成活动 n 所需时间比预期的要短。显然,当 Δ_n^T 为正时,由于活动 n 持续时间的延长,其占用可重复使用资源的时间也相应延长,因此,事先制定的基准进度计划在时间上和资源上都有可能变成一个不可行计划,必须进行调整;当 Δ_n^T 为负时,尽管基准进度计划无疑仍是一个可行计划,但从节约时间和资源的角度来讲,它可能已经不是一个有效率的计划了,仍然需要对其进行调整。

现假定项目的基准进度计划为 $BS = (bs_0, bs_1, \cdots, bs_{N+1})$,其中,$bs_n$ 为活动 n 的基准开始时间。当 T 时刻随机扰动发生时,已完成活动的集合为 F^T,尚未开始活动的集合为 U^T,F^T、U^T 和 P^T 一起,共同构成了项目活动的全集。由于在 T 时

刻 F^T 中的活动已经完成，P^T 中的活动已经开始，因此，在对项目进度计划进行动态调整时时，只能调整 U^T 中活动的基准开始时间。如果 Δ_n^T 为正，那么为了保持基准进度计划的可行性，就需要基于网络优先关系延迟 U^T 中的部分活动。当这种情况发生时，由于可重复使用资源占用时间的延长以及各种相关安排的变更，项目必然会发生一些额外成本，这些成本用 w_n^l 度量，称 w_n^l 为活动 n 的延迟惩罚权重，它反映了活动 n 的基准开始时间每延迟一个单位所造成的额外成本的大小。反之，如果 Δ_n^T 的取值为负，那么项目管理者通常会基于网络优先关系提前 U^T 中的部分活动，此时由于各种相关安排的变更可能会引起一些额外成本，但可重复使用资源的较早释放也可能会带来一些额外的收益。定义 w_n^e 为活动 n 的提前奖惩权重，该权重反映了活动 n 的基准开始时间 bs_n 每提前一个单位所产生的总效果。

假定基于 T 时刻发生的随机扰动，对基准进度计划进行动态调整后得到的结果为 $DS^T = (ds_0^T, ds_1^T, \cdots, ds_{N+1}^T)$，其中，$ds_n^T$ 为活动 n 调整后的开始时间。根据上述讨论，项目进度计划调整的目标函数即可定义为最小化由此造成的额外总成本 TAC^T：

$$TAC^T = \sum_{m=0}^{N+1} [w_n^e \cdot \max(0, bs_n - ds_n^T) + w_n^l \cdot \max(0, ds_n^T - bs_n)]$$

在上式中，如果 $ds_n^T < bs_n$，则中括号中的第二项为 0，第一项即为活动 n 的基准开始时间提前所造成的影响；如果 $ds_n^T > bs_n$，则中括号中的第一项为 0，第二项即为活动 n 的基准开始时间延迟所造成的额外成本。综合起来，TAC^T 即反映了由于 T 时刻发生的随机扰动的影响，对基准进度计划进行动态调整而产生的额外总成本。至此，可将上述问题界定为：当某一时刻 T 活动工期的随机扰动发生时，在遵守网络优先关系和可重复使用资源约束的前提下，基于基准进度计划 BS 确定 DS^T，以最小化由此造成的额外总成本 TAC^T。

8.4.2 优化模型

根据上述对问题的界定，可建立基于活动工期随机扰动的项目进度计划动态调整优化模型表述如下：

$$\text{Min} \quad TAC^T = \sum_{n=0}^{N+1} [w_n^e \cdot \max(0, bs_n - ds_n^T) + w_n^l \cdot \max(0, ds_n^T - bs_n)] \tag{8-1}$$

$$\text{s.t.} \quad ds_n^T = bs_n \quad n \in F^T \cup P^T \tag{8-2}$$

$$ds_n^T \geqslant ds_m^T + dd_m^T \quad n \in U^T; m \in V_n \tag{8-3}$$

$$\sum_{n \in W^t} r_n^k \leqslant R^k \quad t \geqslant T; k = 1, 2, \cdots, K \tag{8-4}$$

$$ds_n^T \text{ 为非负整数} \quad n = 0, 1, \cdots, N+1 \tag{8-5}$$

其中：V_n 为活动 n 的紧前活动集合，W^t 为 t 时刻正在执行活动的集合。对于工期发生扰动的活动，$dd_n^T = bd_n + \Delta_n^T$；对于其他活动，$dd_n^T = bd_n$。

在上述优化模型中，目标函数式(8-1)最小化项目进度计划动态调整的额外总成本 TAC^T。约束条件式(8-2)将随机扰动发生时已经完成和正在执行的活动的开始时间定义为基准开始时间。约束条件式(8-3)确保在调整 U^T 中活动的开始时间时，网络优先关系得到满足。约束条件式(8-4)使得在随机扰动发生及其后的任何一个时刻 t，活动对每一种可重复使用资源的需求量均不超过其可用量。约束条件式(8-5)把决策变量定义为非负整数。

需要强调的是，上述模型为一动态优化模型。即在项目实施过程中，取决于随机扰动的发生，模型会被多次调用以实现对基准进度计划的最优动态调整。当每次调用模型时，除了项目的初始信息外，输入信息还包括基准进度计划 BS、活动的基准工期 bd_n、工期的随机扰动 Δ_n^T、已完成活动的集合 F^T、正在执行活动的集合 P^T 和尚未开始活动的集合 U^T，而输出结果则为调整后的项目进度计划 DS^T。同时，为了方便下一次调用，每次调用结束后，即将项目的基准进度计划 BS 更新为调整后的进度计划 DS^T。

8.4.3 示例

用图 8-7 所示的一个例子对上述优化模型进行说明。图中，活动 0 和 19 分别为虚的开始和结束活动，其余 18 个活动为非虚活动。各活动的相关参数见表 8-2。存在两种可重复使用资源约束，其可用量 R^1 和 R^2 均为 25。项目的基准进度计划如下：$BS = (0,0,0,6,6,6,5,11,9,11,15,0,17,18,7,24,29,20,30,33)$。活动工期的扰动次数设定为 3 次，扰动时刻 T 随机地选定为第 8、18、26 时刻。当这些扰动时刻到来时，所有正在执行活动的基准工期均发生变更，变更量 随机生成。

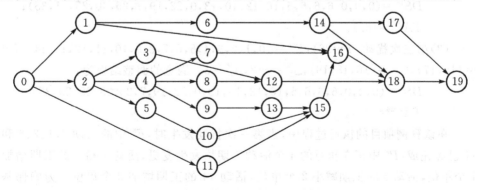

图 8-7 算例的 AoN 网络图

表 8-2 算例活动的相关参数

N	bd_n	r_n^1	r_n^2	w_n^l	w_n^e	N	bd_n	r_n^1	r_n^2	w_n^l	w_n^e
0	0	0	0	0.4	0.2	10	5	8	3	0.8	-0.2
1	5	8	10	0.4	0.1	11	4	8	4	0.3	0
2	6	1	7	0.7	0.3	12	3	6	4	0.7	-0.1
3	9	6	1	0.3	0.2	13	6	10	9	0.4	-0.3
4	3	5	6	0.6	-0.4	14	4	9	10	0.3	0.2
5	8	4	2	0.2	-0.3	15	5	3	5	0.8	-0.4
6	2	7	2	0.4	0.2	16	1	7	3	0.6	0.2
7	7	7	8	0.5	-0.2	17	10	9	2	0.6	0.3
8	8	3	3	0.1	0.1	18	3	6	7	0.9	-0.2
9	7	4	1	0.4	-0.1	19	0	0	0	0.4	-0.3

根据上述数据，对该示例项目的执行过程进行仿真。当活动工期随机扰动发生时，利用上述模型对基准进度计划进行动态调整，得到的结果如下所述：

(1)第一次扰动($T=8$)：$F^8=\{0,1,2,6,11\}$，$P^8=\{3,4,5,14\}$，$U^8=\{7,8,9,10,12,13,15,16,17,18,19\}$，$\Delta_3^8=1$，$\Delta_4^8=1$，$\Delta_5^8=-2$，$\Delta_{14}^8=2$。满意的调整结果为：

$DS^8=(0,0,0,6,6,6,5,16,12,10,13,0,20,18,7,24,29,23,30,33)$；

$TAC^8=6.2$。

(2)第二次扰动($T=16$)：$F^{16}=\{0,1,2,3,4,5,6,11,14\}$，$P^{16}=\{7,8,9,10\}$，$U^{16}=\{12,13,15,16,17,18,19\}$，$\Delta_7^{16}=3$，$\Delta_8^{16}=2$，$\Delta_9^{16}=-1$，$\Delta_{10}^{16}=1$。满意的调整结果为：

$DS^{16}=(0,0,0,6,6,6,5,16,12,10,13,0,22,19,7,25,30,25,31,35)$；

$TAC^{16}=6.1$。

(3)第三次扰动($T=26$)：$F^{26}=\{0,1,2,3,4,5,6,7,8,9,10,11,12,13,14\}$，$P^{26}=\{15,17\}$，$U^{26}=\{16,18,19\}$，$\Delta_{15}^{26}=-2$，$\Delta_{17}^{26}=3$。满意的调整结果为：

$DS^8=(0,0,0,6,6,6,5,16,12,10,13,0,22,19,7,25,28,25,29,38)$；

$TAC^{26}=0.4$。

在该算例项目的执行过程中，当第一次扰动发生时，F^8 中的活动 0、1、2、6 和 11 已经完成，P^8 中正在执行的 4 个活动工期均发生变更，活动 3 和 4 的工期增加 1 个单位，活动 5 的工期减小 2 个单位，活动 14 的工期增加 2 个单位。为确保基准进度计划 BS 的可行性，在 U^8 的 11 个活动中，活动 7、8、12 和 17 的开始时间被延迟，活动 9 和 10 的开始时间被提前，其余的开始时间保持不变，由此产生的额外

总成本 TAC^8 为 6.2。第二次扰动发生在第 16 时刻,此次的动态调整建立在第一次动态调整(即 DS^8)的基础上,结果使得 U^{16} 中的 7 个活动的开始时间均有所延迟,进而形成 $TAC^{16}=6.1$ 的额外总成本。在第 26 时刻第三次扰动发生时,U^{26} 中尚未开始的活动仅剩下 3 个,基于第二次动态调整的结果(即 DS^{16}),活动 16 和 18 的开始时间被提前 2 个单位,活动 19 的开始时间被延迟 3 个单位,动态调整的额外总成本 TAC^{26} 为 0.4。

思考题

1. 项目进度计划实施的基本原则有哪些?具体内容是什么?
2. 什么是项目跟踪和项目报告?项目进度计划总结分析常用的指标有哪些?
3. 何谓项目进度计划控制?项目进度计划控制的基本原理有哪些?
4. 项目进度计划控制的目标如何设立和划分?项目进度计划的控制方法有哪些?
5. 什么是项目变更?项目变更的影响有哪些?
6. 怎样控制项目整体变更?项目整体变更控制的程序和内容?
7. 项目范围变更控制的输入、输出及常用工具和技术有哪些?
8. 如何在项目变更条件下,对项目进度计划进行最优的动态调整?

案例:KX 井喷事故应急救援的动态调度优化

KX 井喷事故发生于 2003 年 12 月 23 日,是中国石油天然气集团公司的一次代表性井喷事故。通常,井喷事故的应急救援过程包括事故报警及现场处置、救援

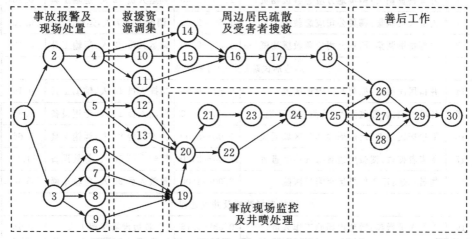

图 8-8 救援活动逻辑关系 AoN 网络图

资源调集、周边居民疏散及受害者搜救、事故现场监控及井喷处理、善后工作等5个部分,而每一部分又由不同的救援活动组成。这些救援活动之间的逻辑关系可用图8-8所给的AoN网络图表示,图中各节点所代表的活动名称及内容见表8-3。

表8-3 救援活动的预计持续时间、投入资源及原定开始时间

活动编号	活动名称及内容	预计持续时间(h)	预计投入资源	原定开始时间
1	事故发生:泥浆上涌、井喷失控	0.00	无	0.00
	事故报警及现场处置			
2	事故报警:向本单位应急办报警	0.05~0.08	值守人员1人,通讯设施	0.00
3	现场紧急处置:发出现场紧急处置指令	0.05~0.08	现场指挥1人	0.00
4	事故外部上报:向地方主管部门报警	0.05~0.08	值守人员2人,通讯设施	0.08
5	事故内部上报:向公司总部报警	0.05~0.08	值守人员2人,通讯设施	0.08
6	控制井口:现场作业人员控制事故井口	0.50~1.00	作业人员20人,专用设备	0.08
7	关闭设备:关闭设备及有毒气体扩散通道	0.16~0.24	作业人员4人,专用工具	0.08
8	照明切换:将现场切换至专用照明设备	0.08~0.16	作业人员2人,专用工具	0.08
9	无关人员撤离:紧急撤离现场无关人员	0.33~0.50	现场指挥2人	0.08
	救援资源调集			
10	外部人员调集:调集地方应急救援人员	2.00~2.50	调度人员12人,运输工具	0.16
11	外部物资调集:调集地方应急救援物资	2.00~2.50	调运人员32人,运输工具	0.16
12	内部人员调集:调集公司应急救援人员	1.50~2.00	调度人员7人,运输工具	0.16
13	内部物资调集:调集公司应急救援物资	1.50~2.00	调运人员22人,运输工具	0.16
	周边居民疏散及受害者搜救			
14	井口居民撤离:撤离井口附近居民	0.33~0.50	指挥人员14人,辅助工具	0.16
15	环境检测:设置监测点、监测周围环境	0.50~1.00	监测人员15人,专用设备	2.66
16	周边居民疏散:疏散周边污染区域居民	6.00~8.00	公安武警85人,运输工具	3.66
17	受害者搜救:搜救周边有毒气体受害者	12.00~24.00	搜救人员60人,急救设备	11.66
18	伤员运送:运送伤员至附近医院	3.00~4.00	急救人员25人,急救车辆	35.66
	事故现场监控及井喷处理			
19	工作人员撤离:撤离现场原工作人员	0.08~0.16	救援现场指挥1人	1.08
20	现场警戒:专业救援队警戒事故现场	0.16~0.33	专业救援人员15人	2.16

续表 8-3

活动编号	活动名称及内容	预计持续时间(h)	预计投入资源	原定开始时间
21	制定点火方案:研究制定点火方案	0.50~1.00	救援专家7人	2.49
22	点火区域清场:清理点火区人员及物资	0.33~0.50	专业人员20人,辅助工具	2.49
23	点火准备:做好点火前的各项准备工作	0.16~0.33	专业人员15人,专用设备	3.49
24	点火作业:实施点火,井喷得到控制	0.08~0.16	专业人员4人,专用设备	3.82
25	压井处理:实施压井作业,彻底消除井喷	18.00~24.00	作业人员80人,专用设备	3.98
善后工作				
26	事故理赔:评估、赔偿周边居民损失	720.00~1440.00	专业理赔人员24人	39.66
27	现场处理:清理井喷处理作业现场	168.00~336.00	作业人员90人,专用设备	27.98
28	周边地区清理:清理周边遗留有毒物质	480.00~720.00	专业人员24人,辅助工具	27.98
29	总结分析:对事故及救援进行总结分析	24.00~48.00	相关人员30人	1479.66
30	救援结束:善后工作完成,救援结束	0.00	无	1527.66

此次事故气井隶属于西南油气田分公司川东北气矿,承担钻探任务的为四川石油管理局川东钻探公司。根据石油天然气行业应急管理的要求,相关单位根据气井所在地区井喷事故的历史数据以及该气井勘探情况,综合考虑企业的技术实力和当地政府的应急能力,对一旦发生井喷事故时,各救援活动的预计持续时间及投入资源进行了估算,结果列于表 8-3 中。在此基础上,将救援活动的预计持续时间取为上限,编制了一个具有一定鲁棒性的井喷事故应急救援计划,并将计划报送至地方政府有关部门,以便提前为井喷事故的应急救援做好准备。应急救援计划中安排的各救援活动开始时间示于表 8-3 的最后一列,其中,井喷事故的发生时间定义为 0 时刻,救援时间单位按小时计算。

应急救援计划形成后即成为指导救援过程的权威文件,一旦井喷事故发生,相关人员及资源必须按计划规定的时间到达指定位置,确保应急救援能够有序地顺利实施。然而,由于应急救援计划是在历史资料和未来预测的基础上制定的,而井喷事故救援过程又具有高度的不确定性,因此,计划在执行过程中不可避免地会发生变更。对于 KX 井喷事故,在救援过程中便发生了如下与计划不符的情况:

(1)救援活动 4"事故外部上报"持续时间 0.93 小时,比计划长 0.85 小时。

(2) 救援活动 6 "井口控制"持续时间 0.43 小时,比计划短 0.57 小时。
(3) 救援活动 12 "内部人员调集"持续时间 2.43,比计划长 0.43 小时。
(4) 救援活动 16 "周边居民疏散"持续时间 9.67 小时,比计划长 1.67 小时。
(5) 救援活动 21 "制定点火方案"持续时间 4 小时,比计划长 3 小时。
(6) 救援活动 24 "点火作业"持续时间 0.67 小时,比计划长 0.51 小时。

显然,当上述情况发生时,为了保持原定应急救援计划的有效性,就必须对其进行调整。这样,便会出现一个必须解决的问题:如何基于突发事件救援过程中的实际变化,对原定计划进行最优的动态调整,以确保应急救援的顺利实施以及预期目标的有效实现。

根据对 KX 井喷事故背景资料的介绍,可将上述应急救援动态调度优化问题界定如下:对于某一突发事件,将其救援过程表示为一个 AoN 网络,其中节点代表具体的救援活动,箭线代表活动之间的逻辑关系。救援活动 $n(n=1,2,\cdots,N)$ 的预计持续时间为 d_n^0,在实施过程中需要投入 K 种资源,其对第 $k(k=1,2,\cdots,K)$ 种资源的使用量为 r_{nk},而第 $k(k=1,2,\cdots,K)$ 种资源的可用量为 R_k。原定的应急救援计划为 $S^0 = (s_1^0, s_2^0, \cdots, s_N^0)$,其中,$s_n^0$ 为救援活动 n 的原定开始时间。在救援实施中的某一时刻 T,由于事先估计的偏差以及实际情况的变化,救援活动 n 的持续时间会变为 d_n^T,从而要求对原定计划 S^0 进行调整。为了实现对 S^0 的最优调整,给每个活动定义一个权重系数 $\lambda_n (0 \leq \lambda_n \leq 1)$,$\lambda_n$ 反映活动的原定开始时间 s_n^0 每延迟一个时间单位所带来的相对损失(即因救援延迟而导致的人、财、物损失大小的相对度量)。显然,活动的 λ_n 越高,其重要性越高,在调整过程中越不应被延迟。现假定调整后活动 n 的开始时间为 s_n^T,则其开始时间调整所造成的相对损失为 $\lambda_n(s_n^T - s_n^0)$。注意,如果 $s_n^T < s_n^0$,那么 $\lambda_n(s_n^T - s_n^0)$ 便会成为一个负值,此时,它反映了因活动 n 原定开始时间提前所减少的相对损失。令调整后的救援计划为 $S^T = (s_1^T, s_2^T, \cdots, s_N^T)$,那么因计划调整而导致的相对损失则为 $Loss = \sum_{n=1}^{N}[\lambda_n(s_n^T - s_n^0)]$。基于上述讨论,上述应急救援的动态调度优化问题的目标即应为最小化 $Loss$。

在对问题进行界定的基础上,构建突发事件应急救援动态调度优化模型如下所述:

$$\text{Min} \quad Loss = \sum_{n=1}^{N}[\lambda_n(s_n^T - s_n^0)] \qquad (8-6)$$

$$\text{s.t.} \quad s_n^T = s_n^0 \quad n \in F^T \qquad (8-7)$$

$$s_n^T + d_n^T \leq s_m^T \quad m \in V_n \qquad (8-8)$$

$$\sum_{n \in P^t} r_{nk} \leq R_k \quad k=1,2,\cdots,K \qquad (8-9)$$

$$s_n^T \geq 0 \quad n=1,2,\cdots,N \qquad (8-10)$$

其中：F^T 为 T 时刻已经完成的救援活动的集合，V_n 为救援活动 n 的紧后活动的集合，P^t 为在 t 时刻正在实施的救援活动的集合。在上述优化模型中，目标函数式(8-6)最小化因计划调整而导致的损失总额；约束条件式(8-7)将计划调整时已完成救援活动的开始时间定义为原定的开始时间；约束条件式(8-8)确保在调整救援活动的开始时间时，网络优先关系能够得到满足；约束条件式(8-9)使得救援过程中的任何一个时刻，各活动对每一种资源的使用量均不超过该种资源的可用量；约束条件式(8-10)为决策变量的定义域约束。

在该模型正式求解之前，首先需要为每个救援活动定义一个权重系数，并对资源的使用情况进行进一步的梳理。在现实中，各救援活动的重要性取决于现场指挥者的直观判断，此处按照应急救援的一般原则定义其权重系数。关于 KX 井喷事故的资源问题，对其进行简化处理，仅考虑人员的投入并将投入人员划分为两大类。第一类为一般救援人员，包括现场清理、秩序维持、伤员救护、物资运输等具有较强可替代性的一般工作人员；第二类为特殊救援人员，主要指处理井喷事故的技术专家或具有特殊技能的作业人员。各救援活动的权重系数及人员投入情况见表8-4。根据 KX 井喷事故应急救援的现实情况，一般救援人员的可用人数 R_1 设定为150，特殊救援人员的可用人数 R_2 设定为30。

表8-4 救援活动的权重系数及人员投入

活动编号 n	权重系数 λ_n	一般救援人员投入 r_{n1}	特殊救援人员投入 r_{n2}	活动编号 n	权重系数 λ_n	一般救援人员投入 r_{n1}	特殊救援人员投入 r_{n2}
1	1.0	0	0	16	0.8	80	5
2	0.9	1	0	17	0.8	50	10
3	0.9	0	1	18	0.8	20	5
4	0.9	0	2	19	0.7	0	1
5	0.9	0	2	20	0.5	5	10
6	0.7	10	10	21	0.7	2	5
7	0.7	0	4	22	0.6	5	15
8	0.7	0	0	23	0.6	5	10
9	0.8	0	2	24	0.6	0	4
10	0.6	10	2	25	0.4	70	10
11	0.6	30	2	26	0.3	20	4
12	0.6	5	2	27	0.3	80	10
13	0.6	20	2	28	0.4	20	4
14	0.8	10	2	29	0.4	20	10
15	0.6	5	10	30	0.5	0	0

根据 KX 井喷事故救援过程中的实际变化情况,动态调度的求解结果如下:

(1)第 1 次调整($T=0.08$),$S^0=(0.00,0.00,0.00,0.08,0.08,0.08,0.08,$
$0.08,0.08,0.16,0.16,0.16,0.16,0.16,2.66,3.66,11.66,35.66,1.08,2.16,$
$2.49,2.49,3.49,3.82,3.98,39.66,27.98,27.98,1479.66,1527.66)$,$d_4^{0.08}=$
0.93,$d_6^{0.08}=0.43$,其余活动的 $d_n^{0.08}=d_n^0$。调整结果:$S^{0.08}=(0.00,0.00,0.00,$
$0.08,0.08,0.08,0.08,0.08,0.08,1.01,1.01,0.16,0.16,1.01,3.51,4.51,$
$12.51,36.51,0.58,2.16,2.49,2.49,3.49,3.82,3.98,40.51,27.98,27.98,$
$1480.51,1528.51)$,$Loss=5.00$。

(2)第 2 次调整($T=0.16$),$S^0=S^{0.08}$,$d_{12}^{0.16}=2.43$,其余活动的 $d_n^{0.16}=d_n^{0.08}$。
调整结果:$S^{0.16}=(0.00,0.00,0.00,0.08,0.08,0.08,0.08,0.08,0.08,1.01,$
$1.01,0.16,0.16,1.01,3.51,4.51,12.51,36.51,0.58,2.59,2.92,2.92,3.92,$
$4.25,4.41,40.51,28.41,28.41,1480.51,1528.51)$,$Loss=1.76$。

(3)第 3 次调整($T=2.92$),$S^0=S^{0.16}$,$d_{21}^{2.92}=4.00$,其余活动的 $d_n^{2.92}=d_n^{0.16}$。
调整结果:$S^{2.92}=(0.00,0.00,0.00,0.08,0.08,0.08,0.08,0.08,0.08,1.01,$
$1.01,0.16,0.16,1.01,3.51,4.51,12.51,36.51,0.58,2.59,2.92,6.92,$
$7.25,7.41,40.51,31.41,31.41,1480.51,1528.51)$,$Loss=6.90$。

(4)第 4 次调整($T=4.51$),$S^0=S^{2.92}$,$d_{16}^{4.51}=9.67$,其余活动的 $d_n^{4.51}=d_n^{2.92}$。
调整结果:$S^{4.51}=(0.00,0.00,0.00,0.08,0.08,0.08,0.08,0.08,0.08,1.01,$
$1.01,0.16,0.16,1.01,3.51,4.51,14.18,38.18,0.58,2.59,2.92,2.92,6.92,$
$7.25,7.41,42.18,31.41,31.41,1482.18,1530.18)$,$Loss=4.84$。

(5)第 5 次调整($T=7.25$),$S^0=S^{4.51}$,$d_{24}^{7.25}=0.67$,其余活动的 $d_n^{7.25}=d_n^{4.51}$。
调整结果:$S^{7.25}=(0.00,0.00,0.00,0.08,0.08,0.08,0.08,0.08,0.08,1.01,$
$1.01,0.16,0.16,1.01,3.51,4.51,14.18,38.18,0.58,2.59,2.92,2.92,6.92,$
$7.25,7.92,42.18,31.92,31.92,1482.18,1530.18)$,$Loss=0.56$。

从上述结果可以清楚地看出,KX 井喷事故应急救援的调度优化是一个动态的过程。首先在事故发生后的第 0.08 小时,由于救援活动 4 和 6 持续时间的变化,不得不对原定计划 S^0 进行调整,从而形成了一个新的计划 $S^{0.08}$ 并带来 5.00 的相对损失。随后,在救援过程中的第 0.16、2.92、4.51 和 7.25 小时,由于救援活动 12、21、16 和 24 持续时间的变化,又分别在上一次的调整结果基础上,对计划进行了 4 次调整并生成新的计划 $S^{0.16}$、$S^{2.92}$、$S^{4.51}$ 和 $S^{7.25}$,造成的相对损失各为 1.76、6.90、4.84 和 0.56。最终,整个应急救援过程在第 1530.18 小时完成,比原定计划的完成时间晚 2.52 小时,因计划调整而导致的相对损失合计为 19.06。

此外,从计算结果还可发现,在计划的 5 次调整中,第 1 次有 11 个救援活动的开始时间发生了变化,第 2 次开始时间发生变化的活动数为 8 个,第 3、4 次均为 5

个,最后一次为3个。这说明随着计划调整时间的延后,开始时间发生变化的救援活动数目逐步减少,亦即计划调整对应急救援的影响范围变小。这一结果是由救援活动之间的逻辑先后关系决定的,较早开始的活动通常拥有较多的后续活动,一旦这些活动的开始时间发生变化,其后续活动的开始时间也必须随之同步调整,因而造成影响的范围也会比较大;反之,当后期救援活动的开始时间发生变化时,由于其后续活动较少,所以,影响范围也相对较小。

从KX井喷事故的实际救援过程来看,在上述5次调整中,第1次和第3次造成的负面影响最大。在第1次调整中,原计划最多用时5分钟的由钻井公司应急办向当地政府的报警过程(即活动4"事故外部上报"),由于公司上报程序的错误和信息传递效率的低下,经过4个部门转辗56分钟才传达到当地政府,严重地浪费了宝贵的救援时间,极大地延误了后续各项救援工作,特别是活动14"井口居民撤离",造成了重大的人员伤亡。在第3次调整中,当井喷事故救援专家在预定的时间赶到事故现场后,却未能在较短的时间内制定出有效的点火方案,救援活动21"制定点火方案"的持续时间长达4个小时,致使有毒气体大量无控制喷发,进一步加重了对井口周边地区的危害。此外,救援活动16"周边居民疏散"进展不顺,也导致了人员伤亡的增加;救援活动12"内部人员调集"与救援活动24"点火作业"持续时间的延长,则迟滞了对有毒气体喷发的控制工作。在各次调整中,唯一比预期进展顺利的救援活动6"井口控制",仅使得救援活动19"工作人员撤离"提前了30分钟,对其他救援工作并未产生正面影响。

事实上,对于每一个处于危险状态的生产活动,在事故的防范与救援方面,均可从上述的计算和分析中得到如下有益的启示:首先,应对同类事故历史数据进行统计分析,在此基础上预测未来事故的发生趋势与影响规模,并根据自身所拥有的能力及外部可获得的资源,制定具有较高可行性和一定鲁棒性的应急救援计划,以便为救援的准备及实施提供指导。其次,鉴于突发事故救援本身所固有的高度不确定性,在应急救援过程中应基于实际变化情况对应急计划适时地做出调整,在调整时应对后续各救援活动进行通盘考虑,尽可能减小重要救援活动的延误,避免产生重大的人员及财产损失。再次,考虑到早期救援活动会对整个救援效果产生较大的影响,应强化各项保障措施确保早期救援活动的顺利实施,同时对这些保障措施应进行必要的演练以检验其有效性。

问题讨论

1. 突发事件的应急救援过程是否可以看成一个特殊的项目?为什么?
2. KX井喷事故在应急救援过程中遇到的主要问题是什么?
3. 在KX井喷事故应急救援过程中,如何实现对基准计划的最优动态调整?

第9章 项目进度计划与控制的计算机实现

9.1 常用项目计划软件及在我国的应用

随着信息科学与技术的迅猛发展，计算机与网络技术在项目管理中的应用越来越普遍。而且现代工程项目的规模越来越大，技术越来越复杂，参与的单位也越来越多，计算机辅助项目计划与控制已经成为项目进度管理的必须选择。事实上，项目管理技术的发展和计算机技术的发展是密不可分的。早期开发的网络计划软件都是在大型机上运行的，主要运用于国防和土木建筑工程。这个时期的项目管理软件的成本也很高，往往一套就要十多万美元。20世纪80年代，随着微型计算机的出现和运算速度的迅猛提升，项目管理技术也呈现出繁荣发展的趋势，涌现出大量的项目管理软件，软件的价格也大幅下降，在实际项目管理中的应用也越来越普及。

经过近二十年的发展，目前项目管理软件根据功能和价格水平被分为两个档次：一种是高档项目管理软件，是供专业项目管理人士使用的软件，这类软件功能强大，价格较高，如 Primavera 公司的 P3、Gores 技术公司的 Artemis、ABT 公司的 Work－Bench、Welcom 公司的 Open Plan 等。另一种是低档项目管理软件，应用于一些中小型项目，虽然这类软件功能不是很齐全，但价格较便宜，如 Time Line 公司的 Time Line、Scitor 公司的 Project Scheduler、Primavera 公司的 Sure Trak、Microsoft 公司的 Project 等。下面首先介绍一些常用的项目管理软件，然后概括项目计划软件在我国的应用现状。

9.1.1 常用项目计划软件

1. Primavera Project Planner(P3)

P3 工程项目管理软件是美国 Primavera 公司的产品，是国际上最为流行的项目管理软件之一，已成为项目管理软件标准。P3 是世界上顶级的项目管理软件，其精髓是广义网络计划技术与目标管理的有机结合，P3 代表了现代项目管理方法和计算机最新技术，它也是全球用户最多的项目进度计划管理软件，市场份额高达81%。该软件适用于任何工程类项目，尤其对大型复杂项目和多项目并行管理，更能发挥其独特的优越性。

  P3 在我国设立有分公司,将 P3 汉化后在我国销售使用。目前国内绝大部分大型工程,如三峡工程、秦山核电三期、外高桥电厂二期、京沪高速公路、上海通用汽车厂、摩托罗拉天津工厂等大型工厂、齐鲁45万吨乙烯、广州地铁、深圳地铁等都在使用 P3,收到了良好的实际应用效果。

  P3 工程项目管理软件的主要功能有:

  (1)在多用户环境中管理多个项目。P3 可以有效管理这样的项目:项目团队遍布全球各地,多学科团队,高密度集、期限短的项目,共享有限资源的公司关键项目。借助于信息的不断更新,P3 可以通过多用户支持项目文档的安全模拟。

  (2)有效地控制大型复杂项目。P3 被设计来处理规模巨大、管理复杂、涉及面广的项目。为了有效地安排数以千计的活动进度,P3 提供了为数众多的资源选择和计划目标选择。

  (3)平衡资源。P3 可以对实际资源消耗曲线及工程延期情况进行模拟,以实现项目资源的动态平衡。

  (4)利用网络进行信息交换。P3 可以使各个部门之间进行局部或 Internet 网络的信息交换,便于用户了解项目进展。

  (5)资源共享。P3 提供了功能强大的数据交换平台,可以实现资源共享并支持数据采集、存储和风险分析等工作。

  (6)自动调整。P3 处理单个项目的最大活动数可以达到10万个,资源种类不受限制,每活动可使用的资源数也不受限制,依据此功能合理地实现资源的配置,并有效解决资源的冲突问题。

  (7)优化目标。P3 按照不同的目标对项目进度计划进行优化,并将优化后的进度计划保存起来,以便于在实施过程中的随时调用和比较,这样可以清楚了解哪些活动的进度超前、滞后,或按计划正常进行。

  (8)工作分解结构分解。P3 可以完成项目的工作分解结构,也可以将项目组织结构逐级分解,形成最基层的组织单元,并将工作分解结构的结果落实到具体的组织单元上,完成任务的安排工作。

  (9)对工作进行处理。P3 可以根据工程的属性对工作进行筛选、分组、排序和汇总。

  (10)数据接口功能。P3 可以输出传统的 dBase 数据库、Lotus 文件和 ASCII 文件,也可以接收 dBase、Lotus 格式的数据,还可以通过 ODBC 与 Windows 程序进行数据交换,因此,它可以方便与其他系统实现对接。

  2. Welcom Open Plan 项目管理软件

  Welcom 公司的 Open Plan 也是一个企业级的项目管理软件。该软件主要特点及功能介绍如下：

(1)进度计划管理。Open Plan 可以采用自上而下的方式分解项目，而且可以将项目向下为分解子网络、孙网络，对分解的层级没有限制。该软件的这一特点为大型、复杂工程项目的多级网络计划的编制和控制提供了便利。此外，在分解时对作业数目不限，同时提供了最多 256 位宽度的作业编码和作业分类码，为工程项目的多层次、多角度的管理提供了可能，也使得用户可以方便地实现作业编码与项目信息管理系统中其他子系统相应编码的直接对接。

(2)资源管理与资源优化。资源分解结构(RBS)可结构化地定义数目不受限制的项目资源，拥有绘制资源强度非线性曲线和编制流动资源计划的能力。在资源优化方面，该软件配备了独特的资源优化算法，以及 4 个级别的资源优化程序。与 P3 一样，Open Plan 可以通过对作业的分解、延伸和压缩，实现资源配置的优化，而且可同时优化数目不受限制的资源。

(3)项目管理模板。Open Plan 中的项目专家功能提供了几十种基于美国项目管理学会(PMI)专业标准的管理模板，用户可以使用或自定义管理模板，建立费用/进度控制系统标准或使用国际标准化组织 ISO 的标准。这些功能可以帮助用户应用项目标准和规程进行工作，例如编制每月工程状态报告、变更管理报告，等等。

(4)风险分析。Open Plan 集成了多种项目风险分析和模拟工具，可以直接利用进度计划数据，计算活动的最早时间、最晚时间和时差的标准差，以及活动的风险度指标，不需要再另行输入数据。

(5)开放的数据结构。Open Plan 全面支持 OLE2.0，与 Excel 等 Office 应用软件可进行拷贝和粘贴，项目数据文件可保存为通用的数据库，如 Microsoft Access、Oracle、Microsoft SQL Server、Sybase 以及 FoxPro 的 DBF 数据库，用户还可以修改库结构增加自己的字段并定义所需的计算公式。

3. Microsoft Project 2010

Microsoft Project 是 Microsoft 公司开发的项目管理系统，虽然它是一种低端项目管理软件，但由于其价格低廉、使用方便，而且能够满足大多数项目的一般管理的需要，所以，目前成为应用最普遍的项目管理软件。该软件运用项目管理原理，建立了一套控制项目的时间、资源和成本管理系统。Project 2010 系统功能强大，界面易懂，图形直观，还可以在该系统使用 VBA(Visual Basic for Application)，并可通过 Excel、Access、ODBC 等数据库存取项目文件等。

MS Project 2010 主要功能包括范围管理、进度管理、成本管理、人力资源管理、风险管理、质量管理、沟通管理、采购管理、综合管理等多个方面。在 MS Project 2010 中，项目进度计划管理的功能最强，其使用的最主要技术是关键路径法。

该软件可以通过多种方式在已经分解好的工作任务之间建立关联关系，按 CPM 计算每个任务以及整个项目的时间参数，自动计算并识别项目网络的关键路径。除了关键路径法之外，软件还提供了其他多种进度管理的方法如甘特图、网络图、日历图等，而且能够对项目的实施过程进行动态跟踪。此外，对于整个项目的范围、进度、费用、资源等进行综合管理和协调，MS Project 2010 也是一个不错的管理工具。

MS Project 2010 可以处理的任务节点数量超过 100 万个，可以处理的资源数也超过 100 万个，可以同时处理项目群的数量达到 1000 个，足以满足大型复杂项目进度管理的需求。MS Project 2010 作为一款通用的项目管理软件，适用于国民经济的各个领域，包括 IT、钢铁冶金、石油、煤炭、铁路、公路、航空航天、水利、市政、民用建筑及科学研究等各个领域。在项目进度管理方面，施工企业与设计单位、材料设备供应单位，均可以使用它编制项目施工进度计划、设计进度计划与材料设备供应计划，并可对计划的执行进行跟踪、监督和控制，建设单位或其委托的监理单位，则可以使用它编制项目进度总控制计划，并完成各种进度控制工作。

4. 梦龙智能项目管理集成系统

梦龙智能项目管理集成系统是国内软件公司开发的项目管理软件。该系统由智能项目管理动态控制、建设项目投资控制系统、机具设备管理、合同管理与动态控制、材料管理系统、图纸管理系统和安全管理系统组成，可对项目进行全方位的管理。该软件由于是国内软件控制开发的，因而更符合我国的实际国情和管理习惯。其典型特点有：

(1) 灵活方便的作图功能。可以在计算机屏幕上直接制作网络图，还可以采用文本输入方式制作网络图，输入的方式可以在双代号输入法、紧前关系输入法和紧后关系输入法中随意选择。

(2) 生成流水网络。完成各项数据的输入工作后，软件可瞬间生成项目的流水网络。

(3) 方便实用的网络图分级管理功能（子网络功能）。可以根据项目的实际情况分为多级网络，不同的管理层使用不同级别的网络，从而实现分级网络管理。

(4) 项目的动态控制。利用前锋线功能实现对项目的动态控制。

(5) 资源费用优化控制。可以将资源按人工、材料、施工机械分开管理，可按不同属性进行分类，还可根据定额分别计算出人工、材料、施工机械费用及总费用。资源可按不同种类管理，可自定义名称，并通过网络可做出各种资源的分布曲线及报表，根据不同分布曲线可分别做出用工计划、机具安排计划、材料供应计划及费用投资计划等，对资源及数据可进行优化计算。

(6)综合控制功能。提供了合同及图纸等工程信息的管理,并内置了针对这些信息的自动预警体系,可以实现对项目的综合控制。

5.智能项目管理软件

智能项目管理软件是深圳清华斯维尔软件科技有限公司研制开发的项目管理软件。该系统以国内建设行业普遍采用的双代号时标网络图作为项目进度管理及控制的主要工具,将网络计划技术、网络优化技术应用于建设工程项目的进度管理中。在此基础上,通过挂接建设行业各地区的不同种类的定额库与工料机库,实现对资源与成本的精确计算、分析与控制,使用户不仅能从宏观上控制工期与成本,而且还能从微观上协调人力、设备与材料的具体使用,并以此作为调整与优化进度计划,实现利润最大化的依据。该软件的主要特点体现在以下几个方面。

(1)软件设计符合国内项目管理的行业特点与操作惯例,严格遵循《工程网络计划技术规程》(JGJ/T 121—1999)的行业规范,以及《网络计划技术》的三个国家标准,将计算机信息技术在网络计划的全过程中进行应用。

(2)操作流程符合项目管理的国际标准流程,首先通过项目的范围管理,在横道图界面中建立任务大纲结构,从而实现项目计划的分级控制与管理。在此基础上分析并定义工作间的逻辑关系,通过定额库、工料机数据库等进行项目资源的合理分配,最终完成项目网络模型的构建。系统将实时计算项目的各类网络时间参数,并对项目资源、成本进行精确分析,以此作为网络计划优化与项目追踪管理的依据。

(3)除支持常规的标准横道图建模方式外,为方便用户操作也提供了双代号网络图、单代号网络图等多种建模方式,同时能够模拟工程技术人员手绘网络图的过程,提供拟人化的智能操作方式,实现快速高效绘制项目网络图的功能。

(4)支持搭接网络计划技术,工作任务间的逻辑关系可以有多种:完成—开始关系、完成—完成关系、开始—开始关系、开始—完成关系,同时可以处理工作任务的延迟、搭接等情况,从而全面反映工程现场实际工作的特点。

(5)图表类型丰富实用、制造快速精美,满足工程项目投标与施工控制的各类需求。用户可以任选图形或表格界面录入项目的各类任务信息数据,系统自动生成施工横道图、单代号网络图、双代号时标网络图、资源管理曲线等各类工程项目管理图表,输出图表美观、规范,能够满足建设企业工程投标的各类需求,增强企业投标竞争实力。

(6)兼容 Microsoft Project 2000 项目管理软件,可快捷、安全地从 Microsoft Project 2000 中导入项目数据,迅速生成国内普遍采用的进度控制管理图表——双代号时标网络图。并可完成工程项目套用工程定额库等操作,实现对工程项目资源、成本的精确计算、分析与控制等功能,使其满足建设行业项目管理的实际需求,从而实现国际项目管理软件的本地化与专业化需要。

(7)满足单机、网络用户的项目管理需求,适应大、中、小型施工企业的实际应用。系统既可支持单机用户的使用,又可充分利用企业的局域网资源,实现企业多部门、多用户协同工作。

(8)具有新建工程项目系统数据库、横道图、网络图、资源管理、进度追踪与管理、报表功能、模板功能等,内含大量项目管理案例分析,包括新产品开发项目、工程设计项目、多层商业楼建筑工程项目、高速公路工程项目、特殊事件项目、环线快速公路工程项目、小区施工项目、高层建筑工程项目等。

6. 同洲工程项目计划管理系统

"TZ—Project7.0"是面向大中型工程的项目计划管理软件,由大连同洲电脑有限责任公司研制。该系统可以实现进度管理、资源优化、费用管理等多种功能。在项目进度计划与控制方面该系统具有以下特点。

(1)网络计划编制功能。只需在工作信息表内录入作业及相互间的逻辑关系,系统便能智能地生成各种网络图。在生成的单、双代号网络图中,可以直接在图形上添加、修改或删除作业,建立各作业间的逻辑关系,智能化地生成各工作间关系网络结构,自动对网络图进行安排。能准确处理各种搭接网络关系、中断和强制时限,具有倒排功能,处理各种复杂的网络计划,依据工程量准确推算出作业持续时间。具有智能纠错功能,自动检查回路和冗余关系,形成方便的流水网络,三级网络及子工程结构可处理各种复杂工程,便于网络的互联与扩展。拥有多种时间显示方式,时间计算可精确至小时,使得项目计划可适于不同实际情况。可绘制横道图、单代号网络图、等距及不等距时标的双代号时标网络图、双代号无时标网络图、资源强度及费用强度曲线(可与横道图、双代号网络图同屏显示)以及各种资源的统计报表。具有所见即所得的打印输出功能,打印机、绘图仪型号、纸型、线型、边距、字体、颜色等可任意设定。

(2)网络计划动态调整功能。依据实际工作工程量的完成情况,自动输出实际进度前锋线,动态跟踪项目进度。能够预测后续项目进展,以便于对进度进行调整。可以分析某一作业的超前或滞后对整个项目进度的影响情况,通过进度计划与实施情况的对比,输出横道图,对进度实现实时控制。可追踪进度计划,生成中期计划,为下期任务量的安排做好准备。

(3)工期—资源优化功能。具有资源约束优化及资源均衡功能,绘制资源强度曲线及消耗报表输出功能,资源使用的预警功能。当资源冲突时可对进度计划进行调整,能够对资源在具体时间段内的使用情况进行统计汇总,生成资源使用情况报表和资源可用情况报表,资源报表数据可形成文本文件,与 Excel 实现对接。可以从概预算软件中,直接读取定额数据以便为工序分配资源,从而减少资源的录入工作量,提高资源消耗考核的准确度。

(4)日历管理及系统安全机制。根据需要能够方便地指定工程日历的工作日和休息日,自动换算日历时间,具有系统保密、口令设置及导引功能。

(5)分类剪裁输出功能。根据实际管理的需要,可按工程项目的不同性质,如:关键作业、在建项目、某时间段内工作等,对某一施工公司承担的项目等进行核查,便于计划的上传下达,及时掌握工程的进展情况。

9.1.2 我国的应用情况

项目管理软件在我国的应用起步较早,20世纪80年代初期就有很多单位开始使用。从那时起,国内便出现了很多项目管理软件公司,根据实际工程项目实施管理的需要,可以开发出相应的项目管理软件。此外,也有一些项目尝试引进国外项目管理软件,例如,山西潞安煤矿是我国最早引进和使用P3软件的企业。然而,由于我国现实情况与国外的差异性,以及我国企业的管理人员对国外项目管理模式缺乏了解,在这些项目中我方项目管理人员基本处于被动使用的状况,实际效果并不是非常理想。

到了20世纪90年代,随着我国与国际接轨的需要,国内很多单位逐渐接受了国外项目管理的模式及思路,在引进和应用国际先进的项目管理软件中,也初步已经积累了不少有益经验,因而对项目管理的提升作用也越来越明显。目前,国内使用项目管理软件进行项目管理的企业已有上千家,综合国内的应用情况,可以分为以下几种:

(1)运用项目管理软件编排进度计划。在项目投标以及工程开工之前均能用这些软件来编制计划。在此方面,国内的部分企业还处于被动使用状态,它们使用项目管理软件编排进度计划,仅仅是迫于项目招标书中的要求而非自愿。

(2)将进度计划和资源计划相结合,分析资源强度和资源使用安排是否合理。很多企业和项目通过使用项目管理软件,在此方面获得了较好的结果,通过项目管理软件的资源分析和成本管理的功能,实现了项目资源的合理分配,进而使得项目进度计划更为合理。

(3)根据施工组织措施来编制进度和资源计划,根据计划来安排生产,通过计划对进度进行控制。在现实中,有一部分项目的计划编制十分漂亮,资源配置也很合理,但是在现场施工时由于实际情况的差异,却无法按照计划来执行。这反过来就要求计划的编制人员必须了解施工现场的情况,根据现实情况制定切实可行的进度计划,并及时将实际情况向上反馈,实现项目实施的动态跟踪。只有这样,才能将项目管理软件的应用落到实处,实现项目进度计划的动态控制。

(4)项目管理数据与企业管理信息系统(MIS)集成,通过数据共享,减少重复输入。对于一些工期较长的项目,通过项目管理软件的接口功能与企业管理信息系统进行连接,使得项目管理纳入的企业的整个管理体系中,实现企业管理的整体优化。

(5)通过 Internet 和 Intranet 对项目进行远程控制。对于大型跨国企业和实施地点较为分散的项目,可以将分散在全球各地的分公司或项目工地上的工程数据通过 Internet 和 Intranet 传递到本部,在总部进行汇总和统一安排,并将指令通过邮件下发给分公司或工地,提高企业的管理效率并实现企业管理的一体化。

9.2 使用 Microsoft Project 编制项目进度计划

在默认情况下,当启动 Microsoft Project 后,软件将显示"项目向导"来帮助用户完成项目管理的过程,同时使用者也可以通过"项目向导",了解、研究并查找软件的各种可用功能。按照"项目向导"所提供的向导,即一种先提问,然后根据答案执行一系列操作的功能的说明,用户可以快速完成各种工作,如定义项目、输入任务、分配资源以及向其他人报告项目信息等。Microsoft Project 软件的"项目向导"主要包括 4 部分向导工作:任务、资源、跟踪和报表,通过这 4 部分向导工作,可以完成整个项目的管理过程。

1. 任务

在"任务"中包含如下选项,通过选择这些选项,可以计划和安排项目任务的日程:
- 定义项目
- 定义常规工作时间
- 列出项目中的任务
- 将任务分成阶段
- 排定任务日程
- 链接或者附加其他任务信息
- 添加自定义信息列
- 设置期限和限制任务

用鼠标单击上述每一选项,将会显示完成这一步所需的工具和指令,以使操作者完成相应的工作。具体说明如下:

(1)定义项目。该项工作共计有 3 个步骤完成:①输入项目信息,包括项目的估计开始日期。②定义项目工作组,Project Server 和 Project Web Access 将允许工作组成员查看和更新网站上的项目信息。③输入附加信息,填写项目的详细信息。然后,单击"保存并完成",转到定义常规工作时间向导进行操作。

(2) 定义常规工作时间。该项工作共计有 5 个步骤完成：①定义项目的常规工作时间，Project 提供了 4 个日历模板：包括标准模板、24 小时模板、夜班模板、行政日历模板，用户可以以其为基础创建自己的项目日历，公司也可定义自己的日历模板。②定义工作周，即对于项目来说，通常需要设置一周中的哪些天是工作日。③设置假日和倒休，通过打开"更改工作时间"对话框，可以为公司选中应该为非工作日的日期，例如假日和倒休。④定义时间单位，在排定日程时，Project 将所有时间单位都更改为小时。但是，用户可以为项目定义每天和每周中的小时数，以及每月的天数。例如，如果指定每天 8 小时，则 Project 会将为期两天的任务计算为 16 小时。⑤项目日历已设置，用户已设置了项目的工作时间，创建了影响所有资源的基准日历。如果要所有资源使用此日历，请选择"保存并完成"。如果用户有工作时间与基准日历不同的资源组，可以定义附加日历，然后指定资源的工作时间。

(3) 列出项目中的任务。该项工作可以通过选择输入任务来完成，也可以通过选择从 Excel 导入任务来完成。在列出项目的任务时，应该使用唯一的描述性的任务名称。在"工期"栏中，输入完成每项任务所需的时间，格式为后接"工时"、"工作日"或"月工时"的数字。先不要输入开始和结束日期，项目向导将帮助排定任务日程。在设置完任务可以指示项目的里程碑任务，即将代表项目中主要事件的任务标记为里程碑。

(4) 将任务分成阶段。通过创建结构来对项目进行组织，当任务相似或要在同一时间段结束时，可以将它们组织到相应的摘要任务中。

(5) 排定任务日程。一项任务的开始或完成经常依赖于另一项任务，用户可以通过链接来安排这些相关的任务，使任务之间建立起逻辑关系，以便为任务日程的排定创造条件。

(6) 链接或者附加其他任务信息。可以通过备注添加信息，也可以通过超链接添加信息。在备注中可以添加任务的支持信息，若要链接到有关任务的信息，请插入指向其他文件或者网页的超链接。

(7) 添加自定义信息列。用户可以向视图添加域或列，可以使用 Project 的默认域，也可以使用自定义域以保存自定义信息。

(8) 设置期限和限制任务。设置期限和限制任务主要包括两个步骤：①设置期限，设置期限可在不限制日程排定的条件下表示出到期日期，Project 可标记出错过的期限。②设置限制任务，默认情况下，任务总是尽早开始。如果任务必须在指定日期开始，则可对其加以限制，但这会限制 Project 的日程排定功能。

在计划任务之后，即可转到"资源区"建立项目的工作组，并向任务分配人员。

2. 资源

通过选择下面的选项，可以建立项目小组，并为任务分配人员：

- 为项目指定人员和设备
- 指定资源的预订类型
- 定义资源的工作时间
- 向任务分配人员和设备
- 链接或者附加其他资源信息
- 添加自定义信息列

用鼠标单击一项会显示完成这一步所需的工具和指令，具体说明如下：

(1) 为项目指定人员和设备。为项目指定资源可以有四种方式：①从 Project Server 中添加资源，在打开的对话框中，使用筛选器显示合适的用户，并单击"添加"按钮，向项目中添加这些用户。②从公司"通讯薄"中添加资源，在打开的"选定资源"对话框中，选择所需的资源，并单击"添加"按钮，向项目中添加资源。③从公司目录中添加资源，在打开的对话框中，选择或搜索所需的资源，并单击"确定"按钮，向项目中添加资源。④手动输入资源，键入项目所需的人员姓名，包括电子邮件地址、按小时或按月的支付费率和 Windows 用户账户。

(2) 指定资源的预订类型。用户可以为项目建议正在考虑但仍未批准的资源。可以通过将资源分配给项目，并将其预订类型设置为"已建议"，来区分其已提交的工作分配和其已建议的工作分配。

(3) 定义资源的工作时间。该项工作共计有 5 个步骤完成：①为单个资源指定工作时间，用户可以为单个资源输入有特定倒休的工作时间，或不同于项目常规工作时间的工作时间。如果有些资源组的工作时间不同于项目基准日历，则首先应为这些资源组定义附加日历。②定义常规工作时间，选择某项资源的工作时间所要依据的日历模板。③定义工作周，设置某项资源的常规工作日是一周中的哪些天。④设置假日和倒休，通过打开"更改工作时间"对话框，可以为公司选中应该为非工作日的日期，例如假日或倒休。在"将所选日期设置为"条件下，选择"非默认工作时间"。为每一个想更改为非默认工作时间的日期重复上述步骤。⑤资源日历设置完毕，某项资源的资源日历现在定义完毕。还可以指定其他资源的工作时间或选择设置完成。

(4) 向任务分配人员和设备。选择一项任务，单击启动"分配资源"对话框，选择要分配给任务的资源，然后单击"分配"按钮。

(5) 链接或者附加其他资源信息。可以通过备注添加其他资源信息，也可以通过超链接添加其他资源信息。在备注中可以添其他资源信息，若要链接到有关其他资源的信息，请插入指向其他文件或者网页的超链接。

(6) 添加自定义信息列。用户可以向视图添加域或列。可以使用 Project 的默认域，也可以使用自定义域以保存自定义信息。

在输入任务和资源信息之后,可以转到跟踪区对进展中的项目进行跟踪和管理。

3. 跟踪

通过选择下面的选项,可以在项目执行期间对其进行跟踪和管理:
- 保存比较基准,以便与最新版本比较
- 准备跟踪项目进度
- 在项目中引入进度信息
- 检查项目进度
- 对项目进行更改

用鼠标单击上述选项,便会显示完成这一步所需的工具和指令。具体说明如下:

(1)保存比较基准,以便与最新版本比较。当结束项目计划之后,最好保存比较基准。项目启动之后,比较基准允许用户比较原始计划并更新计划和实际进展。

(2)准备跟踪项目进度。该项目工作共计有 2 个步骤完成:①输入进度,可以选择是否希望工作组使用 Project Server 或 Project Web Access 报告任务进度。②选择跟踪方法,有三种方法可以选择:通过输入完成工时的百分比跟踪,通过输入实际完成工时和剩余工时跟踪,或通过输入每个时间段完成的工时跟踪。

(3)在项目中引入进度信息。可以包括两个步骤:①设置状态日期,如果需要,更改下面的状态日期,以反映用户希望用于检查进度的日期。②更新进度,输入每个资源对每项要更新的任务完成的工时。默认情况下,此视图中的时间刻度是天。若要按周、月等时间刻度更新资源分配的实际工时,可以更改时间刻度。

(4)检查项目进度。通过如下三种状态标记:已完成任务、按时的任务、延迟的任务,可以帮助用户将注意力集中于有问题的任务。

(5)对项目进行更改。对项目进行更改可以编辑如下三部分内容:①工期,工期是完成一项任务所需的总时间。它是通过查看所有资源分配给此任务的工作时间来计算的。②工时,工时是完成一项任务或工作分配所需的人・小时或努力。一项任务的总工时是所有工作分配的工时的总和。③工作分配单元,工作分配单元代表资源分配给一项任务的时间百分比。若要分配多个资源如"三个木匠",可以将分配单元设置为"300%"。

要查看项目信息的不同视图和报表,用户可以转到报表区。

4. 报表

通过选择下面的选项,可以查看和报告项目的状态:
- 选择视图或报表

- 更改视图中信息的内容或顺序
- 更改甘特图的外观或内容
- 将当前视图打印为报告
- 比较进度与比较基准工时
- 查看项目的关键任务
- 查看资源的时间如何分配
- 查看项目成本

用鼠标单击上述选项会显示完成这一步所需的工具和指令。具体说明如下：

(1) 选择视图或报表。有两种选择：使用视图显示或分析项目信息，或将项目报表打印出来。

(2) 更改视图中信息的内容或顺序。可以选择筛选器、分组和排序进行更改视图中信息的内容和顺序。

(3) 更改甘特图的外观或内容。有4种方式进行选择：使用"甘特图向导"；更改时间刻度；更改甘特条形图的外观；将文本添加到甘特条形图。

(4) 将当前视图打印为报告。该项工作共计有4个步骤完成：指定页数；修改调整大小选项；设置页眉、页脚或图例；设置其他选项。

(5) 比较进度与比较基准工时。为每项任务显示两个任务栏：下面一栏显示比较基准开始和结束时间，上面一栏显示计划的开始和结束日期。

(6) 查看项目的关键任务。关键路径是对项目完成日期有影响的一系列任务。一般来说，关键任务显示为红色的条形。

(7) 查看资源的时间如何分配。显示所有的资源、分配给他们的任务，和每项任务中他们计划进行的工时。用户可以在顶端的窗格中选择一个资源或一项工作分配，并在下面的"甘特图"中查看所选项的详细内容。如果有过度分配的资源，则该资源过度分配的确切小时数显示成红色。

(8) 查看项目成本。通常一项任务的成本是基于其本身的资源成本，亦即分配给任务的资源的成本。Project根据输入的资源费率计算成本，"差异"列显示每项任务的总成本和比较基准成本间的差别，有正差异的任务超过了预算。"实际成本"列显示此项任务的已做工作导致的成本，"剩余成本"显示剩余的计划支出。

在新建项目的时候，可以选择三种模板：Office Online模板；本机上的模板；网站上的模板。如一个商业建设项目，可以选择本机上的模板，在Project模板对话窗口中可以选择商业建设模板，该项目已经设置了相关的任务和相关的资源分配，用户在操作时只要根据自己的实际项目进行修改即可完成该项目的操作。

9.3 项目管理信息系统与项目网络信息平台

9.3.1 项目管理信息系统

1. 项目管理信息系统的结构和功能

一个完整的工程项目管理信息系统主要是由费用控制子系统、进度控制子系统、质量控制子系统、合同管理子系统和公共数据库所组成,其结构图如图9-1所示。系统中的各子系统与公共数据库相联系,与公共数据库进行数据传递和交换,使项目管理的各种职能任务共享相同的数据,减少数据的冗余,保证数据的兼容性和一致性。

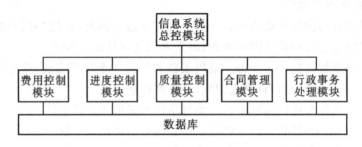

图9-1 PMIS结构图

具有集中统一规划的数据库,是建设工程项目管理信息系统成熟的重要标志。建设工程项目的信息只有集中统一,才能成为建设工程项目的管理资源,能够为建设工程项目的各种目标规划和控制所共享。数据库具有自己功能完善的数据库管理系统,它对一个系统中数据的组织、传输、存取等进行统一集中管理,使数据为多种用途服务。工程项目管理信息系统的总体概念可用图9-2来表示。

建设工程项目管理信息系统是一个由几个功能子系统的关联而合成的一体化的系统,其特点是:提供统一格式的信息,简化各种项目数据的统计和收集工作,使信息成本降低;及时全面地提供不同需要、不同浓缩度的项目信息,从而可以迅速做出分析解释,及时产生正确的控制;完整系统地保存大量的项目信息,能方便、快速地查询和综合,为项目管理决策提供信息支持;利用模型方法处理信息,预测未来,科学地进行决策。在这个系统中,进度控制子系统是其中的一个最为关键的子系统。为了实现计算机辅助进度管理,需要进度管理子系统具备如下功能:

(1)编制项目进度计划,绘制进度计划的网络图、横道图;

(2)项目实际进度的统计分析;

第9章 项目进度计划与控制的计算机实现

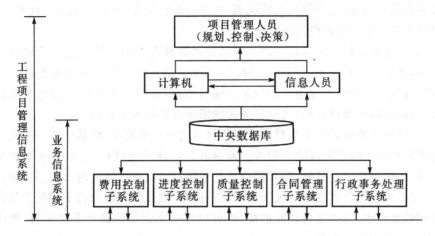

图 9-2 工程项目管理信息系统的总体概念

(3) 计划/实际进度比较分析；

(4) 进度变化趋势预测；

(5) 计划进度的调整；

(6) 项目进度各类数据查询。

一个完整、完善、成熟的建设工程项目管理信息系统具有强大的功能，能够极其有效地进行项目的辅助管理。但是，建设工程项目管理信息系统同样也是一个人—机系统，信息处理的过程是由人和计算机共同进行的。如何更好地发挥信息系统的作用，问题往往并不在于计算机，而在于建设工程项目管理的基础管理工作，在于将什么数据、信息输入计算机，将什么样的信息处理交给计算机更合适。

2. 项目进度管理软件必备的功能模块

目前，市场上大约有 100 多种项目管理软件工具。这些软件各具特色，各有所长。但这些软件的核心功能之一就是进度管理。此处所说的进度管理软件就是指的这类项目管理软件。为了进行项目进度管理，这些软件必须具备以下主要功能。

(1) 制定计划、资源管理及排定任务日程。用户对每项任务排定起始日期、预计工期，明确各个任务的先后顺序以及可使用的资源。软件根据任务信息和资源信息排定项目日程，并可以随着任务和资源的修改而调整日程。在许多数据资源的基础上，软件可以快速、便捷地生成多种项目进度计划图表，如甘特图、网络图、资源图表、活动日历等。

(2) 监督和跟踪项目。大多数软件都可以完成多种跟踪工作，如任务的完成情况、费用及资源消耗情况、工作的动态分配等。通常的做法是用户定义一个基准计划，在实际执行过程中，根据输入当前资源的使用状况或工程的完成情况，自动产生多种报表和图表,如资源使用状况表、任务分配状况表、进度图表等。此外,还可以对自定义的某个时间段进行跟踪。

(3)方便的资料交换手段。许多项目管理软件允许用户从其他应用软件中获取资料,这些应用软件包括 Excel、Access、Lotus 或各种 ODBC 兼容数据库。一些项目管理软件还可以通过电子邮件发送项目信息,项目相关人员通过电子邮件获取信息,如最新的项目计划、当前任务完成情况以及各种工作报表。

(4)处理多个项目和子项目。有些项目很大而且很复杂,将其作为一个大文件进行浏览和操作的难度可能会很大。而将其分解成子项目后,可以分别查看每个子项目,更便于管理。另外,项目经理或其他项目成员有可能同时参加多个项目的工作,需要在多个项目之间分配工作时间。通常,项目管理软件将不同的项目存放在不同的文件中,这些文件相互链接,也可以用一个大文件储存多个项目,便于组织、查看和使用相关数据。

(5)模拟分析。模拟分析是项目管理软件通常会提供的一个实用功能,用户可以利用该功能分析各种情况下会出现的结果。例如,假设某任务延长一周,则系统就能模拟出该延时对整个项目的影响。这样,项目经理可以根据各种情况的不同结果进行优化,更好地控制项目的发展。

(6)排序和筛选。大多数项目管理软件都提供排序和筛选功能。通过排序,用户可以按所需的顺序浏览信息,如按字母顺序显示任务和资源信息。通过筛选,用户可以指定需要显示的信息,而将其他信息隐藏起来。

9.3.2 项目管理网络信息平台

1. 项目管理网络信息平台的构成

随着信息技术的飞速发展,信息技术在工程领域的应用也日益广泛,工程建设信息化趋势也越来越明显,其中一个较为突出的发展方向就是在网络平台上进行工程建设项目管理。项目管理网络信息平台可以搭建在局域网或互联网上,但由于互联网在空间范围和使用群体上的优势,目前绝大多数的项目管理网络信息平台都是互联网。在这个网络信息平台上可以进行项目管理过程中的信息交流、文档管理以及工作协调。

项目管理网络信息平台在构成上主要包括两个方面,即硬件系统和软件系统,如图 9-3 所示。硬件系统包括整个网络平台运行中所需要的服务器、个人电脑和相应的网络设施。如果利用互联网搭建网络信息平台,还应包括与互联网相连的硬件设备。软件系统包括网络信息平台运行过程中所需的各种软件,包括网络信息平台系统运行软件,操作系统及数据库以及各种应用软件,如办公应用软件、项目管理应用软件以及网络通信软件等。在软件系统中核心软件是项目管理网络信息平台的系统运行软件,即项目信息门户。

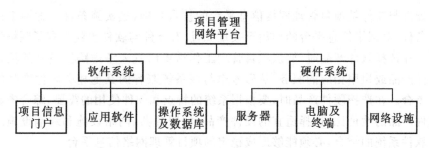

图 9-3 项目管理网络信息平台的构成

2. 项目管理网络信息平台的搭建

搭建一个项目管理网络信息平台通常需要经过准备、安装、试运行和运行四个阶段,完成项目需求分析、项目信息门户产品选择、硬件系统购置、软件购置、系统安装、系统调试和人员培训以及系统内的权限和工作流程设定等环节的工作。

(1)准备阶段。在准备阶段主要进行的工作包括:调查项目基本情况,确定项目组织结构、项目信息分类及其工作流程,根据项目基本情况确定对有关软件系统和硬件设备的基础要求,并进行采购。

(2)安装阶段。在安装阶段主要进行的工作包括:安装硬件设备,安装各种软件和数据库,对服务器和系统管理员进行相关培训,根据项目的基本情况进行用户、权限、文档、工作流程等的设定。最后对主要用户进行培训。

(3)试运行阶段。试运行阶段的主要工作包括:经初步培训的用户根据各自的职责和权限,在工程建设管理网络信息平台上进行相关的操作,并提供反馈信息。根据这些信息对系统进行调整,并对项目参与各方的用户进行深入培训。

(4)运行阶段。项目管理网络信息平台正式投入运行,项目管理的相关人员可以利用这个平台,进行项目管理过程中的信息交流、文档管理以及工作协调。

上述工作步骤是为一个特定的项目,专门设定一个项目管理网络信息平台的搭建步骤。实际上,在大多数情况下,项目管理的网络平台经常是为多个项目提供服务,而且项目管理网络平台也经常是由专业的商业运营单位所提供的商业化服务。在这种情况下,实际上只要根据项目基本情况,确定对个别应用软件和硬件设备的基本要求并予以购买安装,再对项目管理员、主要用户进行相关的培训即可。

9.3.3 项目管理网络信息平台的实施条件

项目管理网络信息平台实施必须具备四个基本条件,即硬件、软件、教育件和组织件。

1. 硬件与软件

硬件与软件是项目管理网络信息平台的技术基础,是实施条件中的两个最基本的条件,对网络信息平台的作用至关重要,没有硬件与软件也就没有了网络信息平台。在选择软件产品时,要从项目管理工作需要出发来考虑购置适宜的项目门户软件产品或租用相应的服务,然后考虑与该系统兼容的其他相关软件产品的选用及整合。在选择硬件产品时,要根据系统的特点和软件使用的需要,综合考虑不同硬件产品的性价比,选择适宜的硬件产品,如服务器、网络设施和终端设施。硬件与软件系统的结合,必须能够形成稳定的项目管理网络信息平台。

2. 教育件

教育件是指在搭建和推行项目管理网络信息平台的过程中,所进行的一系列宣传、培训、操作演示和练习等活动。其目的就是通过这些活动,使相关的人员了解项目管理网络信息平台的基本情况,以及网络信息平台对项目实施管理的作用,熟悉有关网络信息平台的功能,学会具体操作,从而能够在具体的项目管理工作中充分适应在网络环境下进行项目的信息交流、文档管理和工作协调。因此,教育件对项目管理网络信息平台的推广与利用具有至关重要的作用。教育件通常包括如下三方面内容:

(1)对项目管理网络平台基本情况的介绍,以及网络平台对项目管理的重要作用的宣传,从而让参与项目的各方人员能充分认识项目管理网络平台实施的重要性,激发出应用网络平台的积极性;

(2)对项目管理网络信息平台硬件和软件系统基本功能进行介绍,完成操作使用的培训。使用户能对系统的硬件和软件系统有充分的了解,熟悉这些功能的特点和使用方法,从而使用户能够在实践中应用这些功能并熟练进行个人操作。

(3)对项目管理网络信息平台上的信息管理、信息交流和组织协调等工作方法进行介绍和培训。使用户了解网络信息平台上的信息管理方法,熟悉相互之间信息交流的工作程序,适应在网络平台上进行组织协调的工作模式,从而使项目管理网络信息平台上的用户,能够利用网络信息平台在项目管理中相互协作与配合。

3. 组织件

组织件是指在搭建和推行项目管理网络平台的过程中,一系列的组织调整、系统设置及系统运行和适应的工作。其目的是为了能将现实中的项目实施组织和项目管理班子,在虚拟的网络环境中进行重建,将实际的项目工作过程在网络环境中得到真实反映并能顺利推进。因此,组织件是项目管理能否利用网络信息平台取得成功的关键因素。组织件主要包括以下三个方面的工作:

(1)项目管理网络信息平台环境下的组织调整,包括组织结构、岗位职能和工作流程。与传统的项目组织模式相比,项目管理网络平台在项目信息处理、文档管理、沟通协调等方面有很大差异,而且与上述职能有关的部门组织、岗位责任以及工作程序等方面也十分不同。这就要求按照项目管理网络信息平台的要求,进行调整以适应新的工作方式和工作环境。

(2)项目管理网络平台上的组织设定,包括与组织结构和岗位职能相对应的用户权限设定、职能分组设定和工作流程设定等。在项目管理网络平台上,项目组织中的分工、项目管理的职能以及项目实施的组织协调等,需要通过一定的系统设定来实现。不同的系统软件组织设定的实现方式不同,但一般是通过用户权限设定、职能分组设定和工作流程设定三个方面来实现。

(3)项目管理网络信息平台上组织程序运行和适应,包括对用户个人权限设置情况的适应和对相关工作流程环节的适应。由于网络信息平台的环境与传统实际工作环境存在巨大差异,使得项目管理的人员在使用这个信息平台时必须做出充分的调整和适应,只有项目管理班子的人员都能够得心应手地利用这个平台,才能在网络信息平台的帮助下取得项目管理的成功,否则就会适得其反。

9.4 项目信息门户

为了真正实现项目管理的信息化,就必须在整个项目生命周期中管理和共享信息。通过协同作业,改善信息的创建、分享与过程管理,从而达到增强决策准确度、改善运营效率、提升项目质量和提高用户获利能力的目标。基于互联网的工程项目信息门户,是实现项目管理信息化的基本模式。

1. 项目信息门户的内涵和意义

项目信息门户是基于互联网技术为项目增值的重要管理工具,是当前在项目管理信息化的重要标志。项目信息门户不同于一般的管理信息系统,它本质上是一个互联网门户站,它是进入万维网的入口。项目信息门户可以为项目各参与方,提供一个信息交流、相互沟通和互动的平台。目前,对项目信息门户的定义有不同的表述,大多数比较认可由同济大学丁士昭教授所给出的定义,即项目信息门户是在对项目全寿命过程(生命周期)中项目参与各方产生的信息和知识进行集中管理的基础上,为项目参与各方在互联网平台上提供一个获取个性化项目信息的单一入口,从而为项目参与各方提供一个高效率信息交流(project communication)和共同工作(collaboration)的环境。

在这个概念中,"项目全寿命过程"包括项目的决策期、实施期(设计准备阶段、设计阶段、招标投标阶段、施工阶段、使用前准备阶段和保修期)和运行期(或称使用期、运营期)。"项目参与各方"包括政府主管部门和项目法人的上级部门、金融机构(银行和保险机构以及融资咨询机构等)、业主方、工程管理和工程技术咨询方、设计方、施工方、供货方、设施管理方(其中包括物业管理方)等。"信息和知识"包括以数字、文字、图像和语言表达的组织类信息、管理类信息、经济类信息、技术类信息和法规类信息。"提供一个获取个性化项目信息的单一入口"指的是经过用户名和密码认定后而提供的入口。

2. 项目信息门户的类型和用户

项目信息门户的类型按其运行模式分类,有如下两种类型:

(1)PSWS 模式(project specific website):为一个项目的信息处理服务而专门建立的项目专用门户网站,也即专门用户。

(2)ASP 模式(application service provide):由 ASP 服务商提供的为众多单位和众多项目服务的功用网站,也可称为公用门户。ASP 服务商有庞大的服务器群,一个大的 ASP 服务商可以为数以万计的客户群提供门户的信息处理服务。

如果采用 PSWS 模式,项目的主持单位应购买商品门户的使用许可证,或自行开发门户,并需要购置门户运行的服务器及有关硬件设施和申请门户的网址。如果采用 ASP 模式,项目的主持单位和项目的各参与方成为 ASP 服务商的客户,他们不需要购买商品门户产品,也不需要购置供门户运行的服务器及有关硬件实施与申请门户的网址。

国际上项目信息门户应用的主流是 ASP 模式。项目信息门户可以为一个建设项目的各参与方的信息交流和共同工作服务,也可以为一个建设项目群体的管理服务。前者侧重于一个建设项目各参与方内部的共同工作,而后者则侧重于对一个建设项目群体的总体和宏观管理。可以把一个单位建筑物、一个工厂、一个机场视作一个建设项目,因为他们都有明确的目标。另外,整个北京奥运工程项目、整个上海世博会工程项目、一个城市的全部重点工程项目、一个电力集团公司的全部新建工程项目,以及国家发改委主管的一定投资规模以上的全部建设项目都可视作为一个建设项目群体。由于这两种类型的项目信息门户建立的目的不同,其具体的信息处理也有些差别。

项目参与各方包括政府主管部门和项目法人的上级部门、金融机构(银行和保险机构以及融资咨询机构等)、业主方、工程管理和工程技术咨询方、设计方、施工方、供货方、设施管理方(其中包括物业管理方)等都是项目信息门户的用户。从严格的意义而言,以上各方使用项目信息门户的个人是项目信息门户的具体用户。每个用户有供门户登陆用的用户名和密码,系统管理员将对每一个用户使用权限进行设置。项目信息门户的实施是一个系统工程,既应重视其技术问题,更应重视其与实施有关的组织和管理问题。应注意到,项目信息门户不仅是一种技术工具和手段,它的实施将会引起建设项目实施在信息时代进程中的重大组织变革。组织变革包括政府对建设项目管理组织的变化、项目参与方的组织结构和管理职能分工的变化,以及项目各阶段工作流程的重组等。

3. 项目信息门户的应用

首先,项目信息门户可以为项目决策期建设项目的管理改进提供服务。项目决策期建设项目管理的主要任务包括:①建设环境和条件的调查与分析;②项目建设目标论证(投资、进度和质量目标)与确定项目定义;③项目结构分析;④与项目决策有关的组织和经济方面的论证与策划;⑤与项目决策有关的技术方面的论证与策划;⑥项目决策的风险分析等。为完成以上任务,将有可能会有许多政府相关部门和国内外单位参与项目决策期的工作,如投资咨询、科研、规划、设计和施工单位等。各参与单位和个人往往处于不同的工作地点,在工作过程中有大量的信息交流、文档管理和共同工作的任务,项目信息门户的应用必将会为项目决策期的建设工程管理提供极大的方便。

其次,项目信息门户在项目实施期建设项目管理中,也可以发挥巨大的作用。项目实施期包括设计准备阶段、设计阶段、招标投标阶段、施工阶段、使用前准备阶段和保修期,在整个项目实施期,往往有比项目决策期更多的政府有关部门和国内外单位参与工作,工作过程中有更多的信息交流、文档管理和共同工作的任务,项目信息门户的应用为项目实施期的建设项目管理增值无可置疑。

最后,在项目运营期建设项目管理中,项目信息门户也不可或缺。项目运营期建设项目管理在国际上称为设施管理,它比我国现行的物业管理的工作范围深广得多。在整个设施管理中要利用大量项目实施期的形成和积累的信息,设施管理过程中,设施管理单位需要和项目实施期的参与单位进行信息交流和共同工作,设施管理过程中也会形成大量工程文档。因此,项目信息门户不仅是项目决策期和实施期建设项目管理的有效手段和工具,也同样可为项目运营期的设施管理服务。

4. 项目信息门户的特征

项目信息门户具有如下 6 方面主要特征:

(1)项目信息门户的领域属性。电子商务(E-Business)有两大分支:电子商业/贸易(E-Commerce),如电子采购、供应链管理;电子协同工作(E-Collaboration),如项目信息门户、在线项目管理。在以上两个分支中,电子商业/贸易已逐步得到应用和推广,而在互联网平台上的协同工作,即电子协同工作,尚未引起人们的足够重视。项目信息门户属于电子协同工作领域,由于工程项目的业主方和项目其他参与各方往往分处不同的地点、不同的城市或不同的国家,因此其信息处理应考虑充分利用远程数据通信的方式和远程数据通信的组织,这也是电子协同工作的核心。

(2)项目信息的门户属性。搜索引擎属于门户,任何人都可以访问它们,以获取所需要的信息,这些是一般意义上的门户。还有一些信息门户是为了专门的技术领域、专门的用户群或专门的对象而建立的门户,称为垂直门户。项目信息门户就属于垂直门户,它不同于一般意义上的门户。垂直门户可以成为垂直社区,此"社区"可以理解为专门的用户群,垂直门户是为专门的用户群服务的门户。项目信息门户的用户群就是,所有与某项目有关的管理部门和项目的参与方。

(3)项目信息门户运行的周期。项目决策期的信息与项目实施期的管理有关,项目决策期和项目实施期的信息与项目运营期的管理也密切相关,为使项目保值和增值,项目信息门户应当是为建设项目全寿命过程服务的门户,其运行的周期是建设项目的全寿命期。在项目信息门户上运行的信息包括项目决策期、实施期和运营期的全部信息。建设项目全寿命管理是集成化管理思想和方法在建设项目管理中的应用,项目信息门户的建立和运行应与建设项目全寿命管理的组织、方法和手段相适应。

(4)项目信息门户的核心功能。国际上有许多不同的项目信息门户产品,其功能不尽一致,但其主要的核心功能是类似的,即:①项目各参与方的信息交流;②项目文档管理;③项目参与方的协同工作。

(5)项目信息门户的组织保证。不论采用何种运行模式,门户的主持者必须建立和动态地调整与完善有关项目信息门户运行必要的组织件,即:①编制远程工作环境下共同工作的工作制度和信息管理制度;②项目参与各方的分类和权限定义;③项目用户组的建立;④项目决策期、实施期和运营期的文档分类和编码;⑤系统管理员的工作任务和职责;⑥各用户方的组织结构、任务分工和管理职能分工;⑦项目决策期、实施期和运营期建设工程管理的主要工作流程组织。

(6)项目信息门户的安全保证。项目信息门户的数据处理属远程数据处理,它的主要特点是用户量大,且其涉及的数据量大;数据每天需要更新,而更新量很大,但旧数据必须保留,不可丢失;数据需要长期保存等。这样,项目信息门户的数据安全就成为项目信息门户管理的重中之重。项目信息门户的数据安全有多个层次,如:制度安全、技术安全、运算安全、存储安全、传输安全、产品和服务安全等,这些不同层次的安全问题主要涉及:①硬件安全,如硬件的质量、使用、管理和环境等;②软件安全,如操作系统的安全、应用软件的安全、病毒和后门等;③网络安全,如黑客、保密和授权等;④数据资料安全,如误操作(比如误删除、不当格式化)、恶意操作和泄密等。

思考题

1. 结合实际情况谈谈对项目管理软件的认识?
2. 你认为项目管理信息化能否有效地提高项目的管理水平?

第9章 项目进度计划与控制的计算机实现

3. 说明你所在单位项目管理计算机化的水平？有何可改进或可借鉴之处？
4. 结合自己的体会，谈谈对项目信息门户的认识。

实验：Microsoft Project 2010 的上机学习与使用

参考文献

[1] 卢向南.项目计划与控制[M].北京:机械工业出版社,2009.
[2] 李建平.现代项目进度管理[M].北京:机械工业出版社,2008.
[3] 刘伊生.工程项目进度计划与控制[M].北京:中国建筑工业出版社,2008.
[4] 李跃宁,徐久平.项目时间管理[M].北京:经济管理出版社,2008.
[5] 李万庆,孟文清.工程网络计划技术[M].北京:科学出版社,2009.
[6] 孙军.项目计划与控制[M].北京:电子工业出版社,2008.
[7] 高福聚.工程网络计划技术[M].北京:北京航空航天大学出版社,2008.
[8] 杨坤.项目时间管理[M].天津:南开大学出版社,2006.
[9] 张家春.项目计划与控制[M].上海:上海交通大学出版社,2010.
[10] 徐玉凤,董亚辉.项目进度管理[M].北京:对外经济贸易大学出版社,2006.
[11] 赖一飞.项目计划与进度管理[M].武汉:武汉大学出版社,2007.
[12] Harold Kerzner. Project Management:A System Approach to Planning, Scheduling,and Controlling[M]. John Wiley & Sons Inc. ,2009.
[13] Rory Burke. Project Management:Planning and Control Techniques[M]. John Wiley & Sons Inc. ,2006.
[14] Elmaghraby SE. Activity nets:A guided tour through some recent developments[J]. European Journal of Operational Research,1995,82(3):383 – 408.
[15] 何正文,朱少英,徐渝.一种费用与时间相关的 GERT 模型的解析求解研究[J].管理工程学报,2004,18(1):95 – 97.
[16] 何正文,徐渝,朱少英,冯锋.GERT 网络活动关键度指数的 Monte-Carlo 模拟分析[J].运筹与管理,2004,13(1):1 – 6.
[17] 何正文,徐渝,朱少英,张静文.基于 GERT 模型的新产品研发项目周期仿真分析[J].系统工程,2003,21(2):92 – 97.
[18] 张静文,徐渝,何正文,柴国荣.项目调度中的时间—费用权衡问题研究综述[J].管理工程学报,2007,21(1):92 – 97.
[19] 何正文,刘人境,胡信布,徐渝.现金流平衡约束下的 Max-npv 项目调度[J].系统工程理论与实践,2009,29(3):132 – 141.
[20] 何正文,刘人境,徐渝.基于不同支付条件的现金流均衡项目调度优化[J].管

理科学学报,2011,14(8):75-85.

[21] 何正文,刘人境,徐渝.基于随机活动工期的不确定型项目鲁棒调度优化[J].系统工程理论与实践,2011 录用.

[22] 何正文,贾涛,徐渝.双目标突发事件应急救援前摄性调度优化[J].运筹与管理,2012,21(1):124-130.

[23] 丁士昭.建设工程项目管理[M].北京:中国建筑工业出版社,2004.